ZHONGXIAOXUE FAZHI JIAOYU

中小学法治教育实践模式范例

SHIJIAN MOSHI FANLI

任海涛　主编

“教育+法治”丛书

丛 书 主 编： 张惠虹　张海东

编委会成员：（以姓氏笔画排序）
于　浩　任海涛　李　刚　沈晓敏
陈　山　孟凡壮　唐稷尧

《中小学法治教育实践模式范例》编写组

主　编： 任海涛

副主编：（以姓氏笔画排序）
王建华　朱依黎　李锋华
张莹晶　夏　青　黄慧玲

作 者 简 介

任海涛，法学博士，先后就读于兰州大学、华东政法大学。现为华东师范大学法学院副教授、硕士生导师。教育部青少年法治教育协同创新中心（华东师大）研究人员。曾主持省部级课题多项，参加国家重大课题3项。多篇论文被《新华文摘》《中国人民大学复印报刊资料》全文转载。参与全国《青少年法治教育大纲》起草工作，并且参与《大纲解读》《配套读本》编写工作。参与《中华人民共和国未成年人保护法》《中华人民共和国教师法》的法律修改工作。研究方向为：教育法学、法治教育。代表性作品：《“校园欺凌”的概念界定及其法律责任》（论文）、《校园欺凌法治研究》（著作）。

王建华，华东政法大学附属中学党支部书记、副校长，中学高级教师。1983年毕业于河南师范大学物理系。从教中学物理30余年，先后分管教学、科研、党务等工作。组织参与学校章程、规划、制度的制定（修订）、“明德尚法”特色建设和民主课堂探索，合著《民主课堂》《尚法文化》，组织编写《德法相济 知行合一》《学法论道》《今日说法》。获国家“六五”普法先进个人称号。

朱依黎，中学高级教师，柳营路小学校长兼党支部书记。2004年毕业于复旦大学成人继续教育学院经济系。从教小学数学学科27年，先后担任大队辅导员、教导处副主任、行政助理，具有两所学校的管理经验。组织制定学校章程及各项管理制度，学校获得了上海市文明单位、虹口区三年规划督导先进单位、虹口区党政干部考评集体记功等荣誉。

李锋华，中学物理高级教师，曾获上海市园丁奖、上海市初中物理培训者培训师、闵行区优秀教师、区德育论文一等奖，现任上海闵行区民办弘梅小学、弘梅第二小学校长，自2008年始，在学校开展与推进法治进校园教育活动，2014年担任弘梅二小校长后，特别注重小学阶段的法治教育工作。

夏　青，1991年毕业于上海师范大学政法系，法学学士，2016年获香港教育大学教育硕士学位，2017年教育部“中小学法治教育名师培育工程”第二期培训班学员。现任桃浦中学书记兼校长，曾获普陀区园丁奖、普陀区三八红旗手、普陀区十佳书记等荣誉称号；教学公开课在市、区组织的教学评比中多次荣获一、二等奖；普陀区首轮教师专业发展团队政治学科高级指导教师，主持编写法治校本教材《法在我心中》《学生社会教育体验手册》《坚决捍卫国家领土、主权、统一和安全》《探究变化的气候——中学生应对气候变化行动》等；其个人德育课题《校园传统文化建设与德育的研究》获上海市三等奖，普陀区创新团队项目领衔人。

张莹晶，华东师范大学第四附属中学校长，中学高级教师。1995 年毕业于上海师范大学教育管理系教育管理专业，2012 年赴新加坡理工大学国立教育学院攻读教育管理硕士并获得学位，获连氏奖学金。任校长 16 年，擅精细化管理，重课程建设，优文化引领，使这所新校一举成为家门口老百姓眼中的口碑校、市新优质校、市首批依法办学先进校。目前是上海市教育学会初中校教育管理委员会理事、上海市青少年读书促进会副会长、普陀区兼职督学、普陀区现届人大代表、海宁市、温州市骨干校长培训团专家导师。曾获市教育系统“三八巾帼红旗手”、普陀区“十佳”校长、全国家庭教育指导工作先进个人、教育部教育信息技术工作先进个人等。

黄慧玲，原上海市浦东新区杨园中心小学副校长，现任浦东新区高东镇中心小学党支部书记，小学高级教师。多年来致力于小学生法治教育研究，曾主持编写了学校法治校本教材，并参与了上海市教委委托华东政法大学编写的法治教材——《法治》（小学部分）的编写。曾获得上海市园丁奖、浦东新区“法制宣传教育先进个人”等荣誉称号。执教的法治课《小黄帽告诉你》获得“长三角”地区法治教育展评课一等奖；此课例同时获得“长三角”地区法治教育优秀课程资源评选一等奖。

前　言

教育部、司法部、全国普法办在2016年联合印发了《青少年法治教育大纲》，对教育体系中法治教育的目标定位、原则要求和实施路径进行了系统规划和科学安排。根据《大纲》的要求，“青少年法治教育要充分发挥学校主导作用，与家庭、社会密切配合，拓宽教育途径，创新教育方法，实现全员、全程、全方位育人”。

笔者全程参与了《大纲》编写工作，全程负责并推进《大纲》第五部分（实施途径）和第六部分（青少年法治教育的保障）两部分的解读工作，在研究过程中，我真切地认识到法治教育不能停留在书本上、网站上、教室里、学校内，真正的法治教育模式应该是立体化、全方位的教育体系，应该是课上课下呼应、课内课外互动、不同学科协同、校内校外联动的综合教育模式。

为了探索和研究该模式，笔者从2017年开始对上海市首批法治教育实验校进行走访。在走访中发现，许多学校的法治教育实践活动已经在多年探索的基础上积累了丰富经验，各具特色且有实效。这些教育模式不仅对于正在探索中的其他地区和学校具有重要参考价值，而且可以为“法治教育”的理论研究提供丰富的实践材料。例如，桃浦中学处于城乡接合部，从20年前就开始把“法制教育”作为学校的特色，如今已经形成了内涵丰富、实践性强的“桃浦模式”。再如，华东政法大学附属中学，借助华东政法大学“法学”学科的平台优势而探索出了完整的“尚法”体系。还有华东师范大学第四附属中学，借助华东师大的教育学、法治教育方面的优势探索出了特色鲜明的“依法治校”模式。本书所介绍的六所学校的经验，既经过实践的反复检验，也得到了专家的指导，是比较成熟的实践经验，具有可复制性、可推广性。

从《大纲》精神和“法治教育”的学科特点来看，“法治教育”是一个实践性很强的学科。“法治教育”一定不能停留在“讲授—背诵记忆—考试—遗忘”这样的学习模式，而应当借助丰富多元的活动课程、实践课程来提高学生的法治素养，在实践课程的潜移默化中将法治信仰、规则意识、契约精神、诚信观念等内化为学生的精神，培养学生的法治思维。在书中我们可以看到各校结合自身实际营造各具特色的法治教育环境：有的学校建设了法律文化广场、法律文化墙、法治文化教室，在日常生活中普及法治文化、陶冶学生的法治精神；有的学校采取民主管理措施，如班级会议制定班级公约，让学生代表参与制定学校制度，这样的实践方式对于培养学生公民意识、民主精神具有重要意义；不少学校开展“模拟法庭”“模拟立法”“模拟听证”“模拟调解”等模拟法律活动，对提高学生的法治兴趣和依法办事能力具有重要意义；还有学校带领学生到校外司法机关、行政机关、律所、企业进行调研，增强学生对于法律实务工作的切身感受。这些学校的实践教育模式，对于全方位提高学生法治素养、实现法治教育目标具有重要意义。六所学校在实践中积累的经验比以上介绍要更加丰富、更加多元，本书将这些实践活动集中介绍，希望起到相互借鉴、相互比较的作用。

2019 年 6 月，教育部在上海市建立了第二批“法治教育实验校”50 所。未来几年，教育部计划在华东地区再建立第三批“法治教育实验校”（数百所）。将来，“法治教育实验校”的模式还会进一步延展开来，各省区市也可能会探索建立自己的“法治教育实验校”。这些以法治教育为特色的实验校，虽然各有不同的校情，但是都必须将法治教育的课堂教学与实践活动结合起来。本书将上海市首批“法治教育实验校”在十几年的探索中形成的实践经验总结提炼、展现出来，相信书中详述的六所典型实验校在法治教育领域的探索，一定会为中小学法治教育工作提供有益的借鉴。

我们期待并坚信，经过五年、十年的努力，法治教育事业会在我国进一步蓬勃发展，到那个时候，再来总结我们的教育经验、实践经验，可能会收获一笔非常宝贵的财富。

本书是“教育+法治”丛书之一，为了更好地促进法治教育学术研究的深入、实践经验的总结，华东师范大学、四川师范大学联合策划“教育+法治”丛书的研究和出版，希望这项工作可以对我国法治教育事业发展贡献绵薄之力。

编　者

2019 年 7 月 1 日

目录

中 学 篇

模式一

华东政法大学附属中学“尚法”教育模式[①]

——明德尚法　品业双馨

华东政法大学附属中学（以下简称华政附中）原名上海市番禺中学，创办于1954年。陈毅市长亲自签发首任校长季勤先同志的任命书。2009年12月，上海市长宁区政府与华东政法大学（以下简称华政大学）签署联合办学协议，更名为现用名。

华政附中是全国第一所政法类高校附中、上海市长宁区“六五”“七五”普法教育基地。2012年7月，学校获得全国首批特色学校称号。2017年10月，学校成为首批国家青少年法治教育协同创新中心实验校。2018年4月，学校被命名为上海市（尚法）特色普通高中。

华政附中在六十多年的发展史上，始终坚持德育为先，在完成国家中学教育相关要求的基础上，积极探索并积累了丰富的具有辐射性的实践经验，成为学校引以为豪的“家底”之一。“德育双基”（马克思主义哲学和辩证法的基本原理教育和基础道德教育）传统和“三位一体”育德模式曾是学校响亮的名片，在上海乃至全国产生过广泛的影响，多次在京、津、沪、渝德育现场会上做过宣传与推广。学校以德育为核心，注重师生的思想道德建设和对勤勉卓越的不懈追求，经岁月的积淀逐步内化为“明德精业”的学校文化，并以“校训”的方式传承。“德”为立人之本，“业”乃立身之道。“明德精业”作为全校师生共同的价值追求，成为一种深入华政附中人心的精神文化传统。

及至21世纪，华政附中迎来了其发展史上的又一个黄金期。一方面，学校顺利通过评审成为区实验性示范性学校，为未来发展赢得了更为广阔的空间。另一方面，学校在区委、区政府以及区教育局的支持下，在“区校合作”理念的推动下，与华东政法大学签署了合作办学协议，由“上海市番禺中学”更名为“华东政法大学附属中学”，实现了与优质高等教育资源的成功对接，为进一步增强学校软实力，提升办学层次创造了更加有利的条件。

在此背景下，学校重新考虑新的目标定位和办学理念。在一贯重视并强化传统“德

---

① 编写团队：王建华、陈建伟、陈陆平、夏晓南、顾平康、郭晓汀等。

育”的历史基础上，如何面向未来，解决当下人文、法治、道德缺失等社会问题，践行邓小平同志提出的“法制教育要从娃娃抓起”的思想，落实党的十七大以来所提出的“加快建设社会主义法治国家，深入开展法制教育宣传，弘扬法治精神，形成自觉学法、守法、用法的社会氛围”的要求，承担起基础教育在构建现代法治社会中的历史使命和责任，成为华政附中在新的历史时期需要思考、解决的突破点和生长点。而与华东政法大学的联合办学恰好为学校突破瓶颈、承担使命、深化改革创造了条件，提供了契机。学校逐渐达成共识，在原有的“明德精业”价值追求之下，明确地提出凸显、放大德育中的法治教育内涵，提出以尚法为办学特色，确立了“明德·尚法·精业”的办学追求。

恰逢其时，教育部、上海市、长宁区先后颁发《中长期教育改革和发展规划纲要》，提出“推动普通高中多样化发展”，“支持高中学校立足学校传统和优势，发展校本课程，创新育人模式，形成一批科技、艺术、体育、外语等特色高中”，“从学校特色走向特色学校，更好地促进学生个性成长，满足人民对多样化教育的需求”，教育的特色发展已经成为国家未来教育发展的重要战略方向。至此，“联大做强，特色发展”，通过富有特色的法治教育，提供“多样化教育”的选择，“促进学生个性成长”，“满足人民对多样化教育的需求”，成了华政附中管理层和师生新的目标与理想。

华政附中的法治教育，不仅仅在原有的教育系统之上“附加”某种富有个性的标签，而是把尚法精神、态度和习惯“渗透”于整个学校运作之中，并自觉、系统地进行尚法文化的建设。换言之，法治教育体现在校本课程的建设上，也融入日常的教学之中，融入学校的环境文化中，更展现于学校的治理、学生的自治之中。同时学校加强理念文化、课程文化、管理文化、标识文化、环境文化的整体规划，践行推进，促进学校的内涵建设和特色发展。通过系统的法治教育，促成了学生的个性化发展和特色发展，既包含知识的学习，也包含必要的模拟实践、社会实践，不拘于课堂、不拘于课程、不拘于学校，在更大社会范围内进行探索和尝试，实现尚法精神的培育和学法、守法、用法、崇法的价值态度的养成。

一、校园文化浸润尚法

华政附中落实《青少年法治教育大纲》，加强校园尚法文化建设，厘清了明德、尚法、精业三者的相辅相成、互为表里的关系，以德引法、以法养德，从德育的高度来落实法治素养，通过法治素养的培育提升学生的道德修养。以法治业、以业知法，用法律和规则规范学习过程；法治教育融于学业之中，通过学业的修习，促进法治素养的提升。以业修德、以德促业，在学业的进步中提升道德修养；通过道德的完善促进学业的修习。并明确尚法内涵（三维度），认知层面普及学习法律法规，遵纪守法等；过程与方法层面重视掌握规律、方法，运用法律知识和法治思维分析问题、解决问题等；情感态度价值观层面树立对法律的真诚信仰，追求民主、公正。学校认为，法治教育共识应体现于动态的“过程”之中，而不仅仅在静态的条文或陈述之中，法治教育应该是一个“目标引导、动静结合、全方位的过程渗透”的“教育重构”过程。

（一）理念目标中的德法相济

1. 办学理念包含尚法

“德”依靠理性的内心服从而遵守，“法”则依靠外在的强制而实施。“法”与“德”作为不同的社会规范，具有共同的社会价值目标，但又具有各自不同的功能优势与局限，德治与法治相辅相成，相得益彰。

华政附中素有重视德育的传统，创造和积累了丰富的育德经验，与华东政法大学联合办学成为大学附中后，得以充分利用法治教育资源，放大尚法元素，并将尚法元素融入附中校训“明德精业”之中，梳理形成“明德尚法，品业双馨”的办学理念，从而构成道德教育与法治教育相依相济、相辅相成的新格局，也正契合了《青少年法治教育大纲》的法治教育目标。

明德：意指追求完美的德行。树立正确的世界观、人生观和价值观，明礼自强，自主发展，提升道德修养。这是学校教育的传统根基。

尚法：意指提高法治素养。树立对法律的真诚信仰，尊法、守法、学法、用法，运用法律知识和法治思维分析问题，解决问题，提升社会参与能力，追求民主、公正。这是学校的特色追求。

精业：意指夯实文化基础。树立科学精神，乐学善思，运用自主、合作、探究等学习方法，实践创新，追求真知，提升人文素养。这是学校教育的基础。

明德、尚法、精业三者相辅相成，互为表里（见图1）。具体为：

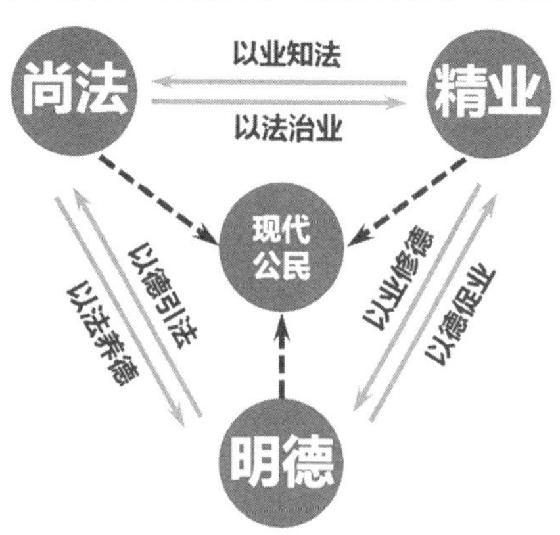

图 1　“明德·尚法·精业”关系

> 以德引法，以法养德。从德育的高度来落实法治素养；通过法治素养的培育提升学生的道德修养。
>
> 以法治业，以业知法。用法律和规则规范学习过程；法律教育融于学业之中，通过学业的修习，促进法治素养的提升。
>
> 以业修德，以德促业。在学业的进步中提升道德修养；通过道德的完善促进学业的修习。

2. 培养目标彰显尚法

华政附中的培养目标是：培养“明德·尚法·精业”的现代公民。

“明德精业”是学校的传统，反映了中学育人的共性；尚法是学校当代发展中形成的新的特色，亦是践行社会主义核心价值观的必然要求。学校致力于培养以“明礼尽责、民主公正、乐学善思”为核心的、符合民主法治社会需求的现代公民。

3. 办学目标凸显尚法

华政附中的办学目标为：把学校办成“管理重人文、课程有特色、课堂讲民主、师生能自主”的以尚法为特色的上海市特色普通完全中学。

这个目标分别指向学校的管理、课程、教学等不同领域。管理强调以人为本、民主公正；课程突出尚法特色在三类课程中的融入与整合，形成凸显尚法特色的“一体三翼”课程体系；教学倡导师生共同参与诊断、制定并共同遵守规则的民主课堂；教师依法治教、勇于参与特色课程的开发与实践，逐步成长为复合型教师；学生强化自我管理、自主发展、守法尚法，成为具有“法治”素养的现代公民。

4. 一训三风保障尚法

（1）校训

华政附中的校训是：明德精业。

明德，语出《礼记·大学》中的“大学之道，在明明德，在亲民，在止于至善”。意在追求光明正大的品德，达到至善至美的境界，这是师生成长发展的根本。精业，源于韩愈《进学解》中的“业精于勤，而荒于嬉”。天道酬勤，业道酬精，这是师生成长发展的路径。“明德精业”旨在激励师生勤奋自强，精神品德日益完善。

（2）校风

华政附中的校风是：厚德至善、正学致知。

厚德至善：厚德源于《周易》中的“地势坤，君子以厚德载物”。至善则与“明德”同源，皆出自于《礼记·大学》中的“大学之道，在明明德，在亲民，在止于至善”。所谓厚德至善，即意在彰明修养之能，完善自我，以宽厚而高尚的德行，日新又新，承担大责。

正学致知：正学出自《史记·儒林列传》“务正学以言，无曲学以阿世”。学习者要端正学习态度，明确学习目的，以科学的方法、求真的信念，追求科学和真理。致知取自华东政法大学校训“笃行致知，明德崇法”。意在秉承大学文化，引导师生以正学得到智慧和知识，明白事物的本来面目及本源，正心诚意。

（3）教风

华政附中的教风是：博学笃行、勤进善导。

教师要拥有广博的知识视野和博大宽容的胸怀，怀揣梦想，坚定信念，踏踏实实，勤勉不懈，开启善引，知行合一，教书育人，实现人生的精彩。

（4）学风

华政附中的学风是：明礼自强、乐学善思。

礼为天地之序、自然之道，学生要明礼于心，行礼于人，品行自强、身心自强、学业自强。做好生涯规划，学而不厌，乐在其中。善于思考，勤勉卓越。

5. 教育目标体现尚法

（1）教育目标

学校继承德育课程原有的基础与优势，梳理校训、培养目标和办学目标中的内涵和价值理念，融入社会主义核心价值观、中学生核心素养及《青少年法治教育大纲》要求，将尚法目标单列，浓缩凝练为上口易记的“三字经”，形成“明德·尚法·精业”教育目标体系（见表1），其核心价值为“明礼尽责、民主公正、乐学善思”，引领学校教育、教学、科研、管理等各个领域的改革与发展，培养学生形成正确的“三观”，发展学生的社会化能力，成长为“明德·尚法·精业”的现代公民。

表1　华东政法大学附属中学“明德·尚法·精业”教育目标体系

目标 内容 维度	明　　德	尚　　法	精　　业
	明礼尽责	民主公正	乐学善思
认　知	晓礼仪 懂尊重 知感恩 明责任	知规则 晓是非 明权利 懂义务	有知识 精信息 会健身 懂欣赏
能　力	守诚信 会谦让 善合作 能自律	守法规 遵程序 善思辨 能协商	会质疑 善探究 能创新 乐践行
价值观	爱祖国 有理想 爱生活 讲奉献	讲平等 求正义 有情怀 尚法治	讲自主 广视野 展才能 求卓越

（2）分年级教育目标

基于“明德·尚法·精业”教育目标体系，学校集思广益，根据中学教育特点、城市发展需求和本校尚法特色追求，依据学生身心发展规律和完全中学实际，形成初预至高三7个年级的分年级教育目标及实施方案，教育目标见表2。

表2　华东政法大学附属中学分年级教育目标

培养目标	明　　德	尚　　法	精　　业
	明 礼 尽 责	民 主 公 正	乐 学 善 思
预备年级	1. 通过教育实践，知晓各类行规、礼仪，懂得相互尊重，懂得感恩，学习与人交流合作技巧，友爱同学，尊重师长，尽快融入集体 2. 通过校园事务实践，培养诚信精神，提升道德品质，在班级生活中小组合作中学会谦让，懂得体谅 3. 通过小组合作，尝试自主管理，初步具有团队意识、服务意识和自律精神 4. 通过爱校劳动，培养爱劳动、爱生活的观念；激发公民意识，培养乐助人、讲奉献的品格	1. 通过尚法教育活动，培养规则意识、自律、自强品格，自觉遵守公共秩序和社会公德 2. 通过少先队和学生事务中心活动，通过少先队活动知晓权利义务，学会依规行事 3. 参与班规制定，尊重程序和正义，学会用好民主权利，养成遵规守纪的良好品质 4. 通过主题教育、案例分析，提升思辨判断能力；借助班级活动和组内互助，提高民主协商能力	1. 通过阅读领航和学习交流，培养热爱学习，崇尚刻苦钻研，探究创新、善思善辨精神 2. 积极参加社团活动，学会科学生活，积极参与体育锻炼，提高艺术修养 3. 在民主课堂、小组合作中尝试质疑、善于表达、乐于探究，优化学习品质 4. 积极参加各类拓展型课程，提升学习兴趣，丰富课余生活，展现个性才能，从起点定下全面发展目标

续表

培养目标	明德	尚法	精业
	明礼尽责	民主公正	乐学善思
初一年级	1. 每天佩戴好红领巾，做好“进校三部曲”，尊重师长，团结同学，文明休息，有序用餐；学习与人交流合作的技巧，友爱同学，学会包容、称赞和致歉 2. 常怀感恩之心，不忘父母师恩，学会体谅和感谢，注意场合，勿失分寸；理解责任的重要性，学会对自己、对他人、对集体负责 3. 说诚信话，办诚信事，做诚信人，自觉遵守诚实信用原则，做到言行一致；正确看待竞争，学习他人优点，相互合作，共同进步 4. 通过主题班会、少先队活动、升旗仪式、爱国宣讲主题活动等，培养少先队员的责任感，激发对国家的崇敬与热爱；树立志向和播种梦想，并通过实践活动为追寻梦想积蓄信心和力量，收获快乐	1. 通过参与班规修订和自主管理，知晓权利，明确义务，辨别是非，逐步形成正确的价值观；养成自律自强品格，自觉遵守公共秩序和社会公德 2. 通过尚法实践，学会用规则和法律手段维护自己的正当权益，学会尊重他人的基本权利 3. 参与学校“热点思辨”项目，关注社会热点，培养思辨意识，提高思辨能力；以小组合作为载体，进一步强化团队意识、互助意识和奉献精神 4. 通过校园“六大节”活动，提高自身核心素养，形成爱国爱校的人文情怀；通过学校的尚法特色教育，强化法治意识，巩固法治观念，养成法治思维，崇尚法治管理	1. 通过民主课堂和阅读领航，培养良好的学习习惯，逐步形成有个性化的学习方法，提高学习效率和思维能力 2. 积极参与“午间文化”、体育节运动会等，根据自身优势与劣势和身体情况，坚持每天锻炼一小时，初步学习制订健身计划 3. 积极参与班级管理，敢质疑、会质疑，不断完善班规修订和实施；可以针对自己感兴趣的课题进行调查研究、专题学习，形成探究报告，培养科研意识和钻研精神 4. 积极参加社团活动，提升学习兴趣，丰富课余生活，拓宽知识面，敢于质疑，大胆创新，勤于实践，发挥学习的自觉性和主动性
初二年级	1. 形成良好的待人接物礼仪规范，懂得自尊自重，尊重同学、尊重师长 2. 明确自身承担的对自己、对家庭的责任；懂得感恩父母、感恩师长 3. 增强对他人的诚信意识，学会对他人谦让 4. 深化小组合作，善于小组之间的合作；初步具有择友、交友能力，科学地与异性交往 5. 自觉遵守班规，增强遵规守纪，形成自律的意识 6. 初步树立公民的国家观念，有民族自尊心，自豪感 7. 初步树立起自己的理想和为他人服务的思想 8. 热爱生活，乐于参与，培养广泛的兴趣爱好	1. 遵守校纪班规，增强规则意识，初步具有辨别是非和抵制不良影响的能力 2. 知晓作为公民的权利和义务 3. 具有初步的法治观念和法律意识，知法、守法 4. 遵守程序，学会按照程序来处理事务 5. 善于表达，培养思辨能力；学会与他人协商 6. 初步形成平等观念，维护正义，反对非正义 7. 培养人文情怀，崇尚法律，形成尚法实践能力	1. 掌握行之有效的学习方法，形成一定的知识储备，具有初步的信息技术处理的能力 2. 积极参与体育锻炼，擅长一项体育运动 3. 初步形成一定的审美能力，学会欣赏艺术 4. 学会质疑，善于思考 5. 学会探究，培养创新意识 6. 乐于参与实践活动，培养关注社会、关注热点的实践能力 7. 形成一定的自主学习能力，通过阅读、实践开阔视野 8. 在学习、活动中培养能力，增长才干，力争上游

续表

培养目标	明　德	尚　法	精　业
	明礼尽责	民主公正	乐学善思
初三年级	1. 通过礼仪校本课程的学习，了解并掌握人际交往的基本礼仪，学会尊重他人，懂得自律 2. 通过与他人的积极交往，学会感恩助人；在集体主义教育中，勇于承担责任，努力成为一名合格的现代公民 3. 通过诚信主题教育，在小组探究学习中学会合作并形成良性竞争 4. 通过爱国主义教育，激发民族自尊心、自信心、自豪感，树立正确理想和人生奋斗目标 5. 通过明德尚法主题教育和实践活动，形成热爱生活、关心他人的良好品质，在与人交往中不计较个人得失，学会换位思考，懂得谦让和奉献	1. 通过班规制定，了解规则，学会明辨是非 2. 在尚法实践活动中，明确自己的义务和享有权利，做一个“知法”“懂法”“守法”的合格现代公民 3. 通过尚法特色课程的学习和法学社、辩论社等尚法社团的活动，养成思辨的习惯，学会与他人协商来维护自身的合法权益 4. 在法治班规的实施过程中，摆正个人与集体的关系，讲求平等，追求公平正义，养成崇尚法治的好习惯	1. 通过民主课堂小组合作学习，学会自主制订学习计划、合作探究，养成良好的学习习惯 2. 通过阳光体育系列活动，养成健身的良好习惯，懂得欣赏身边美好的事物，开心每一天 3. 在研究性学习中，激发自身探究兴趣，善于质疑，自主完成研究性学习报告 4. 通过科技节主题活动，培养自己的创新能力，在实践创新中收获快乐和成功的体验 5. 通过青春期主题系列教育，培养坚毅果敢、勤奋进取、谦虚谨慎、正直宽厚的健康品质，养成生活自主的良好习惯 6. 通过生涯教育和尚法实践活动，拓宽视野，以自身优势，设置适合自身发展的目标，追求卓越，做一个优秀的现代公民
高一年级	1. 通过学军、入学教育和“东方绿舟”政训，懂得尊重师长、友爱同学和对集体、对国家的责任 2. 通过无人监考活动和各种多彩的集体活动，认识和学习诚实守信、团结协作、谦让自律的品德 3. 通过学军和国防教育，培养学生对国家、对民族的社会责任 4. 通过学工、探究性社会实践和公益志愿者服务等，培养学生爱国情怀、服务精神和责任意识	1. 通过学军、学工和“东方绿舟”国防教育，培养学生组织性纪律性 2. 通过参与模拟听证、模拟立法等各种“尚法”实践活动，使学生树立规则意识、法制意识，明确权利与义务 3. 通过参与模拟庭审、法治辩论等“尚法”实践活动，使学生学会明辨是非，学会公民担当 4. 通过班规制定，学会在规则框架内行使自己的权利和尽自己的义务，学会平等协商，尊重规则程序，自主管理、自律成长	1. 通过各类社团活动，激发学生广泛兴趣，提升艺术修养和体能，并能与信息技术广泛融合 2. 通过班主任为主的学生成长集体会诊制和生涯导航，引导和培养学习兴趣，形成科学、主动、持续的学习内驱力，具有不怕困难、知难而进的意志品格 3. 通过民主课堂培育学生自主学习、相互学习、探究学习的兴趣和能力，进而提升创新思维和动脑动手能力 4. 通过综合实践活动，激发学生学习目的和学习动力，提高学习的自觉性与自主学习的品质

续表

培养目标	明　德	尚　法	精　业
	明礼尽责	民主公正	乐学善思
高二年级	1. 通过参与学生事务中心礼仪接待活动，了解并掌握人际交往的基本礼仪，学会尊重他人，懂得自律 2. 通过爱国主义主题教育，结合“做一个有道德”主题团日等系列活动，培养良好的政治信仰，树立积极向上的人生奋斗目标 3. 通过学农、公益劳动等集体活动，形成热爱生活、关心他人的良好品质，并学会感恩生活，在与人交往中不计较个人得失，学会换位思考，懂得谦让和奉献 4. 通过分层走班，在小组探究学习中学会合用并形成良性竞争	1. 通过“走进人大”等尚法主题教育和实践活动，逐步养成社会公民意识，具有公民道德素养，具有较强的社会责任感 2. 通过班规制定与实施，让学生了解规则，学会明辨是非；遵循规则，培养契约精神，依据程序实施自己的各项权利 3. 通过参与辩论赛等活动，学会辩证全面看待问题，培养思辨能力，敢于对违反规则、不符合社会公德与程序的事件进行制止，弘扬传递社会正能量 4. 通过主动参与学生会、学生事务中心及尚法实验室等多种事务工作，培养民主意识，维护公平正义	1. 通过高中分层走班、民主课堂，学会自主学习、合作探究，提升学习品质 2. 通过参与阳光体育一小时活动，养成健身的良好习惯，学会多项健身技能 3. 通过积极参与“艺术节”“阅读节”等多项主题活动，懂得欣赏身边美好的事物，以积极的心态迎接每一天 4. 通过课题研究，激发自身探究的兴趣，善于质疑，自主完成课题报告 5. 通过科技节主题活动，培养自己的创新能力，拓宽知识面，培养创新实践能力 6. 通过学习方法指导、交流，培养良好学习与应试心态，使学生正确树立学业观和价值观
高三年级	1. 通过高三主题教育，学做一个有理想、有道德、有文化、守纪律的高中毕业生和合格的中华人民共和国公民 2. 通过生涯指导，正确对待升学和就业问题 3. 通过相关法律学习，学以致用，学会以法护己；培养良好的网络道德素养，自觉远离黄、赌、毒 4. 通过专题心理辅导；学会应对挫折的方法与技能，学习应对精神创伤的危机干预技能，妥善处理人际交往中的冲突和矛盾，建立良好的人际关系 5. 关心人类生态危机，理解生态伦理，自觉参与环境保护；关心和积极参与社会活动，拓展自己的精神世界	1. 以成人标准要求自己，遵纪守法、遵守社会公共道德和公共秩序 2. 通过成人仪式，知晓自己在家庭、社会生活中的权利与义务，学习了解《中华人民共和国宪法》《中华人民共和国民法通则》《中华人民共和国刑法》《中华人民共和国教育法》等主要内容，学会行使公民权利，维护社会公平正义 3. 进行刑法和治安管理处罚法、《中华人民共和国预防未成年人犯罪法》和《中华人民共和国未成年人保护法》等法律法规教育。培养学生树立社会主义民主和法治的观念，热爱生命、健康生活	1. 设定合理目标，优化学习策略，促进学业表现的进步 2. 在合作学习中，能充分自信地表达自己观点，会质疑、善交流、能创新 3. 进一步学会用哲学的观点辩证分析问题，善于思考，善于总结，学会在实践中学习 4. 学会以锻炼、健身等积极的休息方式放松身心；保持良好的学习心态，正确树立学业和价值观，培养良好学习与应试心态 5. 对未来职业有倾向性想法，并愿意为之而努力

（二）文化标识特色彰显

1. 校标

图 2　华政附中校标

校标是学校精神和灵魂的集中体现，在校园文化建设中处于重要地位。校标是校史、校训的视觉符号和显化形式，鲜明地展现了一所学校较完整的文化形象，是校园文化建设的重要内容，对于校园文化底蕴的形成有十分重要的影响。

华政附中校标（见图 2）由外环内圆以及内圆主体图案组成。字体繁简结合，手写体与印刷体并用，使得整款标志更加稳重大方。色彩采用“华东政法大学红”，与背景的白色搭配，体现出了一种庄严厚重的视觉效果。

校标字体和图案色是“华东政法大学红”，底色是金色。

外环上方为舒体的华东政法大学字样，由中国书法家协会的创始人、第一届主席舒同题写，笔锋宽博端庄，圆劲婉通，别具风格。表明大中两校骨肉相连，文化相通，成为一体。外环下方是“华东政法大学附属中学”英语译名全称。

内圆中由学校简称汉语拼音首字母“HZFZ”组合的学校主建筑图形，建筑造型底部由天平和书本图形组成，简洁大方。天平象征着法律的公平公正，展开的书本形如鸟的双翼，寓意华东政法大学人永远飞翔在知识的世界，不懈地探求法治精神和真理。图形下方是“附属中学”四字，意喻附中依托大学，自主发展。

校标整体外圆内方，外圆周而复始，象征和谐、完美、圆满，也象征着学校、师生不断发展，生生不息。中间建筑图案扎实稳固，如大地承载，象征着华政附中在中华文化丰润的土壤里，在法治建设的时代潮流中，扎根、生长，奋勇前行。

校标在学校文化中的体现主要有：建筑上的呈现，如图书馆、尚法实验室、多功能厅等综合设施处上的校标，渲染、创设一种独特的育人氛围，让学生从中得到熏陶和启迪；标识系统中的呈现，如各类宣传品等载体上铭刻并标记相关文字；平台上的呈现，如在学校网站、校报、招生宣传册、展板、校园广播电视台中使用，或对校标的由来、内涵等进行阐释；活动中的使用，如在学生社团、文化沙龙中使用校标，巧妙设计，形成独特的校园文化氛围。

2. 校旗

图 3　华政附中校旗

华政附中校旗分红底黄字和白底红字两种。

前者红底为华东政法大学红，它吸纳了“中国红”最富有生命力的元素，凝聚着中华文明的深厚内涵；黄字延续着龙的传人生生不息的血脉，如霞光温暖，如血液浓稠，如火焰热烈，象征着激情活力（见图 3）。

每逢星期一，庄严的升旗仪式上，雄壮的国歌声中，鲜艳的五星红旗冉冉升起。伴随着五星红旗的升起，校旗也迎风飞扬。晨曦中，国旗与校旗交相辉映，为美丽的华政附中校园增添了一道独特的风景。

3. 校操

校操是承载学校特色文化的产物，是学校体育活动的重要组成部分。音乐与校操的结合不仅仅是一种教育手段，更是一种欣赏艺术、感受愉悦的身心洗礼过程，是艺体教育多元化的体现。

华政附中的校操——《鼓点法韵》，由学校师生共同参与设计。校操由学生命名。“鼓点”代表着节奏，彰显青春激情。“法韵”象征尚法特色，以手语、韵律操、舞蹈等多种艺术形式展现尚法、劳动、生活、成长等元素。

如校操中多次出现的“天平”造型，象征着公平正义，倡导学生用法治思维看待、思考、处理所遇到的问题。校操中多次出现的相关“规则”“劳动”“生活”“成长”等哑语动作，则饱含着热情、充满欢乐的生活态度以及对学生和谐发展的热切期望。

校操音乐采用2002年韩日世界杯的官方主题曲《足球圣歌》主旋律，旋律节奏、和声简洁向上，三连音的节奏和两拍的进行曲鼓点节奏的配合，产生出动感的鼓点，本曲音乐的曲调、速度以积极向上为主题，与校操的韵律、舞蹈动作相契合。

伴随着激昂的音乐，舞动着青春的脚步，同学们的成长就如这青春的节奏一般，阳光普照，快乐温馨，德法相济，品业双馨。追求公平正义，在“尊重规则，倡导民主”的前提下自主学习，茁壮成长。

4. 校歌

校歌是办学理念、校园精神和学校特色的集中体现。校歌也是校园文化的重要组成部分，表现为对内的号召和激励、对外的形象展示和宣言，它既反映学校的办学理想和愿景，又有学生的感受、追求和成长心声。

华政附中校歌旋律为华东政法大学校歌，歌词展现了学校的教育理念和培养目标，突出了对明德、尚法、精业的倡导，弘扬了附中学子追求伟大的中国梦和建设法治强国的担当。歌词为：

方圆亭礼正廊，沪西南耀华政红。
明德又知礼，尚法更自强，乐学善思精于业。
勤进育芬芳，正学求真知，知行合一少年强。
莫忘，莫忘，莫忘，莫忘，祖国未来担肩上，不负青春时光。
书声朗歌飞扬，青衿学子坐春风。
管理重人文，特色贯学程，法治强国中华梦。
课堂讲民主，师生皆自主，现代公民做栋梁。
莫忘，莫忘，莫忘，莫忘，祖国未来担肩上，耀我明珠之光。

（三）治理环境民主公正

1. 创新管理育民主法治文化

（1）建立附中教育指导委员会

学校成立由大学专家、教育行政领导和学校领导组成的华东政法大学附属中学教育指导委员会，建立工作规程，实现以大学为主导、附中为主体、全面展开大中教育一体化建设为主线的华政附中青少年法治教育的研究与实施，实现大中教育衔接发展的运行机制。

（2）形成大学附中管理网络

学校与华东政法大学各层面结对，形成职能部门、教研组和年级组、学生团队多层面的共同体，形成致密型的大学附中管理网络（见图4）。

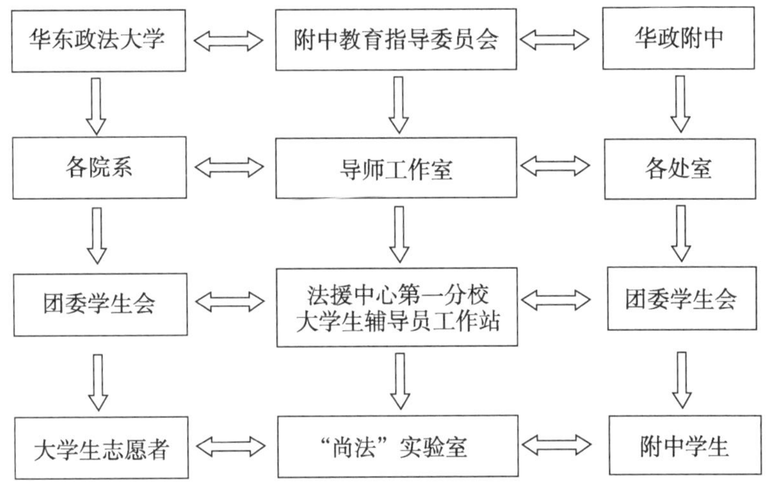

图4　大学附中管理网络

2. 重构学校治理架构

建章立制，增设课程建设委员会、民主课堂建设委员会、尚法教育中心、生涯发展指导中心、学术委员会、教师咨询委员会、学生事务中心、年级班级管理委员会等机构，为学校法治教育的落实提供组织保障，营造法治教育的治理氛围（见图5）。主要措施有：

（1）三权下移

教职工聘用权下移至组室，如教研组建立学科评审组，负责新教师的面试、试讲和笔试，提出聘用建议，交校聘任委员会讨论决定；人事安排权下移至组室，如在教师意向和教研组建议的基础上，年级组负责安排本年级的班主任和教师；教职工考核权下移至组室，如教研组民主制定考核方案（学校备案），量化指标，自主考核、排序，报学校考评委员会综评。

（2）事务听证

对争议较大、关系教职工切身利益的事项，组织师生、家长、专家参与事务听证，各方充分发表观点，形成共识，为学校提供决策与管理依据，促进决策和管理的公平公正。

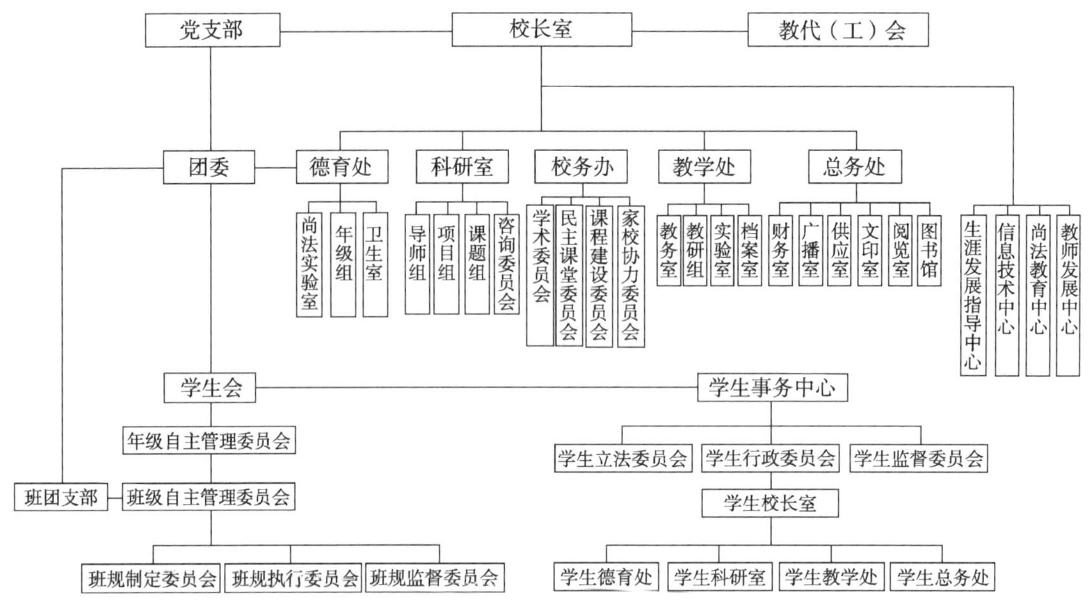

图 5 华政附中治理架构图

如教职工疗休养听证、咖吧开放听证、绩效工资方案听证等，为学校决策和管理提供了可行的建议。

（3）民主立规

在平等对话与交流的基础上，创设师生共同建立权利运作的规则和程序，保证师生的各项权利更好地分享和运用。如基于“模拟学校管理”课程的实施，学生事务中心立法委员会在调研、听证、模拟立法的基础上，制定“学生作业自主权实施规定”，经学生代表大会表决后，由校长签发，颁布实施，提高了学生的法治素养，倒逼学校推进改革。

（4）教师咨询

教师领衔并自主组建咨询委员会，选择学校教育教学改革的热点、难点问题，自主研究实践，形成咨询决策报告，为学校决策提供咨询建议。如“小组合作学习评价咨询委员会”提出的“课堂合作学习小组集体评价”建议，已经在全校推广，促进了民主课堂上学生的参与，提高了合作学习效能。

（5）项目实践

学校建立项目管理机制，教师自主组团，项目化推进重点工作。如班主任领衔的“学生成长集体会诊”项目组，依据市“绿色指标”和区“三个指数”，实践研究以班主任为主的任教教师团体对学生的集体会诊，建立包含身心健康、生活幸福、学业成就等指标的评价量表和评价流程，结合网络平台进行测试、评估、会诊、评价、指导等，并纳入综合素质评价系统。

（6）社会共建

拓展社区资源，与市人大、一中院、二中院、区检察院、区税务局、司法局、新华社区、新华派出所、律师事务所、邬达克纪念馆等 30 多个单位开展共建，为附中学生法治实践提供广阔的空间。

3. 依法治理，规范学校办学行为

（1）执行教育法律、法规

学校将依法治校纳入学校整体工作规划，在决策管理中贯彻社会主义法治思想，建章立制，严格执行国家、上海的教育法律、法规及相关政策。

完善党支部监督保证和教代会民主参与下的校长法人负责制，健全校长负责制和学校校务会议制度，完善民主决策程序，按照“集体领导、民主集中、个别酝酿、会议决定”的原则，严格执行“三重一大”等制度，进一步推进校内和党内民主建设。

学校建立章程，建立由教师、家长、社区人士参与的校务委员会及班级、年级和学校三级家长委员会，在学校内部管理中将原有的“垂直管理”模式改为分布式领导，广泛地分配责任与权利，倡导成员之间共同分享权利，在基于平等、对话与交流的基础上，促进文化的创新与资源的再生。

学校充分尊重教师在教学、科研方面的专业权利，建立项目制、咨询制、课题研究制，为教师开展教育、教学、科研、进修等提供保障。学校强化师德的建设与监督，实行全员育德制，探索班主任与导师双轨制，落实教师职业道德规范，建立教师共同体对师德的自我监督机制。

学校建立并综合运用信访、调解、申诉、仲裁、听证等各种争议解决机制，依法妥善、公平公正地处理学校内部各种利益纠纷。学校工会运用教职工听证活动，对涉及教职工重大权益问题召开教职工听证会，听取各方面人员的意见，充分了解民意，消除误解，增进理解，形成听证建议，促进校园和谐。如通过听证会，成功化解了长期困扰工会的“我们的咖吧谁做主?”的工作难题，制定了教职工满意的疗休养方案，提高了工会在教职工中的威信，促进了民主管理。

学校通过“模拟立法”流程制定（修订）班规，使全校每位学生参与到与自己息息相关的班规制定中，使他们既成为班规的制定者、遵守者，又是班规实施的受惠者。如通过班规中民主课堂评价机制的建立，促进了民主课堂的营造和师生关系的改善，学生课堂活动的参与度得到了显著提高，同时教师的教学方式也发生了积极的转变，教学相长，使课堂逐步还原为学堂。

（2）落实上海市课程方案

学校以育人为本，全面贯彻国家教育方针，认真实施素质教育，依法依规全面执行上海市教育委员会制定的课程方案和课程标准，认真制定并完善各种教育、教学管理制度，以学程手册的制定和使用来落实国家课程的校本化实施，通过整合渗透、模拟体验、实践探究推进尚法课程的实施，探索建立学生法治素养评价标准，组织法治素养测评，为法治教育提供评价和优化信息。

（3）修订规范办学校规

学校建立章程，制定、完善并落实内部治理、配套制度共 245 项。同时，基于学校模拟听证、模拟立法等课程，引导学生制定《华东政法大学附属中学学生作业自主选择权实施规定》《华东政法大学附属中学在校手机使用规定》《华东政法大学附属中学无校服日规定》等学生“校园法”，经学代会通过、校长签署后颁发全校。激励学生学法、用法，倒逼学校依法治理。

（四）课堂形态师生共治

课堂是学校教育教学活动的主渠道，也是法治教育的主阵地。现代课堂教学必须尊重个性、追求民主、体现平等、重视规则、激发潜能，课堂教学的民主、规范与科学是实施法治教育的有效平台之一。

经过多年的持续实践，华政附中探索形成组织自治、课规听证、学程先导、小组合作、民主评价、技术助推六大实施策略，逐步形成“民主课堂”教学品牌。基于民主听证和民主立规，明确并保障“民主课堂”上学生与教师两方主体的课堂相关权利和义务；通过自主、合作学习，创建个体自主发展的充满活力的学堂；师生相互尊重，合作、互动，教与学潜能激发，热情投入，智慧碰撞，乐学善思，承继创造，达成课堂教学目标。

1. 组织自治

民主课堂较之传统的课堂需要学生更多、更广、更主动地参与课堂乃至班级管理。学校改革传统的班级管理模式，建立班级立法、执行和监督管理委员会，取代原班委会，并明确其职责。推广学生课题研究成果——“班规制定流程”（见图 6），即根据模拟立法的简易流程，师生一起参与班规制定（现已形成校本课程），并将小组合作学习课堂评价融入班规之中，为课堂教学中的民主参与、管理、过程评价提供标准。学生自主制定、践行班规，既提升了班规的执行效果，也提高了学生的民主法治意识。

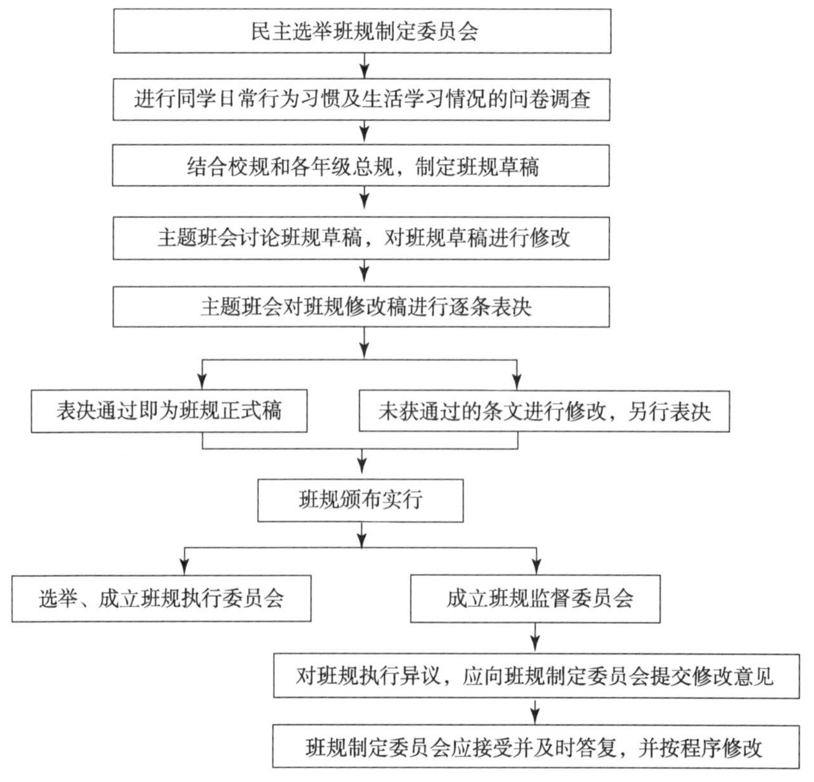

图 6　华政附中班规制定流程

2. 课规听证

课规听证是针对民主课堂实践中的问题，组织学生、教师、家长、专家及学校行政共同参与的课堂听证会，各方阐述观点，达成共识，为民主课堂规则的修订提出建议。例如，围绕学生、教师反映的改革焦点问题，学校开展“如何使小组合作学习模式更加完善”等课堂听证会，参与各方提出了很多宝贵的建议。作为学习的主体，学生应有相关的课堂决策权利。课规听证激发了学生以主人翁的姿态依法参与校园“政”事的热情和依法治理校园的意识。

3. 学程先导

《学程手册》是华政附中基础型课程校本化实施文本，包括预习、导入、合作、探究、巩固、作业、反馈等，并制度性地对其设计和使用予以保障，尤其在学生分层作业的难度设计、作业选择、用时统计与反馈等方面给予了充分的制度保证。该手册由师生共同参与制订、共同遵守。

4. 小组合作

对学生个体难以掌握、需通过合作方可完成的学习任务，以小组合作学习为主要学习组织形式落实教学目标。在教师指导下，小组成员分工合作，讨论、比较、质疑、修正，各小组间交流、思辨、倾听、互补，发挥群体积极功能，激发学习动力，提升高阶学习能力。小组合作学习的组织、评价与奖惩皆有一定规则，师生共同制定、遵守。

5. 民主评价

通过课前立规，制定班级个性化的小组集体评价机制，以小组为主要评价对象，依据评价标准，多元评价，过程评价，客观记录，及时总结，建立和谐的师生关系和民主的学习氛围，提高学生的课堂参与度，发挥“兵教兵”作用，提升学习效率。实践证明，合作学习及相匹配的集体评价，凸显了学生的学习主体地位，更能激发小组间竞争的积极性，促进师生平等互动、思辨质疑，促进学习效能的提升，更好地建立规则意识。

6. 技术助推

学校在更新教学设施的同时，积极探索实践信息技术、信息资源、信息方法和课堂教学的有效整合，合理使用PPT、白板、同屏显示等多媒体技术，合理使用教室前后白、黑板，营造有效的学习环境，追求教学效果的最优化，培养学生的信息获取、分析、加工和利用能力，促进民主课堂的优化和学习成效的提高。

（五）校园环境法润自然

1. 尚法长廊

华政附中的尚法长廊以地面时间轴为主线，一端串联起从远古到当今的中外法制史，一端记载学校的重要发展节点。长廊立柱呈现中外法治名言，一侧集中展示世界九大法系，另一侧以一人高的玻璃浮雕装饰，呈现中国法制史和世界法制史中的重要事件，生动的雕塑、人机互动，配以二维码音像手机终端显示，为学生学习中外法制史提供了立体的学习时空。

2. 尚法实验楼

华政附中尚法实验室是上海市社科类创新实验室。实验楼内设模拟立法厅、模拟庭审（模拟仲裁）厅、模拟听证（法治辩论）厅、模拟事务调解厅、学生事务中心（模拟学校管理）等尚法实验室，功能齐全，为学生开展五大类十几项法治教育实验项目提供了较为理想的场所，庄严、神圣，一厅多用，满足学生法治学习、实践、展示、观摩的需求。

3. 法治教育长廊

为使法治教育内容更贴近学生，更方便学生学习，学校在教学楼东侧 1–5 楼梯走道建立法治教育长廊位，分“中国篇”和“外国篇”两部分。“中国篇”包括：法的渊源、春秋战国时期的法律、中国古代著名司法官、清末新政与立法改革、中华民国与《六法全书》、红色《宪法大纲》、中华人民共和国成立后的宪法、依法治国。“外国篇”包括：两河流域楔形文字法、古罗马法、《人权宣言》与大陆法系、英美法系中的陪审制度、苏俄宪法、东京大审判等。

4. 方圆亭

学校改建原有园林中的中式四角亭，在保持外方——“方定于矩”的格局下，增加内园设计，亭顶（内）、亭底增设圆元素——“圆定于规”。亭名谓之“方圆亭”，亭上附有通过征集学生书法作品而产生的对联：“方定于矩，圆定于规，万物化生借以法度；政出以仁，治出以信，百工从事须张国维”。鲜明地凸显学校尚法的时代要求。

5. 礼正廊

学校校园长廊，以礼正廊为开端，悬挂宣传牌：“礼者，所以正身也；师者，所以正礼也。无礼何以正身？无师，吾安知礼之为是也?”（《荀子・修身》）长廊立柱挂以 28 条《礼记》名言；以“嘉会合礼”四字作为长廊收尾，此四字语出《周易》，“嘉会”谓众美相聚，“合礼”系合乎礼仪，意旨具有美好德行的君子的相聚就足够可以体现礼仪。

宣传牌、对联通过学生书法作品征集而得。赋予文化内涵的礼正廊成为师生活动汇聚处之一，也象征学校是养德、习礼、乐学之所。

6. 法治名言匾

学校选择中外法治名言、警句，制成法治名言木匾，布置于学校大楼各层走道。木匾采用原木材质，在树木的年轮板面上烫烧出隶书法治名言警句，给人一种古朴苍劲之感。名句的选择既有显性的法治意识及精神，又有隐性的对自然、道德、人际关系等的阐发，体现了广义的尚法追求。

7. 社团活动展示栏

学校在教学楼、办公楼走廊设置学生社团活动展示宣传栏，将“立法”“庭审”“听证”“仲裁”“调解”“辩论”等社团活动情景、实践成果（如学生制定的“校园法”等）及时呈现，不断更新，分享、传递学习成果，提高普法效果。

8. 法治作品展示栏

学校艺术教研组将法治教育与艺术教育相结合，通过书法、绘画、摄影、彩绘、伞画、视频等形式表现学生对法治的认知和思考，并在学校楼梯、楼道宣传栏中呈现，提高学生参与的兴趣，并鼓励他们互相分享创作经验。

9. 獬豸雕塑

学校设计制作中国古代神话传说中的神兽——獬豸雕塑，置于教学大楼底层，展示这一能辨曲直、勇猛公正的法律象征，弘扬“正大光明”“清平公正”的法治精神。

10. 天平雕塑

学校设计制作象征公平裁判、法律面前人人平等的天平雕塑，用学校尚法教育目标、尚法课程、尚法实验项目等中的关键词筑成天平形体，为学生提供了一个立体的普法课程。

二、基础学科尚法渗透

基础型课程中各学科教学是学校法治教育的主阵地。华政附中开展基础学科尚法渗透实践，邀请华东政法大学教授入校对教师进行法学素养培训，组织各层面的基础型课程“尚法渗透”论坛及系列化的校本研修，使教师在主观上理解、认同尚法在基础型学科渗透的意义和价值，同时通过激励制度进一步激发教师内在的创造性，将尚法教育在基础型学科中的渗透教研变为有意识的主动行为，挖掘各学科中所蕴含的法治内容或延展点，梳理出500多个尚法元素拓展点，形成了《基础学科教材中尚法元素撷要》，研制完成《基础型课程尚法渗透实施方案》。梳理形成围绕目标、无痕融合等五大实施原则，总结创设“双教”情境、延展学科内容等六大实施策略，把法治教育体现于学生的日常发展，使尚法内涵转化为学生的能力素养。

（一）找准学科渗透点位，制订尚法渗透方案

1. 确定学科尚法渗透梳理视角

通过专家培训、基础型课程“尚法渗透”论坛及系列化的校本研修，华政附中根据《青少年法治教育大纲》和学校教育目标，梳理出确定基础型学科尚法渗透点的五个视角。

（1）与课程内容相关的法律基本知识。如地理学科“环境”中相关的环境保护法知识；化学学科“高分子”中相关的限塑令知识、“乙醇”中相关的交通法规知识（酒驾等）；数学学科“几何—坡度”例题中相关的残疾人保护法；物理学科“惯性”中的相关交通法规知识（制动距离等）；信息技术学科中的网络安全、版权法知识。

（2）与法共通的思维方法、规律。如各学科中的逻辑、论证等方法。

（3）与法有联系的基本原理。如马克思主义基本原理、科学原理等。

（4）基本理念（立法的指导精神或依据）。如地理中的人与自然和谐等理念。

（5）民主规则意识。如课堂活动中的纪律、规则等，社会活动中的民主、自由、平等、公正、法治等。

2. 梳理基础型学科尚法渗透点

依据梳理基础型学科尚法渗透点的五个视角，学校各教研组组织所有备课组老师，根据《青少年法治教育大纲》、学校教育目标、学科课程标准和学生的认知基础，在尊重学科核心内容的基础上，不断地钻研教材，挖掘、梳理各基础型学科教材中的尚法渗透结合点，探索实施的一般方法与路径。

在教研组长的指导下，备课组长组织组内教师深入研讨，梳理形成学科学段整合渗透内容列表，落实到具体各学科的单元、章、节中，明确学科内容中的尚法元素的结合点，进行教学渗透的思路阐释，编制各学科的尚法元素一览表，并在大学专家的指导下汇编成册。

目前，包括500余个尚法渗透点的《华东政法大学附中基础型学科教材中尚法元素撷要》成为学校教师开展基础型课程中的尚法渗透实践的基础。

3. 制订基础学科尚法渗透方案

为贯彻“德法相济，知行合一”的课程理念，有效推进法治教育与基础课程的融合渗透，学校在充分挖掘基础型学科中蕴含的相关尚法教育内容与拓展点的基础上，制订了以“民主课堂”为载体、基础课程与法治教育相融相通的“基础型学科尚法渗透实施方案”，着力实现从“附加”到“渗透”与“融合”的转变，落实“‘明德·尚法·精业’的现代公民”的培养目标，实现学校内涵式发展，铸就法治教育品牌。

实施方案主要包括指导思想、工作小组、实施要求、实施流程、工作（活动）进度表等。

学校把实施尚法教育与基础学科的整合渗透作为教研组校本研修的主题之一，教研组以民主课堂为载体，通过组室研修课、校级展示课、校级示范课等形式积极开展课堂教学实践研究，组织教师开展示课，并请市区教研员、大学教授等专家进行评课，既肯定亮点，又指出不足，总结经验，不断改进。

为促进教师积极参与基础学科尚法渗透教学实践，学校组织开展“尚法特色与基础型课程整合渗透优秀教案评选活动”，编制“尚法特色与基础型课程整合渗透优秀教案评价表”，表彰在实践中做出积极探索且卓有成效者。

（二）制订尚法渗透原则，探索尚法渗透策略

1. 制订基础学科尚法渗透实施原则

（1）围绕目标。以学科教学目标和学校尚法教育目标为标准，利用学科中蕴含的法治教育内容，寻找尚法教育与学科内容的恰当结合点，并对其进行合理设计与实施。

（2）无痕融合。遵循教育教学规律，建立尚法内容与学科内容的有机联系、尚法教育与学科教学的一体化整合，自然、无痕迹地实施。

（3）适度呈现。以学科教学为主，在高质量地达成学科教学目标的前提下，进行尚法教育。

（4）有效开展。根据学科特点和学生实际，选择源于教材或贴近社会生活的内容，采用灵活的学习方式，注重尚法兴趣的培养、尚法精神的培育、尚法思维的训练，有效落实尚法教育目标。

（5）学科促进。通过尚法教育，激发学生学习基础学科的学习兴趣，并将尚法知识的习得向学科学习迁移，促进基础学科学习水平的提升。

2. 探索基础学科尚法渗透实施策略

学校通过实践，梳理形成基础型学科尚法渗透的实施策略。

（1）创设“双教”情境。根据学科教学目标和尚法教育目标，创设有效的引入、设问、习题等满足学科教学和尚法教育的“双教”情境，充分调动学生的学习积极性，引发情感共鸣，促使他们主动参与学习和探究，获得较好的教学效果。

（2）延展学科内容。基于学科中蕴含的法治教育内容，或学科教材中可连接尚法的“结合点”，从学科知识、方法或价值观等维度，延展学科内容，自然过渡到尚法教育，落实教学目标。

（3）适时画龙点睛。在基础学科教学中落实学科教学目标的基础上，采用画龙点睛的方法，在尚法教育“点”上简明扼要地明晰学科内容与法的关系、学法守法的意义、法治思维的方法或尚法精神等，落实学科承担的法治教育任务。

（4）适度探究“法理”。在课堂教学、课后开放作业中，适度地结合学科知识，分析、简述、探究贴近生活的法律条文的建立依据（与本学科相关的），促进法治素养的提升和学科学习兴趣的提高。

（5）设计开放作业。根据教学目标，基于学科学习内容，适度设计课后开放作业或长作业，探索学科内容在立法、司法中的简单应用，或对贴近生活的法律条文的解释。

（6）实践民主课堂。实践组织自治、课规听证、学程先导、小组合作、民主评价、技术助推等策略的民主课堂，在目标共立、责任共担、过程共与、成果共享的学习生态场中，养成遵纪、守规的习惯，潜移默化中形成民主、公正、平等、规则等法治意识。

（三）设计课时教学方案，落实课堂教学任务

学校制定“尚法特色与基础型课程整合渗透教案评价标准”“学程手册编撰要求”，

学科教师认真备课，依据学科标准、尚法渗透点、尚法渗透原则、实施策略、学程手册编撰要求和学情，整合学科课程目标和尚法教育目标，选择有效的教学方式，采用“个人设计—备课组讨论—个性化调整”的路径，撰写基础型课程学科尚法渗透教学设计，包括课时教案和学程手册（含作业设计）。

通过有效的课前预习，恰当的情景引入、合理的教学流程、拓展思考、课堂练习、小节呼应、开放性作业设计，灵活、生动、适度、充分地开掘、整合学科中固有的或隐含的尚法内容、教学条件和教育契机，基于民主课堂模式，有意识、有计划、适度地渗透相关尚法内容和精神，使法治教育与基础型学科教学无痕融合，促进学科教学目标的落实。

学校倡导学科教师设计尚法类长作业，或基于学科基础知识适当拓展，或以课题形式开展课外探（研）究。

（四）积累尚法渗透课例，丰富尚法教学资源

为解决基础学科尚法渗透可供参考的课例等教学资源相对匮乏问题，学校组织课堂教学月推进活动，全体教师参与，聘请专家听评课，并指导教师将优秀课变成尚法渗透课例，逐步丰富学校法治教育资源。

1. 制订研修计划

教研组将推进尚法渗透实践纳入学期校本研修计划，围绕“双教学目标”设计、“尚法渗透点”选择、教学方法选取、课堂教学流程设计、“学程手册”编撰、尚法渗透教学评价等主题，开展主题化、系列化研修，聚焦问题，加强理论与实践的探究，优化“学程手册”、完善“学科尚法渗透课模（范式）”，提高课堂教学效能，促进学生、教师发展和学科建设。此类工作，由学校学术委员会、教导处负责指导与组织。

2. 开展自主实践

教研组依据校本研修计划，制定“尚法渗透”实践行事历，自主组织落实实践活动，保证每位教师每学年开一次组内研修课，并向全校开放。备课组加强集体备课，落实“磨课—开课—听课—评课—反思”的课堂研修流程。每位教师积极参加磨课、评课、课后反思，每年录制一节“录像课”。

3. 组织校级展示

在教研组推荐的基础上，教导处制订 3 年一轮的校级展示计划，组织校级课堂展示活动，邀请大学和市区专家参与指导，开展“说课”“课堂展示”“评课”“交流”“培训”等系列活动，展示相关教研组“尚法渗透”研修成果。3 年内各学科教师轮流展示，不能重复（教导处统一协调各学科参与展示的教师比例）。教研组将校级以上展示课课例化，逐步形成《基础学科尚法渗透教案集》和《基础学科尚法渗透课例集》。

4. 加强过程监控

教导处、教研组、备课组各负其责，落实各级推进计划，组织实施过程监控，并做好记

录。行政人员、各级组长落实听课任务，及时将听课情况报教导处，教导处汇总并及时反馈。

5. 搭建研修平台

学校和教导处定期组织“民主课堂”建设委员会工作会议、教研组长会议、师生座谈、专家研讨等研修活动，及时了解情况，发现问题，组织研究与实践，开展培训，推进“基础学科尚法渗透”的有效实践。教导处推荐学科教师开展各级各类公开课或参加各级教学大赛，加强对外交流及区域辐射。

6. 落实考核奖励

学校将推进“尚法渗透”实践工作纳入教师、备课组和教研组的考核，对开课、获奖教师和备课组、教研组给予一定的奖励。

三、校本课程多元实施

华政附中坚持尚法校本课程的多元化实施，开发了包含学术类、活动类、社团类和服务类四大类40余门的尚法校本课程体系，并融入学校三类课程，初步建成内涵丰富、特色鲜明的以国家课程为主体，以校本明德类课程、尚法类课程、精业类课程为支翼的“一体三翼”课程体系，体翼融合，三翼并重。在校本化实施国家课程的前提下，明德为根本，尚法为特色，精业为基础，基于民主课堂和尚法实验室，以“整合渗透”“模拟体验”“实践探究”的方式实施尚法校本课程，为提升学生的法治素养，提供了课程保障。

（一）构建尚法校本课程体系

1. 高校引领课程开发，构建多元开发机制

根据“明德·尚法·精业”教育目标，在华政附中教育指导委员会的指导和导师工作室的支持下，华政附中建立专家开发、合作开发和自主开发三种课程开发机制，保证尚法类校本课程质量的不断提升。

（1）专家开发课程

依托华东政法大学得天独厚的优质尚法资源，聘请华东政法大学专家参与华政附中尚法课程的开发与实践。如品牌课程“今日说法”由华东政法大学教授亲自授课，此课程为全校师生必修课，除了现场参与的师生外，教学过程全校直播。八年来华东政法大学共计选派了40多名教学经验丰富且深受学生欢迎的教授来华政附中开授此课。又如张国元教授亲自参与“从零到一学辩论”“模拟事务调解”等课程的开发，组织研究生与学校教师共同授课，并形成校本教材《从零到一学辩论》。

（2）合作开发课程

华东政法大学教授、研究生与华政附中教师合作开发尚法课程。几年来，在高校教授的指导下，华东政法大学研究生与学校教师陈建伟、陈陆平、顾平康、许盈银等共同开发出“中外法制简史”“模拟立法”“模拟庭审”“模拟听证”“班规制定”等校本课程，并参与实施，形成校本教材。

（3）自主开发课程

在华东政法大学教授和社会政法专家的指导下，学校陈陆平、梁芳、顾一帆、许盈银、王小良、印佳雯等教师相继自主开发出《生活与法》（高中版与初中版）、《中学生法务辞典》《明德尚法主题教育》《模拟仲裁》《法律文书写作》等课程校本教材。

2. 构建尚法主体轴课程，拓展学生学习时空

根据《青少年法治教育大纲》和《国家中长期教育改革和发展规划纲要》，学校依托华东政法大学和上海公检法优质教育资源，以华政附中教育指导委员会、华政附中课程建设委员会、尚法教育中心、华东政法大学导师工作室、大学生辅导员工作站、基地专家资源库为支撑，围绕尚法教育课程目标，遵循主体性、开放性、系统性、多元性和发展性原则，开发并形成尚法主题轴综合校本课程体系，并融入学校课程架构，形成了以国家课程为主体、以“明德”“尚法”“精业”校本课程为支翼的“一体三翼”课程体系（见图7、图8）。为学生提供了丰富学习经历的时空，促进了学生法治素养、基础学力及整体素质均衡而有特色地发展。

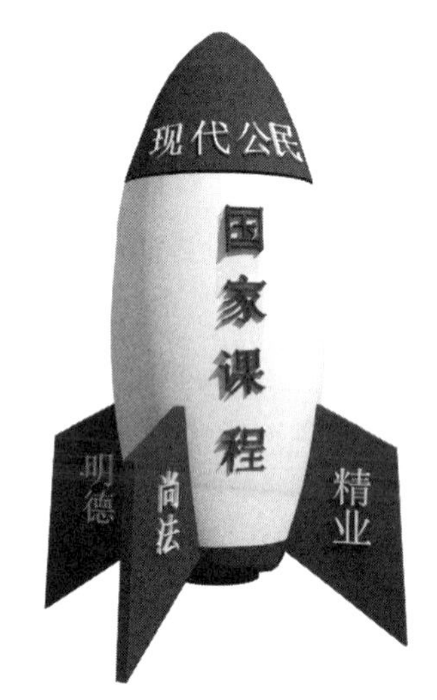

图7　华政附中“一体三翼”课程

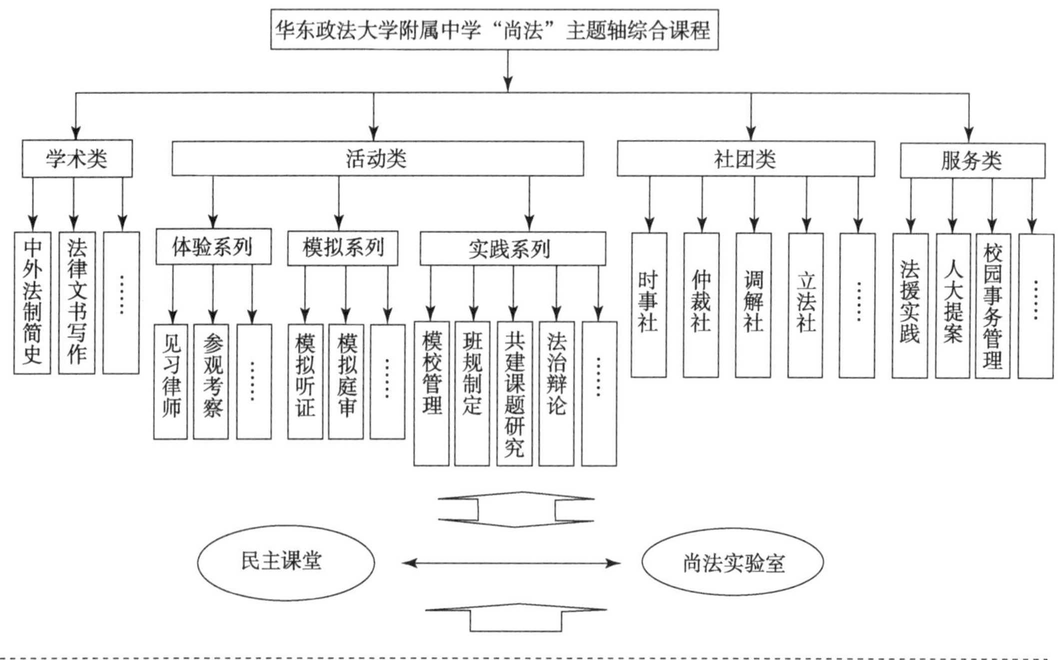

图8　华政附中尚法主题轴综合课程框架

以“民主公正”为目标的尚法类课程包含学术、活动、社团和服务四类40余门校本课程。课程的多样化实施，能够促使学生：知权利、明义务、懂规则、辨是非；讲平等、遵程序、会协商、善维权；形成自律品格、参与意识、契约精神和正义理念。

学校课程体系日渐完善，学生的课程选择时空逐步增大，较好地满足了学生的修习需求。《中外法制简史》《生活与法（初、高中版）》《从零到一学辩论》《中学生法务小辞典》《模拟立法》《模拟听证》《模拟庭审》《班规制定》等12门尚法类校本课程形成的校本教材已投入使用。“模拟听证”等十门精品课程逐步慕课化，几十节慕课进入上海市名校慕课网。2016—2017年，学校陈陆平教师开发录制的《高中法治教育（上、下篇）》（共8节）在上海市中小学专题教育网上线，供全市高中生选课学习。梁芳、陈陆平老师的《生活与法（初、高中版）》、顾平康老师的《模拟听证》、陈建伟老师的《中外法制简史》、许盈银老师的《班规制定》等两批26节慕课经过市专家评审，已上传至上海高中名校慕课网，广受学生欢迎。此外，学生的“模拟听证”“模拟庭审”“模拟仲裁”“模拟管理”等尚法实践活动多次在市、区层面展示，经常为外省市兄弟学校作示范。

（二）多元实施尚法校本课程

华政附中尚法校本课程实施主要采用整合渗透、模拟体验、实践探究等方式多样化实施。

1. 整合渗透

学校依据尚法教育目标和基础课程学科特点，利用基础学科的教学时空，将部分学术类、活动类尚法课程与基础型课程整合实施，如模拟立法、法律文书写作、中外法治简史等尚法课程与思想政治、语文、历史等基础学科整合实施；将部分活动类课程与拓展型课程整合实施，如尚法课程班规制定、尚法主题教育与校班会课程整合实施。

模拟立法是学校活动类尚法校本课程，亦是学校尚法实验室项目之一。主要内容为“项目简介”“项目流程”“项目培训”“知识介绍”“案例选登”五部分，通过课堂学习、参与模拟人大制定法律法规实践，促进学生学习人大立法的相关知识，如我国的立法机关、立法程序和上海市人大常委会机构、议政厅设施等相关知识，学习法律文书撰写技能与立法角色职责，经历课堂学习、确定议题、议案起草、角色分配、民主推荐、模拟培训、正式会议、推荐意见、整理文件等模拟立法项目流程，培养学法用法的兴趣，提高民主、法治素养，提升参政、议政和社会实践的能力。

学校将《模拟立法》与高二思想政治学科中的宪法单元整合，选择学生身边的规则、制度，或社会热点问题，历时一个月，开展立法选题、调研、制订方案、撰写提案、编写草案等实践，最后，高二年级全体师生走进市人大常委会议政厅开展模拟立法。在课程的实施过程中，学生可以学习收集资料、微型调查的基本技能；通过查找资料、现场模拟的方式，可以了解上海市人大及其常委会的工作流程及意义；在讨论议案时，可以培养一定的参政议政和分析社会现象的能力。近年来，学校学生连续参与了《上海市养犬管理条例》《上海市预防未成年人犯罪条例》修订及《上海市实施〈中华人民共和国突发事件应对法〉》《上海市未成年人保护法》《上海市旅游条例修正案》《中华人民共和国非物质文化遗产法》的模拟立法活动，多次向市人大提交建议并被采纳，市人大专门来函表扬。

案例 1

“走进人大”——模拟上海市人大常委会立法

高二思想政治课第二课是人大制度，通过日常教学，使学生获取知识与能力的目标可能达到了，但情感、态度与价值观的目标效果甚差。怎样才能从内心深处真正体会到人民代表大会制度和人民代表大会在我国政治生活中的重要性，关心国家大事，参政议政？在专家指导下，政治教师将校本课程“模拟立法”与思想政治课整合，按以下流程进行了为期一个月的实践活动。

1. 联系市人大常委会，制订全体高二学生开展模拟人大常委会立法实践体验方案。

2. 结合社会与网民的热议，确定大家关心的热点问题，选择《上海市养犬管理条例（草案）》立案。

3. 参照其他提案的样板，各班学习小组各自分工，寻找立案所需资料、意见，整理成文汇总。

4. 10 位同学以提案人的名义负责筛选、整理，形成规范的提案草案。

5. 对草案第一稿讨论、论证，提出进一步完善的意见。

6. 会议事项准备。为了共享民主，所有高二年级同学全部参与“走进人大”活动。在民主选举、推荐的基础上，确定 64 名同学担任委员，其他同学作为列席代表，并产生主任、宣读议案说明的同学和一名工作人员。

7. 模拟活动。约 2 小时。

8. 专家点评。此次活动得到了市法工委副主任王教授的高度赞扬，他认为同学们政治参与意识强，表达出色，意见切中要害，并邀请同学们将精彩的建议送交市法工委。

整整 2 小时的会议议程，整个会场鸦雀无声，大家神情肃穆，市人大领导介绍基本知识，学生纷纷发言。在表决时，各位委员慎重地按下表决键，或赞成或反对，都是一种民意的体现。活动结束后，同学们将 10 多份精选出来的意见递交法工委准备作为明年 1 月份市人大常委会正式的养犬条例审议的参考。并由列席的同学正式启动了一个公共场所犬类粪便处理的法治研究课题。

从没觉得 2 小时是如此的短暂，大家恋恋不舍……

教师感想（陈陆平）：

作为一名政治教师，这次活动让我受益匪浅，枯燥的说教讲解也许能赢得考试分数，但学生并没有真正的收获。通过政治课堂，我们要树立的是学生的国家观念和社会责任感，封闭的课堂显然无法实现这一目标。实践出真知，理论联系实际才是真道理，从书本中走出去，和时代的脉搏相适应才能让学生从心底里认识社会主义民主政治是一种怎样的博大民主，才能通过体会摸索出科学的人生观、价值观。模拟的过程不仅使他们熟悉明白了立法程序，更坚定了他们学法、爱法、守法、护法的决心。今后的政治课堂要进一步与学校法治课程有机结合，上出真正的思想政治课。有位同学的话让我记忆深刻：“走进人大”是我上过的最生动的政治课。学生的民主意识、法治意识、国家意识从这里启蒙、发芽……

学生感言：

人大对我来说是个既熟悉又神秘的地方，在电视上见过，政治课上学过，但这次我们亲身去市人大议事厅，按下发言键，我们才体会到畅所欲言的权利，体会到民主的气氛；按下表决键，我们才体会到民主集中制的原则，体会到人民当家做主。人民代表大会制度不再是政治课本上感觉遥远的文字，而是更加贴近我们的生活，我们感受到了一个人大常委会委员所肩负的责任。对人民负责，受人民监督，这不是口号，这是我们人大的职责所在。这次活动令人终生难忘的。作为一个上海市民，今后我们要向人大工作提出自己的建议，共同努力把上海建设得更加美好！

——项诗娴

自议案确立，班级里掀起了一阵法律热潮，同学们投入了极大的热忱，从撰写草稿、定稿到打印成文，各学习小组在讨论时就从很多其他渠道收集信息，丰富证据。甚至在马路上看到遛犬人就会上前询问。这个活动过程其实很“艰辛”。原来议案不是那么容易形成的，一部法律条例的出台要经过如此慎重、复杂的过程。

——李雅雯

从草案、发言到投票表决，我清楚地认识到自己手中握有多么重要的一票，它关系到一个城市的发展，关系到市民生活的点点滴滴。尽管只是一个养犬条例，却是经过很多人再三思量、推敲才最终定稿形成法案，这关系到上海市的社会秩序。最终，我充分表达了自己的意愿，投了神圣的一票。

——纪文秀

我们不仅了解了人大的立法过程，也亲身体验了立法机关庄严的氛围，更增添了一次人生丰富的经历。可能有人会觉得这样的活动并不能直接对学习有什么助力，但是我们的人生却是需要经历类似的一次次尝试，有了体验才有觉悟，才有为未来奋斗的动力与决心。这次活动给我留下了深刻印象，为我打开了一扇看社会、看世界的大门。建议学校多搞这样的活动，让法治与我们更近些。

——孙晓茜

2. 模拟体验

学校活动类、社团类尚法校本课程以模拟体验的方式实施。主要包括体验、模拟、实践等方式，渐次提升学生的法治素养。其中活动类课程以知识、能力层面目标为主，主要通过以教师指导为主的体验、模拟、实践，感悟和习得相关知识与技能，主要课程如班规制定、见习律师、模拟学校管理等；社团类课程以能力层面目标为主，以学生自主组建主题社团、自主开展活动的方式，主动运用已有知识与技能开展相关尚法实践，获得综合技能，主要课程如辩论社、仲裁社、庭审社、调解社等。

如学校与市一中院、市检察院、区税务局、律师事务所等单位共建，组织学生到实践基地开展法治参观考察，见习相关社会岗位如“税务官”“律师”“社区物管”等，体验公共服务与管理岗位工作的责任与意义，提升责任意识与实践能力；在法院专家、华东政法大学教授和市人大专家的指导和华东政法大学本科生、研究生团队的帮助下，选择校园刑事案件等开展模拟成人或未成年人庭审、仲裁、调解等活动。活动前组织全校学生学习案例，模拟活动向全校师生展示，活动后组织学生总结。亲历案情分析、角色划分、文案准备、预演、开庭审判（或仲裁、调解等），调动了学生的学法兴趣，提高了写作、交流、思辨等能力。

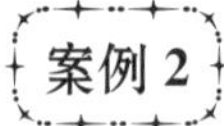

法学社模拟庭审

在华东政法大学事是学社的指导下，华政附中建立模拟法庭运作模式，面向全校学生，庭审前学习分析案例，观看模拟法庭庭审，庭审后研讨总结。法学社模拟法庭进程如下：

1. 与华东政法大学事是社团结对，初步设计模拟法庭建设方案。

2. 形成方案及形成调研问卷。

3. 赴华东政法大学观摩“模拟法庭”庭审活动，开展调研。

4. 邀请华东政法大学“模拟法庭”来校进行庭审展示（全校收看），组织各班进行庭审的评点与辩论活动。对法学社进行模拟法庭培训。

5. 法学社自主进行“模拟法庭”庭审实践活动。梳理适合中学生的庭审案例，在华东政法大学事是社团指导下，编制第二次庭审剧本。向全体师生公布庭审案例，并展开广泛讨论。

6.“模拟法庭”法治实践汇报展示。庭审后完成研讨总结。

学生收获：

1. 学会制订活动方案，确立活动宗旨、组织机构、指导教师、时间安排等。

2. 学会调研并撰写案例，了解学生关心和感兴趣的法律问题，并进行汇总，确定“模拟法庭”活动的主要议题和核心案例。

3. 学会创作剧本，学会诉讼文书写作，如起诉书、公诉词、证据目录、辩护词、代理词等。

4. 学会宣传推介，以海报、校园网站、广播等形式进行宣传，号召同学们积极参与“模拟法庭”的各项活动，组织开展全校师生庭前讨论，庭后反思。

5. 学会团队合作，组织协调，分派角色，承担任务，设计“模拟法庭”流程，了解庭审的全过程。

6. 学会交往，运用高校资源及少年庭法官的指导，掌握模拟法庭庭审的职位职责与流程。

7. 学会辩论和大胆地表达自己，体会成功后面付出的艰辛。

8. 学会总结，整理庭前学生的分析报告，梳理庭后学生的反思，完成该课程建设的资料积累。

部分学生感言：

在前期准备工作中，我体会到了法律工作者的严谨和辛苦。因为我们首先要厘清案件的法律关系，把庞杂的证据材料分类汇总，编写证人证词，起草公诉意见等工作。必须以严谨的态度对待每个细节问题，事无巨细，仔细思考，往往一个细节就能决定案件的成败。

——书记员：陈晓雯

当我们开始编写和创作剧本时，对照着华东政法大学学长们给我们的参考资料，我们好像来到了一个新的领域，怎样去结合法律条文编写出一个不脱离实际生活的剧本？但当我们磕磕绊绊地写完剧本之后，又觉得好像身边的一切，每一个细节，都充满了法律氛围！当我们在写辩护词时，通过对案件细节的把握，对公诉人、审判长角色的揣测与猜想，我们学到了很多很多，受益匪浅。

——审判长：孙晓酉

作为一名光荣的“检察官”，我深深体会到了检察官职位的神圣和法律的威严。同时也感到了自身知识面的不足，这些宝贵的经验教训是我今后的宝贵财富，对我今后的学习和生活目标的选择都产生了巨大的指导作用。

——公诉人：李梦佳

3. 实践探究

(1) 在服务的过程中提升法治素养

华政附中服务类课程内容以能力和价值观层面目标为主，整合、运用已有法律知识与技能，通过志愿服务他人、服务社会的各类实践活动，如法援咨询、社区法宣、人大提案、校园实务听证、校园事务管理等课程的实务实践，促进学生价值观层面目标达成，并习得知识与技能，在服务他人的过程中提升法治素养。

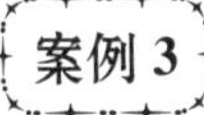

民主课堂听证会

一、背景介绍

聚焦课堂，是学校教育转型的重要改革策略之一。通过创建民主课堂，采用学程设计、小组合作、课堂听证、班级自治等策略，努力转变教与学的方式。调查显示，有80%的同学对这一学习方式予以了肯定，但是在实践小组合作学习的过程中，也有一些问题显现出来。有的教师觉得由于学生活动时间的增加，教学进度完成不了，影响了教学效果；也有学生觉得小组合作会影响学生独立思考能力的发展……这些问题困扰着教师和学生。

基于学校尚法实验项目“模拟听证”，学校决定召开听证会，希望听取各方意见，集思广益，寻找相关问题的解决方法，以使小组合作学习更有效，教学效果更优化。

二、听证会实录（节选）

（1）听证会主题

“如何使小组合作学习模式更加完善”

矛盾焦点1：小组合作学习是否会影响教与学的进度

矛盾焦点2：小组合作是否会影响学生独立思考能力的发展

（2）听证会人员构成

主持人、教导处代表、教师代表、学生代表、书记员

（3）听证会流程

① 主持人介绍本次听证会的来宾

② 播放短片：回顾一年来对小组合作模式的探索

③ 主持人宣布听证会开始

④ 议程

议程一：PPT显示本次听证会“会场注意事项”

议程二：主持人介绍听证人、听证代表、出席人员构成

议程三：教导处介绍召开本次校园听证会的原因

议程四：听证会代表围绕听证主题发言，每人发言时间3分钟

议程五：围绕听证主题自由辩论

议程六：主持人进行会议小结，对本次听证会代表意见进行汇总（由书记员负责听证会记录，提供内容）

议程七：专家、领导点评

主持人宣布会议结束，人员退场

⑤ 过程实录（节选）

……

刘冠明：我认为小组合作学习不利于独立思考能力的提升。小组合作学习对于能力不太强的人来说，会使他们太过于依赖他人，渐渐丧失独立思考的能力。而对于能力比较强的人来说，喜欢提前报出答案，往往会干扰他人思考，打断别人的思路。倒是传统的做法能让我们一个人安静、独立地思考。

景佳烨：我认为小组合作学习时的讨论不会影响学生的独立思考。因为讨论是多维的思维碰撞，强于被动地接受和记忆，会促进主动的探求和思考。再者，合作学习收获的不是一道题，而是方法。上面一位同学的担心完全是多余的，传统的教学模式是老师的一言堂，学生更易产生等答案、靠老师的现象。相比较，小组合作学习更能调动学生思维的活跃度，有利于学生的独立思考。更何况，小组合作学习并不意味着所有的问题都合作，完全摒弃独立思考，在小组讨论之前的独立思考显然是不可或缺的。独立思考是小组讨论的基础，而小组讨论则是独立思考的升华。

柯晓旭：我认为小组合作学习有利于学生独立思考能力的培养。首先，合作过程中的小组讨论有利于同学开拓思维、发散思维，让每个同学在课堂上都有表达自己观点的机会。其次，在课堂上，同学们积极参与讨论，改变了被动的接收状态。对学校两个年级进

行调查的数据显示，84.8%的同学能在小组讨论过程中坦诚地阐述自己观点。如我们组，大部分组员都是内向的，但每当小组讨论时，就算是本来羞涩的，也都会积极参与进来，面对熟悉的同学，那份紧张感就没有了，大家自然积极思考、畅所欲言，这样同学们的表达能力也在不知不觉中得到了锻炼。这种效果在传统课堂上是达不到的。

……

王炯：我认为小组合作学习会影响正常教学进度。上课时间是一定的，一旦加入了讨论、交流、质疑等环节，课堂进度无疑会受到影响。

宋昊亮：我不认为小组学习会影响到教与学的进度。理由如下：首先，小组合作学习的充分讨论有利于我们对于知识点的掌握，大大节省“炒冷饭”的时间。其次，老师只需适当地做出讲解如提出注意事项等，不必对每道题做出详细的讲解。

贾承刚：我认为小组合作学习有利于加快个人的学习进度。当我们需要苦思冥想的难题，在与同学的讨论之中会迎刃而解。而且在预习之中遇到的问题，也是可以在课间与同学们讨论，提高学习效率。而且，经过同学的预习与反馈，课堂上老师不需要对所有的新知识讲解，可以就新课中的难点展开深层次的探索、研究。

……

⑥ 专家点评

刘松山（华东政法大学教授）：本次听证会质量又有了较大的提高。同学们选题于学习过程中的实际问题，师生各方通过民主、法治的程序参与学校教学改革，坦言自己的观点，提出可行的建议，在统一认识、提出建议的同时，民主法治意识和综合能力也得到了提升。祝附中的听证会制度更加完善，也愿课堂教学改革更好地促进学生自主学习、合作学习能力的提高。

附1：“如何使小组合作学习更加完善”听证会建议

（1）关于“小组合作学习是否影响学生的独立思考”的建议

① 小组合作≠小组讨论，小组讨论要选择恰当的时机和恰当的问题；

② 小组讨论之前，应有一定的独立思考时间；

③ 注重对组长的培养，督促、指导组员讨论前进行充分的独立思考；

④ 加强对学生的指导与培训，提高其自主学习与独立思考的能力；

⑤ 设立必答题和抢答题，请小组内不同成员参与班级交流。

（2）关于“小组合作学习是否影响教与学的进度”的建议

① 教师对新生要进行自主学习能力的培养；

② 要指导学生养成自主预习习惯，充分使用《学程手册》提前介入学习；

③ 教师设计教学时，要根据重点、难点合理选择小组合作学习内容；

④ 小组合作更着重学习思维及交流、合作等综合能力的培养；

⑤ 延伸课堂，使小组成为一个全方位互助的团队，不是仅为课堂而设立。

（2）在探究的过程中提升综合能力

学校把尚法类课题研究纳入研究型课程实施方案，注重引导学生选择社会政法热点、焦点问题，开展研（探）究，尝试解决问题，获得一定深度的亲历和体验，在探（研）

究的过程中提升法治素养和综合能力。高中学段学生尚法类课题研究主要采取两种方式：自主式课题研究和共建式课题研究。

自主式课题研究：整合相关学科，研究社会政法热点，以小组合作研究为抓手，每学年完成一项相应的课题研究报告，并进行展示交流。如高二年级（3）班在夏晓南教师的指导下，历时 8 个月进行的“班规制定”课题研究，其研究成果得到了华东政法大学专家的认可并在全校推广。此外，众多学生的课题成果也纷纷在各类各级竞赛中获奖。

共建式课题研究：在华东政法大学法律援助中心和研究生团队的带领下，学校高中学生参与华东政法大学大学生的课题研究，深入社会，考察实践，完成课题报告。通过课题选定、问卷调查、数据统计、分析建议等环节，不仅培养学生发现问题、分析问题与解决问题的能力，同时引导学生关注社会热点、注重调查研究，增强法治意识和社会责任感。如高一年级学生与华东政法大学大学生在华东政法大学指导教师季奎明和学校教师张宇的带领下，赴山东省东阿县进行了“传承传统工艺”的社会考察。至 2017 年，已累计完成 100 多项共建课题研究，其中 7 项课题获市区等第奖，如《宠物犬排泄物污染环境问题的调查报告和建议》《关于上海实施“限塑令”现状的调查研究》《网络侵权调研》《中小学生安全意识的现状调查活动及建议》等课题成果分别荣获上海市青少年科技创新大赛论文一等奖、二等奖、三等奖。优秀研究报告收录于华东政法大学大学生“成长足迹”中。

2017 年 5 月上海市教育委员会基教处、上海市教育科学研究院普教所通过骑月网开展高中生研究性学习课题真实性认证。此次认证主要包含学生课题上传、预约视频答辩和认证报告使用三个阶段。学生参加此项工作为自愿行为，研究性学习课题认证专家委员会和北京圣陶教育发展与创新研究院共同出具课题认证报告。认证报告提供给参加综合素质评价的高校，作为录取参考。华政附中绝大多数学生提交了尚法类课题研究报告，并得到认证专家的好评。认证结果显示，学校实施研究性学习的过程扎实有效，学校学术委员会对于课题的评价认真客观。

（三）法治教育综合评价

1. 纳入学校评价体系

依据《上海市普通高中学生综合素质评价实施办法（试行）》，学校在项目探索实践的基础上，以“立德树人”为总体目标，注重能力本位和实践取向，整合生涯导航和以班主任为首席的教师集体会诊制平台，探索建立校本综合素质评价系统，初步实现与市综合素质平台的对接，完善学生综合评价。

学校把尚法特色活动参与信息包括尚法类校本课程的修习、实践情况等记入平台。分级运用雷达图，为每一位学生建构一个较全面的成长纪实电子档案，帮助学生进行自我成长调适。

学校设立“明日法律之星”“首席法官”“首席律师”“首席检察官”“首席仲裁”“辩论之星”“调解之星”等学生荣誉称号，鼓励学生积极参与法治学习与实践。

2. 实施法治素养测评

2017 年，学校与华东政法大学青少年法治教育协同中心合作建立“中学生法治素养评价标准”和“中学生法治素养评价量表”，建立测试题库，启动学生的尚法素养测评工作，以检测、反馈学校法治教育效果，优化法治教育策略，并积累可复制的法治素养测评经验。

学校在专家团队的指导论证下，在区内组织完成首次测评。测评结果显示，华政附中学生的成绩高出其他同类学校近 10 个百分点。

四、实践平台强力支撑

华政附中探索实践平台的服务应用，建立由管理平台、运作平台和支撑平台构成的尚法创新实验室，形成了包含“模拟立法”“模拟听证”等内容的五大类十几个法治教育实验项目。在“学子思辨”“法律知识竞赛”“模拟听证”“法治辩论”“模拟立法”“模拟庭审”“班规制定”实践和各级比赛、交流展示活动中，华政附中学生的自信、自律、健谈、阳光、乐观、向上，体现出了尚法的精神和尚法的文化烙印。一些成熟的特色实验课程如“模拟听证”“班规制定”也逐步由模拟走向实务并形成品牌，并不断向外辐射，在区域乃至全市形成一定的影响力。

（一）开发尚法实践载体，构建法治课程学实平台

法治教育，重在实践。为应对未来社会需求，本着“面向全体、走进生活、融入社会、实践体验”的原则，华政附中在华政大学和社会各界专家的帮助下，创建模拟社会真实形态、以实验项目推进为手段、激发学生创新思维、重视学生创新体验的尚法实验室。实验室旨在创新特色课程实施途径，促进学生学习方式的转变。采用“在真实生活中观察积累——在模拟情景中体验探讨——在现实社会中实践提升”的学习路径，满足学生走进社会、参与社会管理的需要，丰富其学习经历。它既是课程载体，又是学生综合实践的平台。实验室由管理平台、运作平台和支撑平台构成。

管理平台由华东政法大学专家指导委员会、校课程建设委员会、学生事务中心组成，负责尚法实验室的日常管理与建设。

运作平台是确立和运行实验室项目的平台。通过情境模拟、岗位见习、课题调研、事务实践、论坛思辨等实验项目的运作，锻炼、培养、提高学生的综合能力。

支持平台由华东政法大学导师工作室、大学生辅导员工作站、华东政法大学法援中心第一分校、上海市一中院、上海市人大等单位共建组成，是充分利用社会资源、开展实验室项目研究与实践的有力支撑（见图 9）。

1. 情境模拟项目

学习、体验模拟立法、模拟庭审、模拟听证、模拟仲裁、模拟事务调解等实验项目的基本程序，提出相关司法建议。如围绕“午餐质量”“减轻课业负担”等问题组织校园听证，形成听证结论，并向有关部门递交建议和意见书。情境模拟项目流程见图 10。

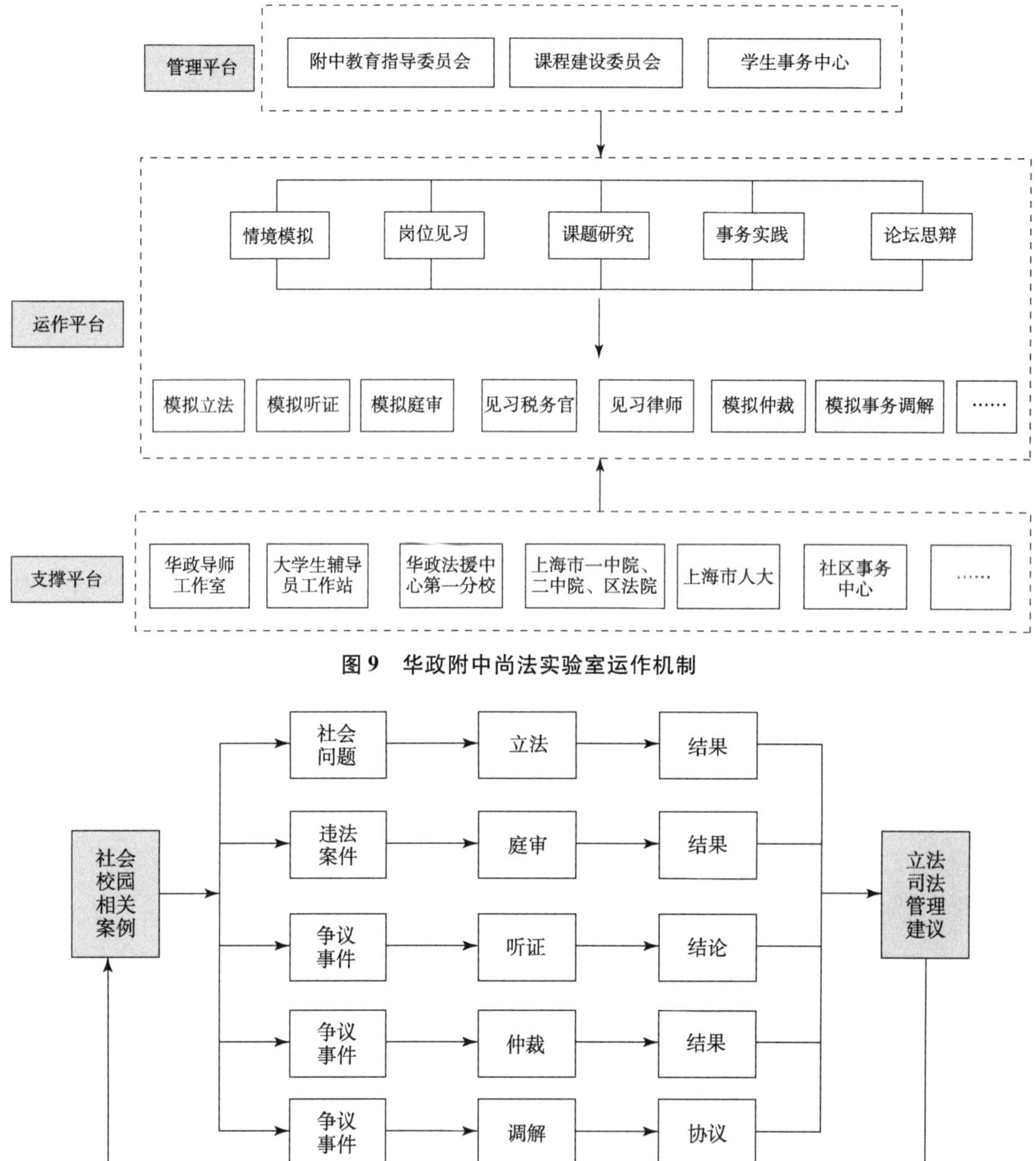

图 9　华政附中尚法实验室运作机制

图 10　“情境模拟”项目流程

2. 岗位见习项目

学校与共建单位通过组织学生担任岗位职务并赋予相应项目（政府事务、司法事务、社区事务等）的管理职责，使学生有机会参与公共服务与管理岗位的实践锻炼。如假期组织学生开展“见习税务官”“见习律师”“见习社区物管”等岗位见习项目实践，加深了解公共事务，体验社会相关岗位工作的辛苦、责任与意义，提升学生的责任意识与实践能力。岗位见习流程见图 11。

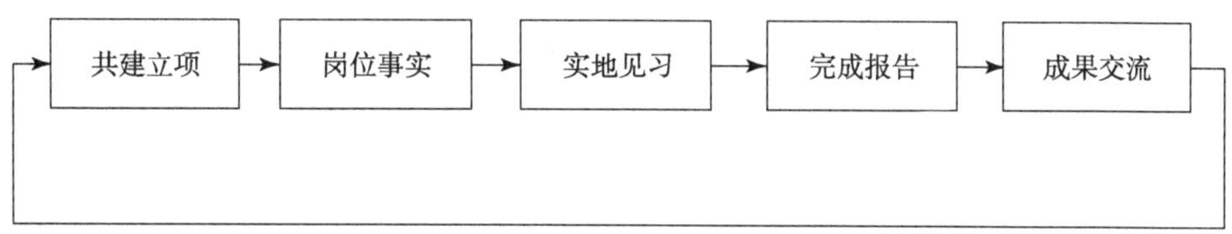

图 11　“岗位见习”项目流程图

3. 论坛思辨项目

围绕校园内外热点问题，如共享单车管理等，通过组织校园辩论赛、演讲、论坛、讲坛等活动，锻炼学生的语言表达、沟通交流、逻辑思维与判断能力，形成正确的价值导向。论坛思辨流程见图 12。

图 12　“论坛思辨”项目流程

4. 事务实践项目

学校开发模拟学校管理课程，学校团委牵头，组织学生会、大队委成立学生事务中心（见图 13），组建学生立法委员会、执行委员会和监督委员会，制定章程和工作机制，学生志愿者担任相关部门主任、委员等，其中学生执行委员会下设置学生校长室、学生德育处、学生教学处、学生科研处和学生总务处，每月一次与校行政联合召开行政会，通过尚法实验室项目如“课题调研”“模拟听证”“模拟立法”等平台，参与学校校园事务的调研、管理、立法等实践，提升法治素养和综合能力。

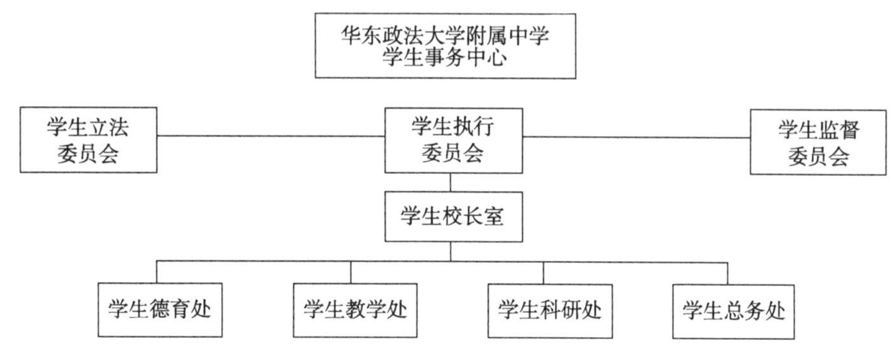

图 13　华政附中学生事务中心

学生事务中心按照事务实践流程（见图 14），模拟学校行政管理，运用所学知识，力所能及地参与涉及学生学习、生活的学校事务工作，维护广大学生的权益。如事务中心组织志愿者升旗手参与学校升旗仪式、中午体育器材开架、班级设备报修统计、班级图书馆与楼层图书管理、“六大节日”活动策划等志愿者服务行动，学生自主开展工作，既锻炼、提高了学生事务管理能力，直接提高了学校服务水平，也为学校行政管理吹进了一股清风，帮助学校更好地从学生的视角审视管理与服务，改进工作作风和工作方法，创建更和谐的校园氛围。

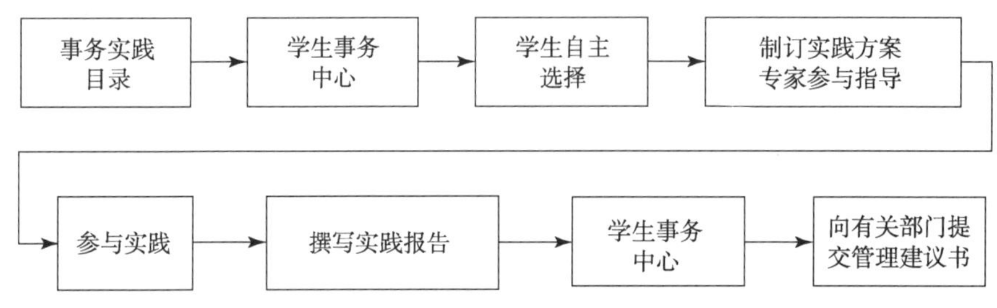

图 14 “事务实践”项目流程

学生事务中心综合运用尚法实验室“模拟听证”等实验项目平台，针对学校管理、教育教学改革等瓶颈问题开展调研、听证和立法等活动，寻找解决问题的办法。如学生事务中心针对部分学生反映的一套校服换洗问题，通过听证会，制定了学校无校服日制度，根据学生、家长建议，设置无校服日（冬秋周五、夏季周三），较好地解决了部分学生只有一套校服换洗的困难。再如针对学生的作业负担问题，虽然学校各年级都采用了分层作业制，甚至高一、高二年级还试行了作业选择权制，但学生和家长反映仍有问题。为解决家长、老师的担忧，应对学生的正当需求，学生事务中心学生教学处进行深入调研，开展了一个多学期的师生、家长问卷调查、座谈与研究，组织了多次学生、教师、家长、学校行政人员和专家参与的听证会，在初步形成的作业选择权制度的基础上，迈出了更有创新意义的一步。他们总结经验、多方征询意见、多次修改，与教学处一起通过模拟立法，经学代会表决通过，制定出“华东政法大学附属中学学生作业自主权实施规定”之学校“学生校园法”，并由校长签署实施。学生监督委员会则全程监督。

学生事务中心在大量调查研究与实践的基础上，先后建立了“学生校内手机使用”“学生作业自主权”“学校无校服日”“校园垃圾分类”等制度，并多次向市、区专家及同行展示。志愿者们自信的展现与从容的表达，给人留下了深刻的印象，受到了专家们的肯定与好评，他们既丰富了自身的学习经历，提升了法治素养和综合素质，同时也推进了学校的依法治教、依法治校进程。

这种切身的参与和真实的磨炼，使学生成就感和自信心得到空前的满足与提升，主人翁的责任感和认同感得到强化，学生也切实感受到权利需要规则保障。

5. 课题研究项目

（1）自主课题研究

整合相关学科，以学生个体研究或小组合作研究为基本方式，研究社会和校园中的政法类热点问题，每学年完成一项相应的课题研究，形成论文或研究报告，并进行展示交流。“宠物犬排泄物污染环境问题的调查报告和建议”等课题研究成果获市创新大赛奖项。“自主课题”项目流程见图 15。

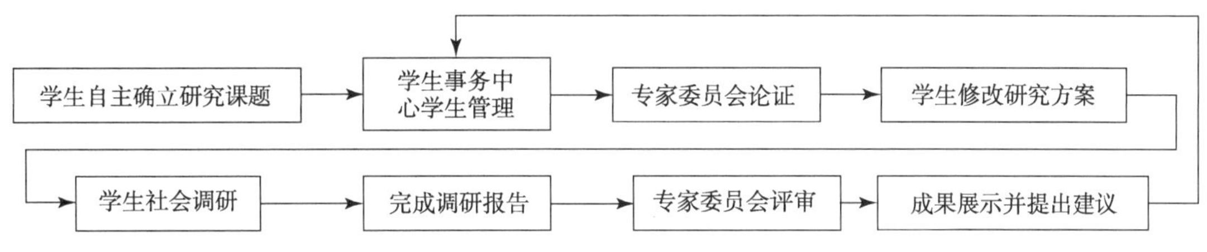

图 15　“自主课题”项目流程

（2）共建课题研究

在华东政法大学法律援助中心和本科生、研究生团队的带领下，参与华东政法大学大学生的暑期课题（政法类）研究，深入社会，实践考察，完成课题报告。目前，已累计完成百余项共建课题研究，众多课题研究成果如《传统工艺在现代社会生存状况的调查研究》等收录于华东政法大学大学生社会实践优秀报告集中，《关于上海实施“限塑令”现状的调查研究》等成果获得市区创新大赛奖项。“共建课题”项目流程见图 16。

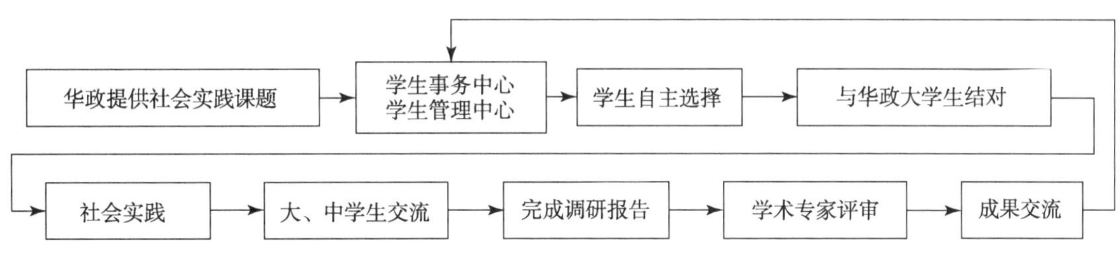

图 16　“共建课题”项目流程

作为长宁区青少年法治教育基地，学校向区域开放尚法实验室，并努力创设区域法治教育品牌，学校承担培训、指导、场地开放、资源共享等责任，在社区精神文明建设中发挥更为积极的影响作用。同时，随着尚法实验室建设的深入，学校组织编写了《尚法实验室指南》系列教材，经过师生共同努力，在华东政法大学教授的帮助和支持下，已经完成了《模拟立法》《模拟庭审》《模拟听证》《班规制定》《模拟仲裁》等实验室指南手册的编写，为实验室的高效、有序运转提供了保障。

班规制定课题研究

华东政法大学附属中学高二（3）班课题组　指导老师：夏晓南

一、研究背景

中学班级班规制定通常多从学生学习、生活、纪律、活动等方面考虑，具有鲜明的管理化色彩，主要为学生的成长和班级集体的良性发展提供保障。对于学生而言，他们往往认为班规对学生个人起限制、制约作用。如此一来，在班规的制定及履行过程中，学生习惯于呈现出被动状态，效果不佳。

我校中学生已具有一定的法律知识和法律意识，有能力通过调研、听证和模拟立法活动开展班规的民主制定。结合学校法治教育课程的实践，开展班规民主制定，对提高学生的民主法治意识具有重要意义，也会促进学生综合素质的提升。

二、研究目的

研究法律与学校规章制度之间的关系，合理、有效地制定班规，并通过相互商讨，让学生知法、懂法、用法、崇法，成为具有法律意识的现代公民。

三、研究时间

2010 年 9 月至 2011 年 12 月

四、课题组成员

华政附中高二（3）班全体学生

五、过程与成效

1. 准备阶段

（1）寻求学校支持

2010 年暑假，确定“班规制定”课题实践研究，并得到学校的认可和支持。学校领导先后三次听取我们制定班规的阶段性汇报，并多次请专家、教授给予指导。

（2）专家指导

在学校的支持下，华东政法大学专家、研究生给予了全程的指导。

2010 年 8 月，曲玉梁博士指导班规制定问卷设计。

2010 年暑期，华东政法大学功勋教授徐建亲自审阅我班班级班规制定流程，并对过程进行指导。

2011 年 4 月，华东政法大学研究生刘昊、张念强来校进行指导，并亲自参与我班骨干向全校推广班规制定的细节落实。

（3）设定目标

2010 年 7 月初举行班规制定课题组成立会议，明确研究目标、内容、计划等。

（4）研究内容

班规制定流程的研制与实践。

（5）研究内容

通过问卷调查，文献资料学习，在法律教授的指导下，研制班规制定流程，建立班规，并在全校推广。

2. 实施阶段

（1）调研阶段

A. 了解课题内容及目标

B. 寻求相关法律依据

C. 设计班规制定调研问卷

课题组设计调查问卷，目的在于了解学生对班规的看法与建议，为后续的研究实践提供依据。

班规制定调查问卷

答题提示：请在您认为合适选项前的字母序号下打“√”，未作说明的是单选题。

1. 你觉得民主制定班规有必要吗？

A. 有必要　　B. 不必要　　C. 看情况

2. 你理解的班规是什么？

A. 凝聚集体力量的规则　　B. 限制个人自由的规则

C. 促进个人发展的规则　　D. 形式主义的东西

3. 如果你认为没有必要制定班规，那么你认为班级作为一个整体，应该用什么来进行自我管理、自我发展？（认为需要制定班规的同学不需填写）

A. 习惯　　B. 自觉的意识　　C. 随便什么　　D. 不需要什么

E.（其他意见可书面写出）

4. 你觉得班规应该包含哪些方面的基本内容？（多选）

A. 国家法律的基本要求　　B. 社会道德的基本要求

C. 学校的基本要求　　D. 个人的某些要求

E.（其他意见可书面写出）

5. 你认为班规应包括以下哪些方面？（多选）

A. 课堂学习　　B. 课间休息

C. 午间自修　　D. 班级公共财务

E. 学生携带物品　　F. 学生日常规范

G. 教室卫生工作　　H. 学生在校打扮

I. 教师日常规范　　J. 良好的习惯

K.（其他意见可书面写出）

6. 你觉得班规应该由谁制定？（建议单选）

A. 年级组统一　　B. 班主任　　C. 班级

7. 如果你认为班规应有班级制定，那么应该由谁制定？

A. 班级全体同学

B. 班委会

C. 班级全体同学选举产生的类似立法机构的组织——班规制定及监督委员会

D. 班长

E.（其他意见可书面写出）

8. 如果你认为班规应该由“班规制定及监督委员会”制定，那么关于“班规制定及监督委员会”的工作规则及委员选举，应由什么人来决定？

A. 班级全体同学　　B. 班委会　　C. 班长　　D. 班主任

9. 如果你认为班规应该“班规制定及监督委员会”制定，那么你认为“班规制定及监督委员会”与“班委会”的关系是什么？

A.“班规制定及监督委员会”领导“班委会”

B.“班规制定及监督委员会”指导“班委会”

C. 平行关系

D. “班委会”领导“班规制定及监督委员会”

E. “班委会”指导“班规制定及监督委员会”

F. 两者应该一样

10. 根据国家法律施行中遵循的“下层法律服从上层法律”的原则，你认为班规在制定和施行过程中，如果与学校的规定发生冲突的应该怎么办?

A. 坚决服从学校的校规

B. 如果校规与国家法律规定不一致的，督促学校修改校规，但在校规没有修改前，仍然服从校规

C. 如果校规与国家规定不一致的，不服从校规

D. 只服从班规

E. (其他意见可书面写出)

11. 在班规制定过程当中，你认为应当注意什么?(多选)

A. 应当充分发扬民主，对班规草案充分听取全班同学的意见

B. 应由专门的同学向有权制定班规的组织汇报班规草案起草的理由和过程

C. 班规草案应当经过有权制定班规的组织的组成人员充分讨论

D. 班规草案应当经过有权制定班规的组织的组成人员民主投票表决

E. 班规草案表决时，应当按照“少数服从多数”的原则来确定

F. 班规草案不需要经过听意见、表决的程序，只要班委会或班长宣布就行了

G. (其他意见可书面写出)

12. 在班规施行的过程中，你认为应当怎样遵守?

A. 因为是经过一定程序制定的，应当积极遵守

B. 因为我对班规有意见，我可以不遵守

C. 对于班规中合理合法的部分，积极遵守；对于不合理的部分，不遵守

D. 无所谓

E. (其他意见可书面写出)

13. 在执行班规的过程中，当一件事触犯了班规但却情有可原时，你觉得应该如何处理?

A. 因为班规是经过一定的程序制定的，应该严格遵守，这符合“有法必依、执法必严、违法必究”的法治原则

B. 班规是人定的，应该“以人为本”，更人性化

C. 班规相当于施行于全班同学的“法律”，“以人为本”主要体现在“法律”制定的时候，这里的“人”指的是“全体同学”，而在执行的时候要体现“以人为本”，就是说某个具体的人可以不遵守“法律”了，这跟“法律面前人人平等”的原则不符

D. 应根据事件情况而论

E. 执行班规不用那么认真

F. (其他意见可书面写出)

14. 在执行班规时，如果发现了班规存在不合理的规定时候，你认为应当怎么办?

A. 因为不合理，所以应立即不予以遵守或执行

B. 及时将不合理的规定直接改掉

C. 应当由制定班规的组织按照规定的程序，修改不合理的部分；在没有修改前，可以不执行

D. 应当由制定班规的组织按照规定的程序，修改不合理的部分；在没有修改前，应当继续执行

E. （其他意见可书面写出）

15. 你觉得关于制定班规，本问卷调查意义是什么？

A. 没有意义

B. 很有意义，问卷调查可以了解同学的想法，有助于更好地制定班规

C. 很有意义，问卷调查这种方式，让我觉得受到了尊重

D. 很有意义，但是问卷调查还可以设计得更好

E. （其他意见可书面写出）

问卷结束，感谢您的配合！

（2）问卷调查与分析阶段

A. 发放问卷　　B. 统计结果　　C. 结果分析

发放并回收问卷 380 份，具体统计与分析略。

问卷调查结果显示，大部分学生认为班规制定是有必要的，但也有将近半数的学生对于班规的存在表示无关紧要。

大部分学生表现出很强的自我保护意识，会遵纪守法，但是要求不能侵犯到自己的权益。所以应以《中华人民共和国义务教育法》《中华人民共和国未成年人保护法》、校规为基础，根据班级的情况制定班规。

从选择率较高选项可以看出，班规最需贴近的还是学生们的日常生活以及班级的管理。班规的制定要让学生实行自我管理，促使学生的能力不断增强。班规制定重在民主与平等。要力求制定出学生愿意接受、为学生广泛认同、体现出人人平等的价值的班规。

大多数人认为应该成立督察小组，督察小组不只是班规的执行者，还是践行者和修改者。成立督察小组不仅可以锻炼学生的能力，更能保证班规的执行与改进。

对于处罚，大家比较倾向于班级服务和口头教育。

D. 方法与建议

可以适当加入“程序法”加以完善；

将相关法律、具体法律条例列在流程图旁；

将调研结果结束后的目标整理后，培训各班班长，形成完整的班规制定体系。

（3）模拟立法——形成班规制定流程

通过以上调查问卷的统计与分析，结合人大立法的程序、步骤，在我们调查小组初拟流程的基础上，组织模拟立法活动，形成了班级班规的制定流程（见图 6），为下一步的班规制定打下基础。

(4) 班规制定

经过几个星期班会课，同学们积极思考、谋划建议，同时与小组合作学习的形式相结合，不断进行深化与探索，最终形成高二（3）班的班规（略）。

3. 推广阶段

(1) 专家指导

(2) 骨干培训

2011 年 4 月，我们班级班规制定骨干成员对全校班长针对法治班规的制定流程进行培训。

(3) 全校推广

2011 年 9 月起，在全校各班班主任、学生干部培训的基础上，学校各年级同时开始了班规的制定与修订。

作为先行者，我们除在校级层面进行培训外，还深入各年级、班级，对他们班规制定过程中出现的问题给予指导。目前，各班都已有了自己的新班规，有些班级又在实施过程中不断完善、修订。

华政附中《法治班规》编订安排表

时　间	进度安排	内　容
9 月 1 日	班主任会校本培训（一）——班规的制定	班规制定流程培训
9 月 6 日	班规讨论（一）（班会）	讨论班规制定、修改
9 月 20 日	班规讨论（二）（班会）	班规文本制定、完善
9 月 23 日	班规文本汇总	班规文本、讨论照片上交
9 月 26—30 日	华东政法大学专家审核	华东政法大学专家对班规进行审查
9 月底	班规集子目录初稿	构思班规集子目录
10 月 13 日	班主任会校本培训（二）——班规修订指导	请华东政法大学专家开设讲座，指导、修订班规文本
10 月 20 日	班规修订文本汇总、班规心得汇总	班规修订文本上交，班规心得体会上交
10 月底	班规集初稿形成	初步形成班规集
11 月上旬	班规集初稿修订	请华东政法大学专家再次修订班规集
11 月中旬	班规集定稿	法治班规集最终定稿
11 月下旬	班规集印刷	完成《华东政法大学附中法治班规集》

六、总结反思

这次研究活动以法治课题小组为骨干，全校学生接受问卷调查，在各方面积极配合下，前后历时两年，顺利完成了制定班规的流程，具有很大的推广价值。

1. 学校领导的重视是这次活动顺利开展的重要保障

有 1 000 多名师生参与到活动中来，接受调查，配合活动。学校还特别为此次活动邀请了华东政法大学教授以及研究生作了相关培训以及讲座，为我们活动的开展提供专业的信息，并且适时指导，提供大力支持。

2. 自主创新，促进能力培养

学生们在老师的指导下，提出问题、设计制订方案、检索资料、设计问卷、采集数据、统计分析、进行班规调查、提出制定流程，学会了思考问题和解决问题的方法，自主创新能力得到培养，社会责任感得以增强，主体意识和协作精神也得到增强。完全独立自主地完成了一个具有推广价值的活动报告，获得了参与的体验与收获的喜悦。

3. 学生热情高涨，成效显著

在整个活动过程中，同学们投入了极大的热情，利用课余休息时间，进行采样、分析等，而这些努力都没有白费。

4. 关注学校生活，培养一定的责任感

这是一个贴近学习生活的实践活动，参与者不同程度地在这次活动中获得了磨炼自己的机会。同时随着班规的制定，学校的每一个学生都能够对班级更有一份责任，在自己努力营造的班规氛围下更好地成长。

（二）建设无边界实验室，拓展法治教育实践时空

1. 建设“五位一体”育人资源网络

为探索中学法治教育模式，在多年的实践过程中，学校在华东政法大学的帮助下，通过延伸高校教育资源，与大学实现有效衔接，融合共赢，构建了学校、家庭、高校、社区和学生“五位一体”的育人资源网络。以大学专家团队为主的教育指导委员会全面参与附中法治教育和尚法特色建设设计指导，100 多位大学教授和众多大学生常态参与附中法治课程建设；市人大、市检察院、市一中院等几十个社会共建单位为学校提供社会实践基地，并组织专家队伍指导相关法治教育校本课程的实施；在家校协力委员会的领导下，学生家长全员参与校园听证、社会实践等学校特色活动；学生也成为法治教育课程的建设者，与老师一起共同开发、实施法治教育课程，自主开展相关社团、课题研究和社会实践，构建了丰富的法治教育课程资源平台，促进了学校开放办学、特色发展的良性发展。

2. 构建无边界创新实验室

随着尚法课程的丰富和学生学习需求的扩大，学校在华东政法大学的全力支持下，努力打破学校“围墙”，推进民主开放的办学进程，向社会相关行业广泛地拓展实验基地，建设无边界尚法实验室（见图 17），充分有效地利用上海城市的相关资源，创设学生融入社会的相关场景，使学生在社会的大课堂中开展综合实践。上海市市人大、一中院、二中院、华东政法大学大学生法援中心、市检察院、区检察院、区法院、区税务局、司法局、新华社区、新华派出所、普世律师事务所、中大律师事务所、长宁区矫治中心等，已与学

校结为法治教育的亲密伙伴，它们提供实践基地，指导学校课程开发，直接参与课程的实施，指导尚法实验室相关项目活动，提升学生的综合能力和素养。

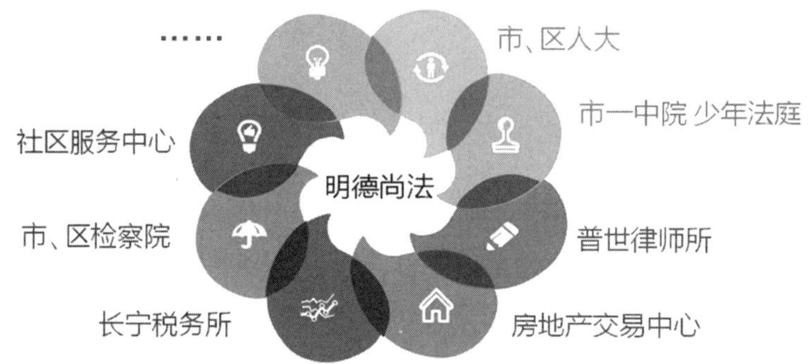

图 17　华政附中无边界尚法实验室基地

模式二

桃浦中学“以法育人”模式[①]

——构筑立体课程体系，多维涵养法治素养

一、总论：德润校园，以法育人

桃浦中学将法治教育作为德育的突破口，法治教育特色坚持了20多年，从法的普及化、法的实践化到法的体系化，走出了一条以法育人的法治教育新途径，成效显著，具有一定示范价值。2016年学校成功进入上海市第二批特色普通高中（法治教育特色）建设项目学校的行列。法治教育特色的发展，进一步夯实了依法治校、依法治教的法治育人氛围的创建，学校治理结构日趋完善，法治教育成效显著，特色教师、特质学生不断涌现。把握依法治校与以德立校二者在学校发展中的地位与作用，有利于进一步推进学校的可持续发展，维护学校正常的教学秩序和良好的精神风貌。

（一）“法制”[②] 成为德育突破口

20世纪90年代，依据地区的社情我们选择了法制教育作为德育工作的突破口。这样一做，便坚持了20多年，坚持的成效显著：一是20年来学校案发率基本为零；二是交通事故基本消除；三是因为坚持了法治素养教育，校风、学风转变，学校声誉上升，被认可为家门口的好学校。

与此同时，地区经济也在悄然发生着变化，从60年代的化工区到90年代的物流区，直至目前整个地区正在创建“智创城”，地区经济获得跨越式发展。学校法治教育历经三个

---

① 编写团队：夏青、李敏、黄雅玲、蒋春生、陈微、陈志红、韩莹莹、陈军、王瑾。

② 在2014年之前，实践中对于学校法律知识的教育称为“法制教育”。2014年党的十八届四中全会决议中，第一次使用了“法治教育”的概念，此后国家出台了《青少年法治教育大纲》，并且将中小学政治课程教材名称定名为“道德与法治”，因此在讲到2014年之前的情况时，使用“法制教育”是没有错误的，请读者了解这个发展过程。——主编注

发展阶段，即法的普及化、法的实践化、法的体系化。“法制教育”（法治教育）对应学校的发展脉络，分别处于“项目特色”“学校特色”和“特色学校”三个发展阶段。

（1）法的普及化

从“二五普法”开始，桃浦中学迈出特色创建的第一步，聚焦“法制教育”，进行普法教育。1995 年老校长一篇《市郊中学生犯罪原因分析及对策》，见证了法制教育的开始。

（2）法的实践化

从 2006 年开始，编写了《法在我心中》校本教材，课程开始进入课堂，在对象上实现了全覆盖。

（3）“以法育人”的体系化

2013 年，校本教材从 1.0 版走向 2.0 版，建设了“以法育人”课程体系。学校两维演进的三个发展阶段，也在时间轴上与全社会普法进程吻合。

回顾历程，学校惊喜地发现了“法”的一个特点，就是体现了社会的演进，比如普法的主题从聚焦刑法，转向民法、税法和经济法，进而转向金融、网络和知识产权等领域，也充分体现了整个社会进步和对人才素质的要求。

（二）以法育人的课程体系

学生的全面发展，既需要道德的滋润，也需要法治精神的培育，所以桃浦中学确定的育人目标是培养具有民族精神、身心健康和谐的现代公民。

1. 特色育人目标

通过“以法育人”特色课程与现行的高中课程有机结合，构建体现“全人+法治”的教育观，培养学生适应未来社会的能力。学校把培育现代公民应有的法治素养作为特色育人目标。

特色育人目标：培育法治素养。

特色育人目标包含四个维度：法律知识的习得、法律观念的培育、法律信仰的树立和法律行为的规范。

将以法育人作为载体，带动学校的整体发展，表现在：

内圈——特色育人的核心目标；

中圈——特色育人的四个维度；

外圈——特色育人的实施路径。

内圈、中圈、外圈互相作用，学校、教师、学生形成合力，达成育人目标（见图 1）。

图 1　特色育人目标的四个维度

2. 课程架构

（1）开齐开足三类课程

学校立足三类课程，通过聚焦法治素养的方式来构建特色课程。基础型课程以法治素养渗透为主要方式；拓展型课程既关注学生整体又关注个性兴趣，分为通识类和兴趣类拓展课程；研究型课程，关注学生个性，建立创新型研究课程，这样就能更好地统整三类课程。

（2）分类实施特色课程

特色+课堂：特色建设的主阵地在课堂，特色渗透是国家课程和学校特色校本化的有机融合，目前学校有10门基础学科共有80个教学单元可以与38个“以法育人”的内容有效衔接和渗透。

校本特色课程：三个课程群，法与历史传统分中华法系和西方法系，法与现代社会分人文系列和科技系列，法与未来生活分自主实践和社会责任系列。

在高一的第一学期以通识拓展类为主，以“学法、知法”为主要目标；高一下学期和高二上学期以兴趣拓展为主，以“懂法、明法”为主要任务；高二下学期和高三年段以创新研究为主，以“守法、用法”为重点方向，通过三年的学习，最终引领学生树立法律信仰，培育“崇法、护法”的法治素养。

3. 课程评价

学校为更好检验和提升特色育人的实效，建立学生评价数据库，定期对学生进行访谈和问卷，进行样本研究，有效监控特色育人的效果，并根据实际情况进行相应调整。

（三）德法相济的教育生态

学校管理是一门综合艺术。法律具有强制性，是硬约束，规范主体的外在行为。道德是软约束，强调主体的自觉性，解决人的思想观念问题。只有坚持德法并举的治校方略，内外结合，标本兼治，才能有效地贯彻党的教育方针。法是学校管理的重要保证，德是一所学校得以发展的灵魂、润滑剂，让校园生态充满“民主育人”的阳光。

（1）坚持规范运行体系

学校在一肩挑背景下，建立权力的监督机制和议事规则等。首先是学校章程，它是学校内部的“宪法”，串起校内各项制度，为学校生活铺设起稳定运行的轨道；其次是完善制度体系，让权力在法治阳光下运行。依法治校、依法施教应是最好的法治教育隐性课程，通过渗透于制度体系内部的法治观念来潜移默化地促进学生法治精神的成长。

（2）优化家校互动策略

建立家委会，尊重家长的意见，用法治的思维和方式去解决问题。如“大修环保、校服订购”等问题；建立学校理事会，开展“社区听证会议”制度。十年来，社区一直是我们优质特色办学的依靠。

（3）实现学生自我教育

学生通过自主管理委员会和班规等形式开展民主参与，组织了“校服选择”“手机使用”问题的讨论，通过模拟听证等方式，培养学生依法维权、尊重程序的法治思维。

（四）富有成效的示范价值

1. 特色学校

20多年的坚持，使学校逐渐从特色项目走向特色学校，“以法育人”理念贯穿学校德育、教学的全过程，上海市青少年法治教育协同创新中心、上海市依法治校标兵示范校、上海市中小学法治教育特色项目校、全国青少年五好小公民主题教育示范学校等法治教育综合荣誉不断，赢得了百姓的好口碑。

2. 特色教师

快速成长的教师团队，将为学校法治教育品牌的建设提供更有力的支撑。法治核心理念，程序、规则、权力制约、契约观念、法治信仰，也势必有助于学校法治育人环境的整体建设，也有利于法治宣传和教育进一步向社区辐射，以学校自身内涵建设的提升来促进法治文化大家园的建设。

3. 特质学生

浓厚的法育氛围，丰实的课程资源，敬业的教师团队，使桃浦中学逐渐成为提升学生法治素养的孵化器。荣获上海市法治演讲一等奖的学生，荣获上海市高中生法治辩论赛季军的队伍，历史长达十九届"小小法律通"队员，都不同程度地彰显了学生们法治意识、思辨能力和综合素养的不断提升。

生活中去恶需要法律的威慑，向善需要道德的滋养与指引。学校教育需要德育和法育的互补，法安校园，德润人心。只有德法并行，才能有效地推进和谐校园的建设。

二、基础课程篇：关注法理，锻炼思维品质

课程建设是桃浦中学践行"以法育人"模式的重要依据。桃浦中学秉承"学生在我心中，我在学生心中"的办学理念，致力于将学生培养成具有民族精神、身心和谐的现代公民。通过实践探索，桃浦中学以法治教育为切入点，建立与育人目标适应的现代公民的课程体系，构建了以"以法育人"为特色、"一体三翼"的"立德树人"校本课程框架。

（一）孕育"现代公民"课程文化

课程文化是校园文化的重要组成部分，课程文化建设也是校园文化建设的重点之一。课程文化的建设既是一项系统性的工程，也是一个循序渐进的过程，更是一种自我创新、彰显特色的途径。桃浦中学以培养具有民族精神、身心和谐的现代公民为育人目标，通过"以法育人"特色课程与现行的高中课程有机结合，推动建设"现代公民"课程文化。

1. 确立了"三位一体"的建设思路

在课程文化的建设过程中，学校、教师、学生各自承担不同的任务，形成了"三位一体、和谐共进"的课程文化建设团队。学校作为课程文化建设的引领者，立足于学校发展实际，结合教育改革的发展要求，在不断地摸索、实践、调整、完善的过程中，逐渐形成了"具有民族精神和身心和谐的现代公民"的育人目标，逐步确立了以"法治素养培育"为重点的特色校本课程的文化价值取向。教师作为课程文化的实践者，在课程文化建设的

过程中起着不可或缺的作用。通过内培外训、专家引领、自我提升等多种方式提升教师的素养，转变教师的观念，使得学校全体教师均参与到了课程文化的建设中，对于“以法育人”课程体系的构建、校本教材的开发、课堂教学模式的转变、教学价值观的发展起到了至关重要的作用。学生作为课程文化的实践参与者、课程使用者、成果的体现者，是课程文化建设的最终评判者。在以人为本、尊重个性、多样选择的前提下，学校的学生在基础型、拓展型、研究型三种课程类型中，在“法与历史传统”“法与现代社会”“法与未来生活”三大校本课程群的选修中，在诸如“桃浦地区土壤修复治理”“桃浦地区1230公交车站点设置”等创新研究活动中，在例如模拟法庭、模拟联合国、辩论社、研学旅行等实践体验活动中，锻炼了能力、彰显了个性、增强了自信，在潜移默化中提升了法治素养。

2. 明确了四维递进的育人要求

课程文化建设是校园文化建设的直接体现，为使桃浦中学“现代公民”的育人目标便于理解和解读，学校领导把育人目标概括为便于师生记忆的“三人”目标，即“具有民族精神与传统道德素养的中国人”“具有科学精神与法律素养的现代人”“身心和谐的健康人”。而在“以法育人”特色课程的建设上，把法治素养的培育这一特色目标深化落实在“法律知识习得、法律观念培育、法律行为规范、法律信仰树立”四个维度层次，明确了“学法・知法、懂法・明法、守法・用法、崇法・护法”的学生四维特色自主发展要素。在四维递进的育人要求下，桃浦中学对课堂的变革、课程的安排、校本教材的开发、学生活动的组织进行逐一对照，在各类课型、各种课堂、各项选修课中明确了育人目标重点和“以法育人”要点，搭建了理念到实践、课程到课堂、教与学的桥梁，使得特色育人目标具体化，课程文化建设可视化，学生培育过程层次化，在“以法育人”的课程体系下，实践“现代公民”的育人目标，让课程文化建设成为校园文化建设的重要一环。

3. 构建了彰显特色的课程体系

以文化引领课程建设，以课程凸显文化内涵。桃浦中学在特色课程体系的构建中，立足育人目标和育人要求来体现和彰显文化内涵。一是立足课程文化，引领课程体系重构。在“现代公民”的育人目标指引下，将国家课程、校本课程进行整合，把法的思想、法的分类、法的应用融合到课程体系中，重新形成了面向全体的必修类课程，面向个体的选修类课程，彰显个性的实践类课程，更加注重基本素养的培育和个性特长的发展。二是立足素养培育，明确课程定位。依据四维递进的育人目标，把学生发展核心素养校本化，提炼国家课程的法治内涵，挖掘校本课程的法治素养，根据不同的要求，形成了“三大课程群”“六个课程体系”。三是立足校情生情，开发校本教材。立足校情的课程具有操作性，立足生情的课程具有生命力。桃浦中学的校本课程大多是由学校教师自己开发的，绝大多数教师都参与到了国家课程的法治内涵挖掘和校本课程的开发整理中。蹒跚而行，反复修改完善的过程，本身就是教师们对学校育人理念的深入理解和对课程文化的不断体悟的过程，这一过程有利于老师们把学校的育人理念和课程文化潜移默化地带入日常的教学活动之中。

（二）建构“以法育人”课程体系

课程建设是学校特色发展的重要载体。“以法育人”课程体系的建构，是桃浦中学落实课程文化建设的重要举措，是对育人目标和课程文化的深入思考，也是校本化课程实施的重要保障。具体而言，基础型国家课程渗透“法治”教育，引导学生学法；拓展型校本课程彰显“法治”特色，引领学生发展；创新型研究课程尝试法治应用，提升学生素养。学校课程体系的建构，主要从以下几个方面逐步推进（见图2）。

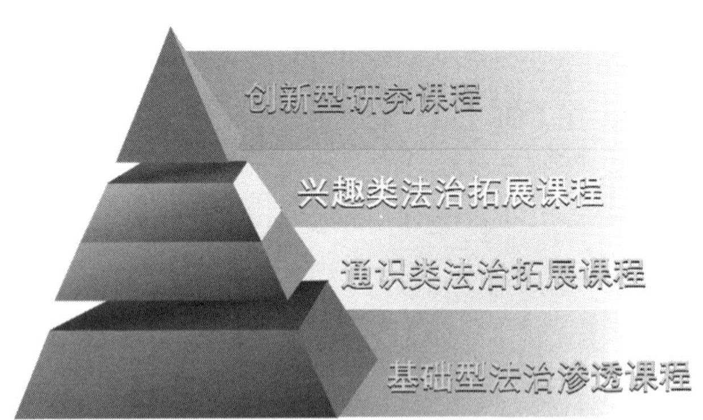

图2　学校课程体系建构

1. 国家基础型课程的无痕渗透

国家基础型课程是学校课程的最重要部分，抛开了基础型课程的特色课程体系必定是不完备的课程体系。特色渗透是国家课程和学校特色校本化的有机融合。桃浦中学以各教研组为单位，挖掘各学科的法治渗透点，目前已开发的课程涉及10门基础学科，共计80个教学单元，可以与38个“以法育人”的内容有效衔接和渗透。并且每学期每位教师需要撰写1~2个法治特色渗透教案，多个学期以来，积累了一批具有较高质量的基础型课程无痕渗透教案和课堂教学实例。通过基础型课程的渗透，学生可以在日常的教学过程中感受“法在身边”，了解法律常识。

2. 校本课程体系的开发重构

校本课程从学科知识的拓展入手，立足学生的学习兴趣，开发个性化的课程，根据育人目标和培育素养的不同，逐步构建了“法与历史传统”“法与现代社会”“法与未来生活”三大校本课程群，共形成了“中华法律系列、西方法律系列、人文系列、科技系列、自主实践系列和社会责任系列”六大系列课程。截至目前已开发开设26门课程，确立16个课题研究方向，涉及六个方面，鼓励学生运用所学知识，在综合实践活动中不断延伸、综合、重组与提升，从而进一步激发学生的学法热情与用法意识，提升学生的法律素养。

3. 校本课程实施的目标定位

除了把每一门课程按照课程内容分成“三大群”“六个系列”以外，桃浦中学还按照每一门校本课程对学生不同的法治素养培育要求进行分类，安排在不同学段进行授课。在高一的第一学期以通识拓展类为主，重点关注法律知识习得，以“学法、知法”为主要目标；高一下学期和高二上学期以兴趣拓展为主，重点关注法律观念培育，以“懂法、明法”为主要任务；高二下学期和高三年段以创新研究为主，重点关注法律行为规范，以

“守法、用法”为重点方向，通过三年的学习，最终引领学生树立法律信仰，培育“崇法、护法”的法治素养。

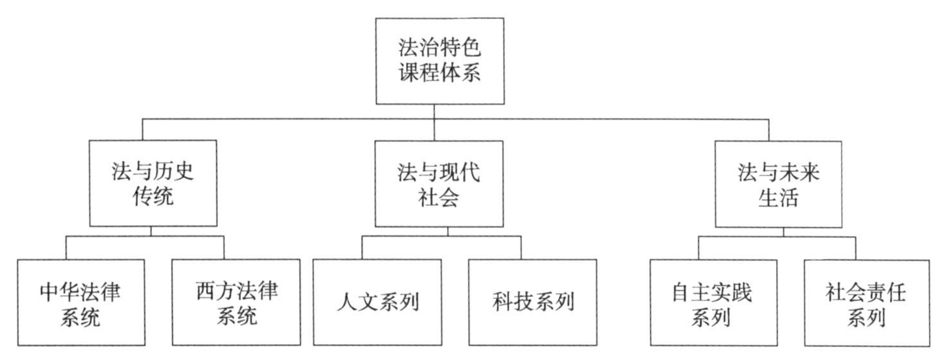

图 3　校本特色课程结构

校本课程群例举

注：通识类拓展课程　兴趣类拓展课程　创新型探究课程

课程群	课程系列	课程		认知要求
法与历史传统	中华法律系列	中华法律思想史		通识类拓展课程
		传统文化中的礼与法		兴趣类拓展课程、创新型探究课程
		中华法制史		通识类拓展课程
		法律古文导读		兴趣类拓展课程
	西方法律系列	西方法律思想史		通识类拓展课程
		外国法制史		通识类拓展课程
		国际海洋公约的演化		兴趣类拓展课程
		法律英语		兴趣类拓展课程
法与现代社会	人文系列	公　法	宪法 刑法 行政法 ……	通识类拓展课程
		私　法	民法 商法 …………	通识类拓展课程
		社会法	劳动法 社会保障法 ……	通识类拓展课程
		一带一路与国际经济规则		兴趣类拓展课程
		土壤与人类生存		兴趣类拓展课程
		简明案件分析		通识类拓展课程
		城市生态与环境保护		兴趣类拓展课程

续表

课程群	课程系列	课程	认知要求
法与现代社会	科技系列	智慧城市中的 3S 遥感技术	
		法证科学中的 CIS 效应	
		探究变化的气候	
		网络虚拟社会的法律	
		无线电模拟与信息安全	
		交通法规中的物理原理	
法与未来生活	自主实践系列	模拟法庭	
		辩论社	
		寻访法的足迹	
		桃浦地区土壤修复治理	
		生活中用品安全	
		全球变暖中的桃浦	
	社会责任系列	模拟联合国	
		模拟政协	
		3S 技术与桃浦镇 1230 公交车站点设置	
		全球变暖应对研究	

（三）创编《法在我心中》校本教材

在推行教学改革、考试改革、课程改革的今天，怎样丰富课程教育资源、编写校本教材已经成为当务之急。为了充分发挥校本课程在教学育人中的作用，桃浦中学在办学理念的指导下，围绕现代公民，聚焦法治特色，开发建设“法治”特色课程。在特色课程的开发过程中，不断实践探索，由点及面，从静态到动态，从单一到多元，由浅显到深刻，最终走出了一条符合校情、基于学校自身历史发展传统、契合学生未来发展需求的法治探索之路。

1. 校本法治课程的创生之路

刚开始在探索校本课程开发的过程中，从传统文化和学校校情入手，通过不断走访、思考，发现了当时桃浦地区存在许多令人心忧的问题：居民的学历层次普遍比较低，特别是法治观念淡漠；许多学生家长没有正当职业；周边小区中赌博、吸毒等现象普遍；一些学生的家庭教育欠缺导致学生的行为有很多偏差等。这类现象使我校萌生了小手牵大手的思想，进而聚焦“法制”，开启了“法在我心中”校本教材的编写实践之路。从“小小法律通”的学生自我教育延伸到“模拟法庭”等校内外实践活动，从少数学生参与活动到以学生真实需要为出发点的全校性普及，开发并编写了“法在我心中”1.0版的校本课程。在实践“法在我心中”的校本课程过程中，学生通过走进真实的法庭，对一个个真实的案例学习分析，提升自身的法治素养；通过走进社区，为居民进行表演宣传，增强了课程的辐射作用；通过真实的角色扮演体验，发展了各方面的能力。一届又一届的学生通过“法在我心中”校本课程的学习，自身的品行悄然发生了改变，从懵懂到理性，也让我们看到了校本课程开发、开展的前景。

2. 校本法治课程的重构之路

在实施“法在我心中”1.0版的校本课程实践活动中，一部分特色教师进行了第一轮较长时间的摸索。在普陀区法院、税务局等单位的支持下，学生收集到了不少的案例，可是在案例分析的过程中却又发现所需法理支撑的相关内容比较深奥晦涩，“知法”做到了，可是在“懂法”和“用法”上还有所欠缺，在养成用法律思维思考社会现象、用理性的态度处理问题的目标达成度方面还存在着不小的差距，因此这部分教师开始寻找更好的切入点，立足“法治”，学校开始着手完善“法在我心中”的校本课程内容，新增基本法的通识类课程内容，进一步完善出炉了“法在我心中”2.0版本。在各年段开展对宪法、刑法、经济法、安全法、禁毒与法等主题篇章的学习，扩大学生知识面，在“懂法”上下功夫，让更多的学生通过学习有意识地在思维上和案例分析中自觉使用这些法的内容。在“小小法律通”系列活动和模拟庭审的过程中，学生所扮演的角色更加鲜活，他们对法理条文的应用更加从容，活动向社区辐射的效果更加明显，这些显而易见的成效也进一步推动了学校法治特色课程的初步形成。

3. 校本法治课程的扩充之路

高考改革中对学生综合素养的培养目标和以德树人的教育理念的不断深化以及学校特色发展的需要促使桃浦中学对课程开发需要进行整体设计和改进。因此，在梳理了“法在我心中”校本课程的实践经验之后，经过细致研究，设计出了学校今后的特色发展之路，那就是“以法育人”特色发展。在多门拓展型、研究型课程的开发中，学校始终坚持以“法”为核心，边实践边梳理。在以传统文化中的中华古诗文章句的整理和汇编过程中，开发了“法家思想”课程；在继承优秀传统和民族发展意识的探索中，开发了“传统礼仪与法”课程；在食品安全、自我保护意识等日益增强的今天，学校开发了贴合学生生活实际的“化学与生活中的安全”课程；在网络迅速发展、世界同一化趋势越来越强的背景下，学校开发了“一带一路”和“模拟联合国”“海洋公约与海洋权益”等课程；在“美丽中国”的建设环境中，学校开发了倡导环保健康生活理念的“健康生活”等课程。这些课程的开发过程中均以“法”为线，不断完善出了“法在我心中”2.0版本。学校法治特色课程多样、内容丰富，多方面进行辐射，指导学生在不断探索的过程中继承和发扬优秀传统文化，学会理性看待社会、处理问题，自觉抵制犯罪。学生在学习这些课程的过程中不断健康成长，也为学校继续探索和实践注入了信心。我们期待学校的特色越来越明显，课程越来越成熟，对青少年的法治教育开展之路走得越来越平稳。

（四）创建“无痕渗透”实施路径

法治素养的培养仅靠几门课程的开设是远远不够的，更多要靠无痕“法治”教育的浸润。为此，学校教导处专门召开了学科组长会议，将学生的现状和基础性要求与学校的特色办学理念紧密结合，开展深入讨论，梳理相关法律知识，探讨学科育人的渗透点。学科组长带领组员从课程计划入手，讨论挖掘基础型课程教材中法治育人的关键点，在十门基础型课程中梳理编制出渗透结构简表，将法治素养的培育融合进学科教学目标中，以情感体验为催化剂，采用多种教学方法和途径对学生进行潜移默化的教育，润物无声，育德无痕，静待花开。

学科组针对“在哪些单元的哪些环节可以结合法律知识”制订详细周密的教学策略，并通过学科以法育人课堂教学实践展示课促进教师间的学习借鉴。抓好课堂教学各组织环节，探索有效实施方法，提炼各个学科渗透的教学方法、课堂组织形式、学生学习方法，因势利导，让学生在教学过程中自热体会、感悟，对学生进行无声无形渗透教育。

教师不断总结成功经验和反思不足，在行动与研究中不断改进提升，形成一批学科无痕渗透的教学设计案例，使育人隐性化，成果显性化。

上海市桃浦中学法治教育与高中历史学科基础课程的渗透结构简表

法治特色教育	高中历史基础课程教材篇目	渗透主题思想	描　　述
古代法治精神	第一册：古代两河流域——《汉穆拉比法典》	古代西亚的法治文化	法典有关契约、债权、损害赔偿等方面的规定，对概念阐述的细密程度，甚至超过欧洲某些国家早期立法发展的水平。《汉穆拉比法典》堪称两河流域的骄傲，终成为古代东方宝贵的法律文化遗产，在人类法律文明演化史上占有极其重要的地位
	第一册：古代希腊城邦制度——雅典民主政治	古代西方的民主政体的运行模式	在古代君主专制盛行的情况下，雅典民主为人类提供了一种集体管理的新形势，创造出法制基础上的差额选举制、任期制、议会制、比例代表制等民主的运作方式。雅典民主政治的核心是广大公民直接参与，原则上公民都有权力决定和管理国家大事，通过选举担任各级政府官职。这种先进的古代政治制度，为公民创造了广泛的参政机会，激发了公民的自由，开拓精神，推动了雅典社会经济和文化的发展，具有历史性的进步性

续表

法治特色教育	高中历史基础课程教材篇目	渗透主题思想	描　　述
古代法治精神	第一册： 罗马法体系——《十二铜表法》 罗马法体系——"公民法"与"万民法" 罗马法体系——古代罗马法律制度的作用与影响	古罗马人的法治精神	罗马法是古代社会中最为完备与发达的法律体系。它所展现的是一种法律精神，包含了自然法思想、理性思维、所有权与契约观念的私法精神。罗马其私法被奉为现代民法的模范文本，是整个罗马法律制度的灵魂性内核 《十二铜表法》中的审判机制、听证机制等体现了其公平的原则，是其法治精神的体现，也是现代审判机制的雏形；而《公民法》《万民法》则体现了其追求平等地位的决心 古代罗马人的法治精神和法律意识则为后人树立了榜样。罗马法以其丰富的内容和完备的形式对后来欧洲各国的法律制度产生了深远的影响
近代法治精神	第四册、第七册： 英国革命——君主立宪制的确立 美国独立战争——《独立宣言》、联邦制度的确立 法国大革命——《人权宣言》和《法国民法典》 工业时代初期的社会矛盾——社会立法 启蒙运动——孟德斯鸠：近代法学理论的奠基人	近代资本主义国家法制化的历程和追求	随着近代资本主义的发展，作为资本主义生产方式和制度保障的资产阶级政治制度逐渐发展成熟，其方向是民主化，其核心是民主代议制，其特征是以法律为标志的资产阶级民主政治取代以王权为核心的封建君主专制制度。政治的民主化、法制化是近现代社会发展的重要内容，也是一个必然的发展趋势，西方的法制化的追求和为此付出的不懈努力值得我们学习和借鉴
近代西方宪法精神	第四册： 美国独立战争——《合众国宪法》 法国大革命——《1791年宪法》《1875年宪法》 日本明治维新——《大日本帝国宪法》 德国王朝战争——《普鲁士宪法》	西方宪法文化	介绍西方宪法文化的基本内涵和发展趋势，无论是资本主义社会关系还不够充分的近代，还是资本主义社会关系已有充分发展的现代，西方宪法文化中都保留了主权在民、保障人权和国家权力应受宪法控制的原则，使西方宪法表现出浓厚的民主宪法、人权宪法和限权宪法的特色

续表

法治特色教育	高中历史基础课程教材篇目	渗透主题思想	描　　述
近现代中国宪法追求	第五册、第六册： 清末新政——《钦定宪法大纲》 中华民国——《临时约法》 中华人民共和国——《共同纲领》 第一届全国人民代表大会的召开——《中华人民共和国宪法》 国家宪法日的确定	中国宪法文化发展史 让宪法精神在我们心中不断成长	中国民众对民主与法治的追求与建设则是发端于半殖民地半封建社会中，是和近代进步人士的救国强国的探索结合在一起的。综观中国宪法文化发展史，可以发现，从“富强宪法”文化到“小康宪法”文化，自始至终都表现为通过制宪和行宪来实现国富、民强、民族独立、人民幸福、社会文明等目标。可以说这也是中国宪法文化演进的基本逻辑。推进宪法宣传、弘扬宪法精神，也是增强法治观念、弘扬法治精神、夯实法治基础的有效途径

上海市桃浦中学法治教育与高一经济常识基础课程的渗透结构简表

法治特色教育	高中政治基础课程教材篇目	渗透主题思想	描　　述
经济常识法治精神	第一课： 产业发展。劳动就业——劳动者权益的法律保障	劳动者应当了解《中华人民共和国劳动法》和《中华人民共和国劳动合同法》中关于用人单位和劳动者之间的“劳动合同”的相关规定，了解关于“劳动争议”和“法律责任”等的规定	按照《中华人民共和国劳动合同法》的规定：订立劳动合同，应当遵循合法、公平、平等自愿、协商一致、诚实信用的原则。依法订立的劳动合同具有约束力，用人单位与劳动者应当履行劳动合同约定的义务
	第三课： 合理消费。依法维权——维护消费者合法权益	消费者的权益受到侵害的情况时有发生，必须特别强调保护消费者的合法权益	《中华人民共和国消费者权益保护法》规定了消费者拥有的权利有：安全权、知情权、自主选择权、公平交易权、获得赔偿权、受尊重权等 侵犯消费者权益的事件时有发生，从而产生消费者权益争议。我国法律规定了解决消费者权益争议的多条途径，便于消费者根据实际情况选择。如与经营者协商和解、请求消费者权益保护组织调解、向有关行政管理部门申诉、提请仲裁机构仲裁，向人民法院提起诉讼
	第四课： 国家财政。依法纳税——依法纳税是公民的基本义务	我们每个公民都应该具有依法纳税的意识，以为国纳税为荣，将自觉纳税看成是公民的社会责任	我国宪法规定：“中华人民共和国公民有依照法律纳税的义务。”公民依法纳税，既是履行自己应尽的义务，同时也是对国家、对社会的一种贡献。在坚持依法纳税的同时，还必须提倡诚信纳税

续表

法治特色教育	高中政治基础课程教材篇目	渗透主题思想	描　　述
经济常识法治精神	第五课： 金融服务。家庭理财——中国人民银行的主要任务	中国人民银行是政府的银行，是政府制定货币政策、实施金融调控的机构	国务院通过中国人民银行制定货币政策，利用货币发行、利率、汇率等加以实施，贯彻政府宏观调控的职能
	第六课： 市场经济。宏观调控——社会主义市场经济需要法律保障	只有用法律来规范经济活动，才能使社会主义市场经济又快又好发展	在市场经济中，只有制定完善的经济法律并严格按照法律来规范自己的行为，才能保障市场经济健康有序地发展，才能保证每个经济活动参与者的合法权益。当自己的合法权益受到侵害时，要善于运用法律武器，同违法行为做斗争 我们不但要遵守中国的经济法律，还要遵守世界贸易规则等国际经济法律和法规，懂得用法律的武器，维护中国在国际市场上的利益

上海市桃浦中学法治教育与高中化学学科基础课程的渗透结构简表

法治特色教育	高中化学基础课程教材篇目	渗透主题思想	描　　述
食品安全法	杜康酿酒话乙醇	关注食品安全问题	了解乙醇是重要的化工原料、化工产品，它也和我们的生活关系密切。认识事物的两面性，不酗酒，不酒后驾车，倡导健康的生活方式。知道甲醇有毒，了解多元醇和食品的关系，关注食品安全问题，增强公民法治、道德意识
节约能源法	物质在溶解过程中有能量变化吗	认识节约能源、构建节约型社会的重要性	十届全国人大常委会三十次会议修订通过了《中华人民共和国节约能源法》。修订后的节约能源法的颁布施行，对于推动全社会节约能源，提高能源利用效率，保护和改善环境，促进经济社会全面协调可持续发展，有着重要意义
	电解质溶液在通电情况下的变化		通过电解饱和食盐水原理的学习，形成安全、节能、环保意识
	煤化工和乙炔		了解我国的能源结构以煤为主，树立环保意识和绿色化学理念
交通法规	反应物如何尽可能转变成生成物	宣传交通法规	了解酒精测定仪的工作原理，进行“司机酒后驾车导致交通事故”的调查，树立守法意识，感受生命的可贵，尊重他人生命

附

部分基础课程的渗透教学设计

案例1:【简述】

《全球变暖》是高中地理第一册第三篇专题12《人类活动与气候》的教学内容。在这一堂课的教学过程中，我校朱燕老师以全球气候变化为案例，结合校本教材《应对气候变化的探究行动》的相关内容，探究了人类活动对气候的影响。在学生以活动的形式思考、探索气候变暖的危害、成因、应对措施的过程中，教师通过几个活动的设计来引导学生进行交流学习，渗透法治思维。

1. 上网查找资料，说明国际社会如何应对全球变暖，有无相关法律法规。

2. 对收集的国内外法律法规（譬如《联合国气候变化框架公约》《巴黎协定》《气候变化国际法》《中国应对气候变化方案》）进行学习，并讨论其中部分条款制定的意义，以及对影响气候变化、控制全球变暖的作用。

3. 结合校本教材《应对气候变化的探究行动》，说说在控制全球变暖过程中，作为一名高中学生如何发挥个人力量。

在学习、交流过程中，不但巩固了学生的学科知识，也树立了学生的大气保护意识，更让学生明白:控制全球变暖既是人类生存的需要，也是国际法律的规定。

案例2:【简述】

《神经系统中信息的传递和调节》是高二生物的重要内容之一。在本堂课教学过程中，我校方琴老师以毒品和酒驾为例开展教学活动，来学习条件反射、非条件反射、自主神经等相关知识内容。并采用活动组织和任务的形式来引导学生学习讨论。

1. 请从生理角度运用生物学的知识，说说毒品对神经系统影响的原因并探讨它的危害性。

2. 请收集查找一些国内外有关禁毒的法律条文，并说说它的必要性。

3. 请从生理角度运用生物学知识分析酒精对神经系统的影响，探讨酒后驾驶的危险性。

学习我国对酒后驾驶的相关法律条文，说说制定有关法律对酒后驾驶进行处罚的必要性。

4.（作业补充）写出制定法律禁止酒后驾驶的必要性。

通过上述活动的设计，学生在讨论和交流过程中，对毒品的危害性，酒后驾驶的危险性有了更深层次的认识，也能对法律条文中对禁毒、禁止酒后驾驶的规定有了更多的认同，体会法律法规对生命的重视、对生活的保护，有助于学生树立尊重生命、守法护法的意识。

案例3:【详案】

1.4.3 命题的形式及等价关系——等价命题

蒋春生

一、教材分析

命题是数学教学的基本依据，经过推理证实的命题（如定理）可以作为继续推理的依据，所以认识命题的定义、结构、真假是数学学习的主要任务之一。教材中，本章节是以初中知识为主开展教学，关注命题的逻辑结构，尽量回避理解命题本身的障碍。

事实上，在我们日常交往、学习和工作中，逻辑用语是必不可少的工具。在生活中，法律条文的制定内含严谨的逻辑性和科学的理性，法律法规的使用都要求体现严密而清晰的逻辑关系，从这个角度来研究命题的等价性，能够很好地贴近生活，体现数学内涵，这也可以成为锻炼学生的推理论证方法和逻辑思维能力的重要切入点。

二、教学目标

1. 理解等价命题，会用原命题与逆否命题的等价性原理解决问题。

2. 在解决问题的过程中，感悟“正难则反”的策略，体会四个命题之间的逻辑关系。

3. 在运用逻辑语言进行数学表达交流活动中，领会分类、判断、推理的思想方法的重要作用，树立分析问题条理清楚、理由充分、符合逻辑的数学意识。

4. 体会法律条文中的逻辑关系，感受数学在生活中的应用作用。

5. 对一些社会现象和问题能有正确的认识，感受社会生活中的规则意识，锻炼学生的法律素养与理性思维。

三、教学重点、难点

教学重点：理解等价命题，初步会用“正难则反”策略解决问题，能从数学逻辑的理性角度分析简单的社会问题。

教学难点：正确写出命题的逆否命题；运用逻辑语言表述和论证真命题；社会问题数学化思考。

四、教学方法

让学生以自学的形式掌握等价命题的概念；以小组讨论、代表交流的形式进行案例的分析；用实例分析以及对现实问题的讨论，激发学生的学习兴趣，探究用数学思维分析实际问题的方法。

五、教学过程

1. 情景引入

在四种命题形式的学习过程中，我们已经知道原命题与逆否命题、逆命题与否命题都具有同为真命题或同为假命题的特性。那么如何来判定两个命题之间在真假性上的逻辑关系呢？请看下面的案例：

美国著名作家马克·吐温在《镀金时代》这部小说中揭露了美国政府的腐败。此书发表后，在一次酒会上马克·吐温对记者说：“美国国会中的有些议员是狗婊子养的。”华盛顿议员们大为愤怒，要他道歉澄清，否则要以法律手段对付他。过了几天，《纽约时报》刊登了马克·吐温致联邦议员的“道歉启事”，全文如下：

日前敝人在酒席上发言，说“美国国会中的有些议员是狗婊子养的”。事后有人向我兴师问罪，我考虑再三，特此登报声明，把我的话改正如下：“美国国会中的有些议员不是狗婊子养的。”

请同学们想一想，你在为马克·吐温的机智赞叹的时候，是否想过马克·吐温两次发表的言论之间存在怎样的逻辑关系呢？

2. 概念形成

等价命题：如果 A、B 是两个命题，$A\Rightarrow B$，$B\Rightarrow A$，那么 A、B 叫作等价命题。

从下面四种命题形式的关系中，我们可以看出，原命题与逆否命题是等价命题，否命题与逆命题也是等价命题。

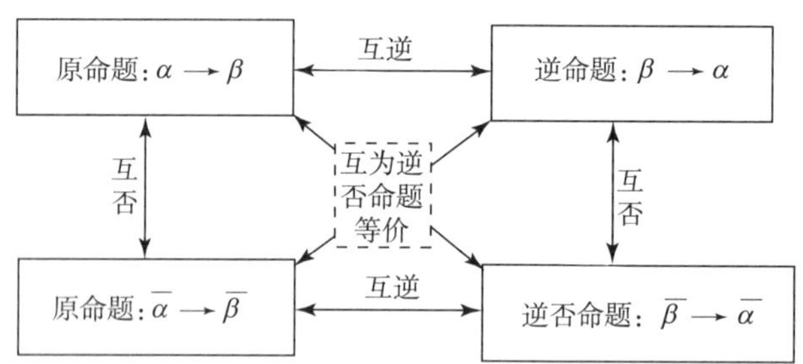

数学思考：利用两个等价命题同真或同假的原理，当我们证明某个命题有困难时，我们尝试证明它的逆否命题成立，从而代替证明原命题，这就是所谓的“正难则反”策略。

3. 概念应用（案例的分析与学生之间的讨论，让学生自主完成，再选代表交流解题策略）

例 1：【案情摘要】

1985 年，张某与丈夫离婚，儿子由丈夫抚养，再也没有与张某联系。1999 年 2 月，张某不慎烧伤，张某的妹妹为其交纳了医疗费用 3 万元，并把张某送至敬老院。

张某认为，根据《中华人民共和国婚姻法》的有关规定，子女对父母有赡养扶助的义务。因此，儿子应当履行赡养义务。故诉至法院要求其儿子赡养。张某的儿子以母亲没有履行对子女的抚养义务为由，认为不应当赡养母亲。

问题：

（1）婚姻法规定：子女对父母有赡养扶助的义务。这个命题的条件和结论分别是什么？

条件：为人子女。结论：赡养父母。

（2）这个命题的逆命题、否命题、逆否命题分别是什么？它们的真假性如何？

逆命题：赡养父母的是子女。假命题

否命题：非子女不赡养父母。假命题

逆否命题：不赡养父母的不为子女。真命题

（3）根据上述命题真假性的判断，请你谈谈张某儿子、女儿的抗辩是否成立？

不成立，根据法律规定，子女赡养父母是一个独立的命题，与父母是否抚养了子女无关。

数学举例：若 $x\in\mathrm{R}$，则 $|x|\geqslant x$。写出这个命题的其他三种命题形式，并判断真假。

数学思考：对于一个恒成立型的命题，是不因受分类条件的限制的，也与其他命题的成立与否是无关的。

例 2：【案情摘要】

21 岁的小王和女友小李准备结婚，但是婚姻登记机关却告知小王，因他的年龄还未达到《中华人民共和国婚姻法》（以下简称《婚姻法》）所规定的男 22 岁的年龄标准，所以不能给他们登记注册。小王非常不理解，他回到家首先查阅了《中华人民共和国民法通则》，该法第 9 条规定公民依法享有民事权利。他认为他是公民，因此享有民事权利，当然也就享有结婚的权利。他又阅读了该法第 12 条和第 13 条。小王认为，既然限制民事行为能力人和无民事行为是指未成年人和精神病人，而他已经年满 18 岁且精神正常，他就一定是完全民事行为能力人，他也就能行使结婚的权利。他认为在结婚年龄规定上《婚姻法》和《民法通则》发生了矛盾。

问题：

（1）根据民法，未成年人没有完全民事行为能力。这个命题的条件和结论分别是什么？

条件：未成年人。结论：没有完全民事行为能力。

（2）上述命题的逆命题、否命题、逆否命题分别是什么？它们的真假性如何？

逆命题：没有完全民事行为能力的人是未成年人。假命题

否命题：成年人具有完全民事行为能力。假命题

逆否命题：具有完全民事行为能力的人是成年人。真命题

（3）根据你的判断，小王的认识正确吗？

错误。法律的规定是原命题，而小王的辩解用到了规定的否命题，但原命题成立并不能推得否命题也成立。

数学举例：$x=1$，则 $x^2=1$。写出此命题的另外三个命题形式，并判断真假。

数学思考：四种命题的同真同假的判定，仅仅局限在互为逆否命题的前提条件之下，与其他两个命题之间没有必然的真假性判断结论。同时，对于否定命题的判断，可以考虑“正难则反”的策略。

例 3：【引例分析】

（1）两次申明：“美国国会中的有些议员是狗娘养的”与“美国国会中的有些议员不是狗娘养的”这两句话各作为一个命题，它们的条件和结论分别是什么？

第一句话，条件：美国国会中的有些议员。结论：是狗娘养的。

第二句话，条件：美国国会中的有些议员。结论：不是狗娘养的。

（2）这两句话从命题的真假性上判断，具有什么逻辑关系？

这两个命题不是四种命题关系之间的任何一种，它们各自之间的真假性判断不存在任何逻辑上的关联，可以同真，也可以同假。

（3）判断下述语句：教室里的人都是男生。这句话的否命题是什么？它与下面的语句：“教室里的人都是女生”有什么逻辑关系？

数学举例：命题“已知 a，b 都是偶数，则 $a+b$ 是偶数”的其他三种命题形式，并判断真假？

数学思考：对于部分肯定型或者部分否定型的命题，它的否命题的形式应该是全部否定或者全部肯定。而对于全部肯定或者全部否定的命题，它的否命题应该是部分否定或者部分肯定。

4. 习题与练习

（1）教材 P18 例 3

（2）教材 P19 练习 1.4（3）

解题反思：① 运用正难则反策略解决问题，关键是正确写出所要证明的命题的逆否命题。

② 正难则反是一种常用的解决问题的策略，要切实加以掌握。

5. 课堂小结：（让学生用自己的语言归纳小结，并通过补充和订正提高参与度）

（1）等价命题。

（2）正确写出一个命题的等价命题的要领：即写出该命题的逆否命题。

（3）理解互为逆否命题的两个命题是等价命题。

（4）对法律法规的理解可以借用数学理性思维加以分析。

（5）生活中要学会用数学的眼光，理性分析问题。

6. 作业布置

（基础型）必做题：（1）教材练习 P19 1.4（3）：3；（2）练习册 P6 1.4A 9。

（拓展型）选做题：（3）写出命题："如果 $x \geq 1$ 且 $y \geq 1$，那么 $x + y \geq 2$ 或 $xy \geq 1$" 的否命题和逆否命题。

三、拓展课程篇：关注法则，提升综合素养

（一）专题教育序列化，凸显法治教育特征

把法治教育纳入国民教育体系，是普及法律知识、培养具有法治素养的现代公民、推进社会法治建设的重要途径。学校作为法治教育的主阵地，应当注重学生法律知识的习得、法律观念的培养、法律信仰的树立和法律行为的规范，让学生在校期间就能够自觉地做到学法、懂法、尊法和守法，使法治教育在依法治国中的基础性作用能够得到充分发挥。

但法治教育是一项循序渐进的工程，不同年段的学生，囿于其身心发展水平的差异，法治教育的内容形式和学习要求都会有所不同，因此学校的法治教育必须注重系统性和层次性。上海市桃浦中学是一所普通完全中学，既有初中，也有高中。学校在推进法治专题教育过程中，针对不同的年段，确立了不同的法治素养培育目标，选取适当的法治教育内容，组织学生参加适合其年龄特征和心理特点的法治教育实践体验活动。学校积极挖掘校本化课程的丰富内涵，揭示法治素养的基本内涵、层次和养成规律，构建了序列化的法治专题教育。

1. "因人而异"——不同的学段特点决定了不同的法治素养培育目标。

目　　标	初　中　阶　段	高　中　阶　段
法治认知	初步了解个人成长和参与社会生活必备的基本法律常识	较为全面地了解中国特色社会主义法律体系的基本框架、基本制度以及法律常识
法治思维	程序思维得到强化，初步具备运用法律知识辨别是非的能力	权利保障思维、程序思维基本形成

续表

目　标	初中阶段	高中阶段
法治意识	具备守法意识、公民意识，权利与义务统一观念不断增强	牢固树立权利义务对等意识，法治观念不断增强
法治行为能力	初步具备依法维护自身合法权益、参与社会生活的能力	初步具备参与法治实践、正确维护自身权利的能力
法治信仰	初步形成宪法法律至上、民主法治等理念	增强法治认同感、信服感和尊崇感

2.“因地制宜”——不同的目标指向决定了不同的法治素养培育载体。

学校根据教育对象的不同年龄以及接受教育的特点，注意保持各年段法治教育的协调性、连贯性和系统性，凸显出主题化、序列化特征。初中年段主要以法律通识教育为主，高中各年段则以相应主题教育为抓手，从而建构出一个较为完善的具有校本特色的法治教育体系。

（1）初中年段

这个年段的学生，思维开始从形象思维逐步向抽象思维过渡，他们已经能够接受一定的概念和说理。法治教育在这期间应当着重法治理念的启蒙，联系实际，以案说法，使他们感受法治社会的要求，初步认识法治对于自身学习和生活的意义，形成以知法守法为荣，以违法犯法为耻的观念，为将来能够适应法治化社会生活并推动社会法治建设做好积极准备。

上海市桃浦中学初中各年段法治专题教育排片表

年　段	安全与防范专题教育	法律与道德专题教育	综合与实践专题教育
六年级	防灾自护	日常行为规范教育	礼仪与美德
七年级	交通安全	核心价值观教育	勤俭节约伴我行
八年级	人身安全	未成年人保护	爱国主义教育
九年级	交通安全	网络安全	理想信念

（2）高中年段

到了高中阶段，学生的个体抽象思维水平又有了更大的发展，这时候要进一步培养完善的法治思维，理解法治是社会发展的方向，树立牢固的法治信仰，把握正确的权利义务观念，在享有权利的同时，注意自己应当承担的相关义务或责任，学会以法治化方式化解矛盾。

高一年级主要以国防教育为主题，开展专题系列教育活动。

内容上：主要以东方绿舟、桃浦武警部队、桃浦雷达部队、桃浦特勤中队等为主要实践基地，让学生了解国际形势、现代战争特点及发展趋势、国防观念、轻武器的使用方式、单兵战术原则和战场救护的方法等。

形式上：主要以“寻访法的足迹”为主，通过寻访、参观法律足迹，了解法律起源和发展的脚步，从而引领学生沿着法的印迹去感悟法的故事，也可透视到现实生活所必须遵守的基本法规。

高二年级主要以社会治安保障为主题，开展专题系列教育活动。

内容上：主要以区人民法院、区人民检察院、申蕴和律师事务所、白丽派出所、区公安分局、区司法局等为主要实践基地，了解法律的基本常识，掌握一些基本技能，学会在现实生活中如何运用法律武器保护自己。

形式上：主要以“开辟职业体验”为主，开展一些体验性的实践活动，如当一名“小律师”，做一名“小法官”、跟随体验特警的特技训练等。通过亲身体验社会法律专业人员的角色，感悟法律的神圣与庄严，同时也深刻领悟司法工作的责任与使命。

高三年级主要以社会责任意识为主题，开展专题系列教育活动。

内容上：主要结合十八岁成人仪式，立足松江大学城、华东师范大学、华东政法大学等实践点，充分利用高校资源和浓厚的法治育人环境，直观了解我国法治的起源及其形成和发展，更加懂得自身肩负的责任和使命。

形式上：主要以“弘扬法治精神”为主，通过自身所学的法律知识和经验，开展一些社会小调查，撰写调查报告，为将来踏入社会，做一个有道德、有理想、讲文明的现代公民而奠定基础。

（二）社团活动课程化，提升法治综合素养

法治教育要融入国民教育体系，就是要融入教育生活，其实施途径可以分为基础型课程法治渗透和拓展、研究型法治教育专门课程两个方面。与挖掘法治教育因子、找寻法律知识切入点的基础型学科法治渗透不同，拓展类的法治教育专门课程则是以社团为基地，充分运用案例化教学形式，寓教于乐，以案说法、释法，从而提升学生学法的兴趣性和守法的自觉性。桃浦中学标志性的拓展类法治教育课有以下几门。

社团活动课程一：“小小法律通”

一、课程开发背景

本课程的开发背景有多方面因素。首先是来自学校实际：因处于城乡接合部的特殊地理位置，学校是一所普通公办完全中学，存在着“高中学生生源相对较差、初中外地来沪生占相当比例、学生的家庭教育相对缺乏”等特征。其次是加强青少年思想道德教育的需要：《国家中长期教育改革和发展规划纲要（2010—2020年）》的指导思想之一即是大力推进依法治教，尊重教育规律。再次是教育改革的需要和普法工作的新要求：丰富多样的拓展、研究课程渐渐充实到基础型课程中，有利于提高学生学“法”的兴趣性和自觉性，促使其养成较强的法治观念和良好的守法行为习惯。最后是学校发展的需要：桃浦中学历经20多年的法治教育探索与实践，从起步、摸索到完善，学校坚定依法治校之路，不断深入和推进法治教育进程，结合学生心理和生理特点，通过多种形式，寓教于乐、通俗易懂地进行法律知识的渗入，以期取得更大突破。

二、课程目标

【知识和技能】

1. 通过案例分析和讨论，掌握必备的法律基本常识。

2. 通过模拟法庭庭审表演，更加深刻地体会违法犯罪行为必将受到应有法律制裁。

【过程和方法】

1. 以案例导读引入，然后进行法理剖析，懂得任何人不能凌驾于法律之上。

2. 通过开展参观、体验活动，将所学知识巧妙地运用到实际或现实生活中，变为自己内在的一种思维习惯或生活方式。

3. 以“小品”“模拟法庭”、视频等形式，让学生寓教于乐、循序渐进地掌握法律常识，也进一步增强法治观念和法律意识。

【情感态度和价值观】

1. 通过撰写法治故事，培养学生良好的艺术创作才能和艺术表现手段。

2. 通过“小品”和“模拟法庭”表演，有力地培养学生语言表达、沟通协调及临场应变等能力。

三、课程内容

课时	课 程 安 排	教 学 内 容
1	1. 桃浦中学法治教育历程 2. 观看历届模拟法庭的庭审视频（选看）	1. 了解学校法治教育的历程及成果，增强光荣感和使命感 2. 懂得模拟法庭的定义、初步了解模拟法庭庭审的组成成员和概况
2	学习刑法知识，自觉抵御犯罪	1. 懂得刑事法定年龄界限 2. 通过案例分析，懂得学习法律知识的重要性
3	刑法的概念及犯罪的种类	1. 懂得刑法的概念和了解刑法的性质 2. 了解十大类犯罪及相关重点罪名 3. 通过案例剖析，自觉抵制违法行为
4	青少年的违法犯罪行为	1. 我国青少年违法犯罪的特点 2. 懂得什么是未成年犯 3. 警惕几种青少年犯罪行为 4. 预防青少年违法犯罪行为
5	刑事诉讼法的程序	1. 了解刑事诉讼法的概念及修正历程 2. 懂得刑事诉讼法的流程
6	学习民法知识，构建和谐社会	1. 懂得民法概念、知道民法 2. 了解新的《中华人民共和国民法总则》的基本原则及部分现行法律规定
7	民事诉讼法的程序	1. 了解民事诉讼法的概念 2. 懂得民事诉讼的几个阶段及流程

续表

课时	课 程 安 排	教 学 内 容
8	模拟法庭演练	1. 通过表演形式，真正懂得学法、懂法、守法的重要性和必要性 2. 切身感受未成年人犯罪对自己、对家人、对社会的危害
9	模拟法庭演练	1. 熟悉每个角色的表演技巧和特征 2. 熟练模拟法庭各个环节，力求达到衔接流畅、配合默契的表演效果
10	参观区人民法院	1. 实地参观普陀区人民法院 2. 感受审判庭的庄严、肃穆的气氛 3. 了解我国对未成年犯教育、感化和挽救的政策 4. 交流体会
11	根据法案，创编法治小故事	1. 发挥学生创作才能，编写法治小故事（回家作业） 2. 择优法治小故事，编写法治小品
12	排演法治小品，模拟法庭情景再现	1. 分配角色 2. 选择场景、熟悉台词 3. 熟练小品表演
13	完整排演模拟法庭庭审表演	熟练表演过程：情景再现、法庭庭审、台上台下互动
14	模拟法庭表演展示	1. 完成各个环节展示 2. 深刻懂得任何人不能凌驾于法律之上 3. 通过艺术性手段，提升学生综合素养

四、课程实施

活动形式	知识新授、视频播放、模拟法庭表演、讨论等
实施原则	学生主体性原则、发展性原则、综合性原则
配套资源	校本教材《法在我心中》；模拟法庭素材由区法院提供法案；使用桃中模拟法庭专用教室
选取对象	高一

五、课程评价

评价内容	主要从以下几个方面去考核：组织纪律、学习态度、合作精神、实践能力、活动成效。注重学生的法治纪律、团队合作、创新素养、实践能力等综合素养
评价方法	按照自评、小组评、教师评三个层面的评价

六、课程成果与反思

学校“小小法律通”至今共培训了十九届，开展的模拟法庭曾为桃浦地区居民、外来务工人员及兄弟学校学生进行模拟法庭庭审表演，观众达上万人次，有效地将法治教育辐射到社区，带动社区居民整体法治素养的提升。也因此，“小小法律通”曾获上海市未成年人暑期工作特色项目、上海市学校法制教育特色项目奖、多次获上海市“春天的蒲公英——小法官网上行”上海市少年模拟法庭进校园进社区展评活动优胜奖。

当然，课程实施期间，我们也不断进行总结与反思，不仅增加法治小品环节，以增强直观性、艺术性和连贯性，还在庭审结束后增加“竞答”方式的互动环节，一方面激发兴趣、营造氛围，另一方面也使观众主动获取相关法律知识。

社团活动课程二：模拟联合国

一、课程开发背景

模拟联合国（Model United Nations，简称MUN）是对联合国以及其他国际组织和机构的会议流程进行模拟的一种活动，简称模联。在模拟联合国会议中，参与者主要是青年学子们，他们扮演各国的外交官，依据联合国及其他国际组织的议事规则，讨论当今国际上的热点问题。作为各国代表，参与者在会议中代表的“国家”（双代表制），在会议主席团的主持和引导下，通过演讲阐述“自己国家”的立场和观点，与其他国家的代表沟通与协作，共同解决矛盾与冲突。

模拟联合国社团课的目的在于使青年学生们对联合国的运作方式和议事规则有更加深入的了解，同时通过扮演各国外交官、模拟联合国会议流程、讨论国际热点问题等方式，拓展国际视野、激发学习能力、培养领袖气质以及团队合作精神，提高沟通和表达的能力，增强社会责任感，符合现代教育对学生综合素养培养的要求目标，具有重要的时代价值。

二、课程目标

（一）知识与技能

1. 了解联合国的相关知识及模拟联合国的基本知识。
2. 了解模拟联合国大会的流程、文件写作与提交等基础知识。

（二）过程与方法

1. 掌握辩论和游说的技巧。
2. 能围绕某一热点话题，收集资料并形成自己的观点，撰写立场文件。

（三）情感态度价值观

1. 拓展国际视野、激发学习能力、培养领袖气质和合作精神。
2. 培养团队合作精神，培养风度、气质、领导力。
3. 提高沟通和表达的能力，增强社会责任感。

三、课程内容

课时	课 程 安 排	课 程 内 容
1	模拟联合国简介	了解模拟联合国的起源和发展
2	模拟联合国在中国的发展	了解模拟联合国在中国的发展及意义

续表

课时	课程安排	课程内容
3	模联议事规则和会议流程	了解议事规则和会议流程
4	点名	了解点名注意事项归纳
5	确定议程	了解议程注意事项归纳
6	正式辩论	了解发言程序、让渡时间、注意事项归纳、结束辩论等
7	非正式辩论	了解有主持核心磋商、自由磋商、正式辩论与非正式辩论
8	动议和问题	了解动议综述、问题综述
9	表决	了解表决问题分类、表决额度、表决的方式、表决态度的种类
10	文件提交和表（1）	了解立场文件、工作文件、决议草案
11	文件提交和表（2）	了解修正案（Amendment）、指令草案（Draft Directive）
12	主席团规范工作用语中英文对照	主席团介绍，了解规范工作用语中英文对照
13	模联文件及其写作	了解立场文件、工作文件、决议草案、修正案
14	模联知识链接	决议草案常用词汇、常见的序言性条款开头用词、常见的行动性条款开头用词
15	桃浦中学模联社	桃中模联（TOPMUN）介绍

四、课程实施（开设的年级、所需课时、硬件资源等）

1. 开设年段：高一、高二年级。

2. 授课时间：每周二下午社团课。

3. 需要学时：16 课时。

4. 硬件设施：学校模拟联合国专用教室。

5. 教学资源

（1）以《模拟联合国》校本教材为辅助材料，学习联合国相关知识。

（2）结合上海以及全国的模拟联合国活动，开展模联的拓展实践，增强学生思辨能力以及国际视野。

（3）聘请大学生进行专业指导，召开校内模联会议。

五、课程评价

1. 展示性评价：通过校内会对学生进行联合国以及国际关系、世界主题等相关知识的渗透。

2. 过程性评价：以参加上海以及全国各地的模联活动情况的表现，分为 A、B、C、D 四个等级。

3. 综合性评价：以学生对某个国际问题撰写的分析文字、参加模联活动的反思总结，以及校内会的心得体会为考核内容，分成 A、B、C、D 四个等级。

六、课程成果与反思

21世纪是素质教育的时代。课堂教学是实施素质教育的主阵地，而学生的主体地位是进行素质教育的出发点和归宿。模拟联合国以其独立的学术研究、代入式角色扮演、协商博弈等特色为思想政治学科的应试教学提供了很好的补充。它作为一种创新型教学模式，注重学生主体性和主观能动性的发挥、自主学习能力的培养，符合新时代素质教育要求，能够有效转变传统思想政治学科教学模式，是有效提升教与学效果、构建符合校情生情的教学模式、提升学科核心素养的重要途径。

社团活动课程三：模拟政协

一、课程开发背景

“全国青少年模拟政协活动”自2014年举行首届正式活动以来，几年间吸引了全国各地数百所学校积极参与，每年有多组优秀提案提交全国两会或地方政协大会，已经成为一项具有极大社会影响，极具中国特色的思政教育领域的优质社会实践活动。

“全国青少年模拟政协活动”的宗旨是：立德树人、砺志笃学、技能拓展、实践创新。它以中学生尤其是高一、高二学生为主体，力求通过模拟人民政协的提案形成过程，模拟和体验人民政协的组织形式与议事规则，以了解和体会中国特色的民主协商政治制度。在角色扮演、主题调研、团队协作、成果展示等多样化的活动中，全面培养和提升青少年的核心素养和关键能力，是提高学生综合素质能力、提升学生社会责任感、使广大青少年积极践行社会主义核心价值观的有效方式，有力地增强了青少年学生为实现中华民族伟大复兴的中国梦努力奋斗的信心和意志。

二、课程目标

（一）知识与技能

1. 了解人民政协的有关知识：包括人民政协的历史、组织机构、作用，政协委员的产生、权利与义务、界别划分。

2. 了解协商民主的概念，中国民主制度的特色，提案的意义及撰写规范等。

3. 学习模拟政协活动的有关知识：包括活动意义、组织形式、活动内容、活动流程等。

4. 加强青年学生对中国协商民主制度优越性的理解和认识。

（二）过程与方法

1. 通过提案形成的全过程，有组织有目的地学习和掌握所需的各种调查、分析、研究、展示演说和辩论的知识和能力。

2. 通过深入的调查和反复研究，积极践行协商民主、发扬基层民主，创新民主形式。

（三）情感态度价值观

1. 通过参与模拟政协活动，提升青少年社会责任感、公民意识和参与意识。

2. 在发现和思考涉及民生的公共政策问题的过程中关注民生、关注社会。

3. 在广大青少年中积极培育和践行社会主义核心价值观，培养学生对中国特色社会主义的认识及责任意识，带动青少年学生为实现中华民族伟大复兴的中国梦努力奋斗。

三、课程内容

课时	课程安排	课　程　内　容
1	界别分工	确定每个模拟政协“小政协委员”的界别身份，结合身份定位初步调研
2	提出候选议题	广泛提出多个候选议题，并在初步角色分工的基础上形成提案小组
3	技能培训 1	调查研究能力培训
4	技能培训 2	提案写作能力培训
5	正式组建提案调研小组	进行根据意向议题，正式组建多个学校提案调研小组，合理分工
6~9	展开调查	各提案小组分别展开深入调查研究
10	整理调研报告	撰写调研报告
11	撰写提案	在前期调研基础上，撰写提案文本
12	展示准备 1	相关技能学习、培训
13	展示准备 2	根据前期的调研和提案，各小组进行校内的展示准备，制作调研视频、展示 PPT
14	展示准备 3	演讲展示彩排等
15	校内展示	举行必要的校内选拔展示，决出优秀小组、优胜提案和最佳选手
16	学期课程总结	对调研、提案、小组合作及展示情况进行分析总结

四、课程实施（开设的年级、所需课时、硬件资源等）

1. 开设年段：初一、初二、高一、高二年级。

2. 授课时间：每周二下午社团课。

3. 需要学时：16 课时。

4. 硬件设施：学校法治专用教室。

5. 教学资源

（1）以《模拟政协》校本教材为辅助材料，学习民主协商的相关知识。

（2）结合市、区教育系统模拟政协活动，开展拓展实践，增强学生综合能力，提升学生社会责任意识。

（3）适时组织专业资源进行指导，组织校内模拟政协活动。

五、课程评价

1. 展示性评价：通过模拟政协提案活动的展示，对学生进行社会主义民主的实现形式等相关政治常识知识的渗透。

2. 过程性评价：以参加上海以及全国各地的模拟政协活动情况的表现，分为 A、B、C、D 四个等级。

3. 综合性评价：以学生调查研究的能力、团队合作意识、政协提案撰写和活动的心得体会等为考核内容，培养高中生的社会责任感，尤其是民主政治意识和参政议政的意识，分成 A、B、C、D 四个等级。

六、课程成果与反思

长期以来，中学政治课教学局限于课堂、局限于课本，特别是受应试教育根深蒂固的影响，理论脱离实际的弊端一直没有根本的改变。通过模拟政协活动，让高中生跳出政治课本的局限，亲身体验和理解国家的政治运作和中国民主政治的发展，唤起他们的社会责任感，同时探索一种新型综合实践性课程，为高中新课改探路。模拟政协活动既要遵循政协的组织形式、议事规则，又要考虑到青少年教育的特点，将政治活动与课程改革两者有机结合起来，是全面提升青少年综合素质、特别是实践能力的有效途径。

社团活动课程四：法治辩论

一、课程开发背景

上海市桃浦中学恪守“学生在我心中，我在学生心中”的办学理念，在“培养具有民族精神、身心和谐的现代公民”的育人目标引领下，以法治特色教育带动和促进学校德育工作，努力提升学生的学习生活品质。

学校以法治教育为德育的突破口，历经二十余载的探索与实践，将法治教育与课程建设相结合、与校园文化相结合、与现代信息技术相结合、与课外活动相结合、与实践体验相结合，努力寻找适合学生身心发展规律的有效途径，使青少年在潜移默化中接受法治文化的熏陶，充分展现了学校坚持走“依法治校”之路的决心和信心，也体现了桃中人对“以法育人”的坚守与责任。

学校法治辩论社团就是在这样的背景下成立的。

2016 年 10 月，桃浦中学法治辩论社团 8 名选手首次参加了上海市高中生法治辩论邀请赛，选手们虽是初出茅庐，但大家努力进取，充分利用课后时间整理材料，几易辩稿；积极发扬团队合作精神，听取选手之间的不同观点，碰撞思辨火花，加强队员之间的配合磨炼。最终在比赛的 36 支队伍中，选手们一路过关斩将，力克华政附中、建平中学等强队，杀入半决赛，取得 2016 年上海市高中生法治辩论赛季军。2017 年获得上海市高中生法治辩论赛优胜奖。

“灯不拨不明，理不争不透”。法治辩论赛以其独特的表现手法和特有的魅力，不仅让学生领略语言的魅力，感受口才的重要，更是对学生法治观念的形成、法治素养的提升、法治思维能力的培养以及对学校更好地营造法治文化环境提供了强有力的助推剂。

二、课程目标

核心概念	1. 让学生领略语言的魅力，感受口才的重要 2. 有助于学生法治观念的形成、法治素养的提升、法治思维能力的培养
学习过程	1. 通过辩论，增强学生思辨能力和全面分析问题的能力 2. 通过辩论，增强团队合作精神 3. 通过辩论，提高自身演讲与口才能力
教育价值	1. 通过辩论，了解法理基本常识，学会用法律来解决社会问题 2. 通过辩论，增强法治意识，树立法治观念

三、课程内容

课 次	教 学 内 容	教 学 目 标
1	辩论赛的基本介绍（一）——辩论赛的组成	初步了解辩论的基本构成
2	辩论赛的基本介绍（二）——辩论赛的特点	知道辩论各环节及其特点，正确选择适合自己特点的辩位
3	辩论赛的比赛技巧（一）——一辩的地位作用和辩词的撰写	了解一辩的特点，学会一辩立论辩词
4	辩论赛的比赛技巧（二）——二辩的地位作用和辩词的撰写	了解二辩在辩论中的职责和作用，学会写二辩提问稿和应答稿
5	辩论赛的比赛技巧（三）——三辩的地位作用和辩词的撰写	了解三辩的作用，学会写三辩小结稿和学会破题
6	辩论赛的比赛技巧（四）——四辩的地位作用和辩词的撰写	了解四辩的作用，了解立论总结稿的几种写法，学会写立论陈词稿
7	辩论赛的比赛技巧（五）——自由辩论的基本要求及辩词的撰写	知道自由辩论的要求及特点，学会团队合作
8~11	辩论赛辩词的整理、修改及团队合作	懂得团体之间的互相配合，努力完成辩手之间的发言稿
12~15	辩论赛模拟训练	在模拟训练中不断完善辩论稿
16~17	辩论赛比赛汇演	学会团队合作，提高思辨能力

四、课程实施

活动形式	网上资料查阅、小组讨论、辩论
实施原则	遵循法治精神，凸显学生主体性原则和发展性原则
配套资源	近几年上海市大中学生法治辩论赛录像观摩
选取对象	高一、高二学生

五、课程评价

评价内容	辩词的撰写、小组讨论的积极性、辩论展示
评价方法	课程评价包括过程性评价、结果展示环节评价和终结性评价。 过程性评价可以采用以下途径： 第一，正反各辩手在确定辩题和自己所担任的辩手位置后，在整理材料、撰写辩词的过程中，教师可将学生整理的材料及辩词作为过程性成绩，给予评价； 第二，在平时辩论比赛过程中，各辩手的表现，也可作为学生过程性成绩，给予评价。 结果展示环节评价，主要根据学生在辩论比赛中的表现确定评价成绩。 终结性评价可以将学生在比赛中积累的所有资料进行评价考察，也可在期末结束时以学生撰写的学习体会作为评价对象来确定成绩。

六、课程成果与反思

辩论赛是一项需要耗费大量时间和精力的活动，备赛过程紧张而艰辛。对于桃浦中学这支组建不久的队伍来说更是一大挑战。为了赛出风格与水平，法治辩论社队员见缝插针地寻找课余时间准备，比赛之前的每一个晚上选手们都奋战到深夜。

尽管每一场比赛只有四位辩手上场，但这背后其实蕴含了整个团队的共同努力，也是整个团队的每位成员将出场辩手托举，共同取得的荣誉。每次比赛时夏青校长的加油鼓劲，使队员们能量满满；比赛前夕政教主任陈微老师、团委陈军老师提供后勤保障，使队员充满动力；教练王瑾老师和华东政法大学志愿者的一路引领，使辩手们快速成长。

从初赛、复赛到决赛的短短几个月内，桃浦中学法治辩论队的全体成员从刚刚接触辩论的新手，成长为训练有素的辩士。同学们在其中了解法律、树立法治意识；磨炼性格、学会团队协作；追求真理、培养思辨能力。在上一届队员的帮助和陪练中，渐渐感悟到了辩论的精神，学会了一代一代地传承与发扬。

怀着对辩论的热爱，艰辛中也包含着幸福。辩论队队员黄沁阳这样写道：“我不知道明天是输是赢，但我知道此刻我们离梦想是这么接近。”

四、研究课程篇：关注社会，提高责任意识

增强当代学生的社会责任意识是学校德育教育的重要环节。通过法治教育对学生进行社会责任意识和奉献精神的培养，是现代公民教育的最佳切入点，会成为其自我道德的衡量准绳，成为其对社会现象的评判标尺，对青年群体今后步入社会，甚至对其一生的价值判断都会形成重要影响。桃浦中学的研究性课程贴近学生的生活，学生亲自去观察、记录的过程，实际上就是体验、发现的过程，是自主探究的过程，为培养学生的法治意识和社会责任感奠定良好基础。学生只有具有了高度责任意识，才会自觉地将自己与国家的富强、民族的振兴紧紧联系在一起；才会乐于奉献，主动、自觉地为社会、国家和整个民族的兴旺作出应有的贡献。

（一）基地共建共育

桃浦中学积极整合社区优质法治教育资源，形成学校与社区资源共享、功能互补、协调发展的格局，也体现了“社会教育化、教育社会化”的宗旨。

“三五”普法时期桃浦中学建立了“普陀区青少年法制教育基地”；“四五”普法开始，学校与多个社会法律机构联合共建，不断充实和补充学校法治教育的师资力量；进入“五五”普法后，随着“青年法律志愿者进学校”进程的推进，多家高校又主动与桃浦中学签订共建协议，双方在“人才培养、人生历练、互惠互利”等方面达成共识；“六五”普法时期，随着课程改革的深入开展，双方在“体制共建、资源共享、人才共育”等方面，不断谱写新篇章、开辟新征程。

1. 搭建平台，构建教育体系

桃浦中学在开展“以法育人”的活动中，不断探索学校法治教育的有效途径和载体，充分发挥社区优质资源，搭建了立体式的法治教育平台，如按年级进行分层教学活动：高一年级“寻访法的足迹”；高二年级“社会职业体验”；高三年级“弘扬法治精神”。按法治教育的途径，可分为：课程教育、专题教育、职业体验、课外活动等。按法治教育的形式，通过理论培训、法律咨询、网络教育、宣传活动等，不仅搭建了学校多元化学习法治教育的平台，也构建了学校、社区较为完善的立体式的教育服务体系（见桃浦中学校外法治教育资源一览表）。

桃浦中学校外法治教育资源一览表

序号	教育资源名称	合作方式	实施年代	课 程 活 动 内 容
1	区检察院未检科	共建单位	1997 年 2 月	未成年人自我保护教育
2	桃浦税务所	共建单位	2001 年 4 月	实地参观、税法讲座、文艺表演
3	桃浦白丽派出所	签约单位	2002 年 9 月	实地参观、自我保护等安全教育、行为偏差生结对教育
4	区交警五中队	共建单位	2006 年	发放宣传资料、交通安全教育及交通法规指导
5	桃浦雷达部队	签约单位	2007 年	开设《中华人民共和国兵役法》《中华人民共和国国家安全法》等内容的国防教育拓展课、军事训练等
6	区人民法院	共建单位	2013 年 2 月	实地参观、参与知心天平工作室、模拟法庭培训等
7	华东政法大学法律援助中心	共建单位	2013 年 5 月	法制拓展课
8	上海政法大学	签约单位	2017 年 10 月	培训模拟联合国社团
9	华东师范大学	签约单位	2017 年 10 月	法治教育实验校指导
10	华东政法大学	签约单位	2017 年 10 月	法治教育实验校指导

2. 课程指导，发挥专业优势

学校借助高校和社会法律专业机构资源，一方面着力开发法治校本教材；另一方面充实、丰富法治拓展课和研究课，不断提升学生的道德素养和法律素养。

课程开发：桃浦中学首本法治校本教材《法在我心中》在上海大学法学院江界华教授的指导、学校部分教师的共同编写下于 2008 年出版问世，使学校法治教育走向课程化、科学化、系统化之路。2015 年华东政法大学研究生法援提供了大量新的案例和解析，充实和更新了校本教材，使法治校本课程从 1.0 版走向了 2.0 版，出版了五本小册子，分别是《安全篇》《禁毒篇》《刑法篇》《宪法篇》《经济篇》，校本教材也为教师提供了有效的素材参考，也使教育更有条理、更有规范。

课程指导：学校充分利用社会优质资源所提供的专业支持，拓宽了法治教育领域，实现科学化、专业化、多元化的法治教育方式。其间有律师、法官、警察、检察官等来校为学生现场授课，以专业的角度、真实的案例、风趣的授课方式，取得了良好的效果。

社会法律专业机构来校授课一览表（以 2015 年为例）

时　间	机 构 单 位	授 课 内 容
1 月 10 日	普陀公安分局	防诈骗安全教育
1 月 16 日	白丽派出所	安全过春节
4 月 18 日	桃浦税务所	税收知识讲座
5 月	华东政法大学大学生法律援助中心	5 课时，分别为《中华人民共和国未成年人保护法》《中华人民共和国交通法规》等
7 月	普陀区人民法院	身边的法律
12 月 8 日	上海大学法学院	预防艾滋病知识

3. 交流互动，激发共建活力

在共建活动中，基地方为学生开设丰富、多样的法治体验项目，同时定期开展交流与学习，努力培养现代公民，为构建和谐社会做努力。如组织学生参观区人民法院，感受法律的神圣；组织参观区公安分局，感受特警的伟大；组织参观桃浦税务所，增强纳税的责任意识；以“寻访法的足迹”为主题，组织参观华东政法大学，感悟深厚的校园法治底蕴……

2014 年 5 月，由区教育局、区法宣办、区青保办共同成立普陀区青少年法制宣传教育“校园联盟”。初期有八所学校，桃浦中学是其中之一。有了联盟就如一个大家庭，成员间多了沟通、学习的机会，活动的开展也更丰富。

2017 年 10 月，青少年法治教育协同创新中心实验校签约授牌仪式暨《青少年法治教育教师读本》发布会在沪举行。普陀区桃浦中学、闵行区北桥中学、华东师范大学第四附属中学、西南位育中学等 9 所学校入选首批名单。这个由教育部政策法规司、上海市教委、华东师范大学、华东政法大学共同打造的，集青少年法治教育研究、咨询和人才培养于一体的高端协同创新平台，为学校法治教育注入新动力和新活力。在两所高校专家的引领下，不断挖掘基层学校好的做法和经验，积极探索可推广、可复制的实践模式，提升学校法治建设水平，助推学校改革与发展。

4. 法治辐射，参与社区治理

“模拟法庭”并非纯粹是对未成年人进行民事或刑事案的庭审，同时此类案件又往往牵涉家庭诸多因素，如父母教育方法、方式不当等，还有社会大环境中不良因素的影响等，所以此种形式不仅适合中、小学生观看，也适合家长、学校观摩演出，还可以进社区为居民、外来务工人员等表演。每年学校师生都会走出校园，通过开展“小手牵大手”“法律进社区”等活动，使学校法治教育不断向家庭、社区延伸，有效地带动了家庭法治教育，推进了社区居民整体素质的不断提高。

（二）自主课题研究

课题研究是桃浦中学学生开辟研究性学习的重要通道，在学生自主研究课题和研究型课程资源开发等问题上，学校在研究思考中实践，在实践中反思，由浅层面的认识渐次向较高层面提升，产生了一些具有桃浦中学特色的做法。学校通过自主课题研究，唤醒、培养和发展学生的自主性，让学生在自主学习、自我管理、自我服务中自主成长。桃浦中学学生的自主课题研究大约分成以下几种类型。

1. 导师带教式课题研究

在基础型和拓展型课程教学中，根据学生的学习需要实行导师带教。教师根据教学计划，拟定研究范围，列出研究课程，开具阅读书目，介绍使用工具，指导学生利用图书馆、阅览室、计算机网络，自查资料，自行研究，完成拟定课题或项目。

例如，《由包公的“德”看古代执法的特点》《历史背景下的中华民国临时约法》《打车软件盛行背后的法律缺失问题研究》《关于网络募捐现状及相关法律的研究》《未成年人犯罪心理研究》《关于未成年人性保护及相关法律的研究》等课程，课题组的同学们在老师的指导下，查阅大量资料和案例，并展开案例分析和数据统计。如《未成年人犯罪心理研究》课题组，同学们写出了数十个案例的案例分析，进行了相关的数据统计，并以饼状图和柱状图等方式加以表现，形象直观，说服力强，为他们细分类型、进行多层次的分析提供了强有力的客观依据。此种模式不仅使同学们学会了进行课题研究的方法，更是对其人格和能力的锤炼，是社会担当的家国情怀的内化，是学科核心素养培养中“法律意识”“政治参与”的最好诠释。

2. 兴趣驱动式课题研究

学生在学习和观察实践中常常会受到某种触发，这种触发是基础型、拓展型课上随时都会发生的，在自主课外阅读和社会实践中也会发生，于是学生自立课题、自找搭档、自聘导师、自主研究便成为一种特殊的研究学习方式。

例如，2016 年桃浦中学成功申报了上海中小学新科学新技术创新课程平台试点学校，成为上海中小学新科学新技术创新课程的开发与实施研究项目组学校成员。学校围绕第二批种子课程中的《地理信息技术》进行课题教学实践。创新实验室将利用“3S 技术”“电子地图”“地理建模”“地理数据”等地理空间技术和空间思维，帮助学生交流、理解、分析桃浦地区的环境状况，为桃浦地区创建科技智慧城建言献策。

在这门拓展型课程教学过程中，学生对于本社区的公交线路布局产生了兴趣。属于城乡接合部的普陀桃浦新村，人口比较密集、交通情况复杂，现有线路存有服务盲区，“黑车”现象严重。为此，当年高三春考班学生积极助力桃浦社区公交的“微循环”试点建设，通过了解《上海市城市规划条例》和《上海市交通道路管理条例》的内容，借助于 3S 遥感技术，在学科老师的指导下，对整个桃浦地区的居民分布及年龄层次进行采集与分析，最终形成了《关于优化桃浦地区 1230 路的线路和站点设置的可行性报告》阶段性课题报告，为桃浦地区公共交通的增设以及线路间隔时间提出宝贵建议。报告通过人大代表提交桃浦镇政府和上海智迅客运有限公司，为普陀桃浦地区公共交通的完善尽一份力。通过真实的课题研究让学生能够真正参与到城市发展的建设中，感受到知识的力量。

3. 实验项目式课题研究

学校建设数字地理实验室、星空地理实验室，随后又相继建成模拟联合国、模拟法庭课程中心等实验室。每个实验室均有若干小组有序进行研究学习。这些实验室既有好的硬件设施，又有外聘专家指导，因此学生课题和项目的研究质量都较高。

例如，桃浦地区曾经是化工区，遍地化工企业，土壤污染严重。桃浦地区从20世纪90年代起，也是一个人口导入区域，建设了不少新村。从环境保护法出发，实验室开展“大气污染监测”为主题的地理探究活动，支持学生对“岩石矿物”“土壤”标本和上海本地典型植物等进行浸入式学习活动。学生借助创新实验室资源开展“全球变暖的气候应对”“桃浦地区的水土治理和城市管理应用”等自主研究和社会应用。学校参与编写的应对气候变化教育读本《应对气候变化》科普丛书获得全国气象科普作品图书类最佳奖；师生通过对“桃浦地区的水土治理和城市管理应用”课题的交流研讨，传递“人与环境和谐共生、协同发展的意识观念”，让更多有理想、有追求、有担当、有奉献社会精神的年轻学子把目光乃至行动聚焦到生态文明建设和环境素养培育上，为建设美丽校园、美丽桃浦贡献智慧和力量。

4. 寻访研学式课题研究

研学旅行是一门在路上的课堂，是融社会调查、参观访问、亲身体验、资料收集、集体活动、同伴互助、文字总结等为一体的综合性社会实践活动。研学课题研究的小组成员们在课题的立项上相当重视与社会热点、人文素养相关的内容。学生本着严谨、细致的态度，不断地走访、调查，科学而高效地总结出了一份份优质的报告，促进了学校研究性学习的有效实施。

例如，2017年由学校历史组、政治组和地理组率先在高一、高二年级部分同学组队，赶赴安徽合肥、六安以及江苏南京等地，紧紧围绕“以法育人，培养现代公民”的学校育人目标，分别以“传统文化中的礼与法”“传承包公祠法文化，弘扬中华优秀传统文化”以及“探寻苏皖地理文化，领略自然人文情怀”为子课题开展“寻访法的足迹”研学旅行，在《由包公的“德”看古代执法的特点》课题中，学生从法律与文学的交叉学科视角着眼发现包公的品德修养被高度肯定。包公成为中国老百姓心目中地位崇高的“司法之神”，人们崇拜包公、相信“青天”，这种表象在更深层面反映的是人们追求正义的客观化价值与规律化规范，而这样的价值和规范不仅放之今天的法治社会依然成立，甚至应该是人类永恒的信仰与追求。此外，从课题中还可以进一步衍生出“包公的个人道德、修养该不该成为衡量其称职与否的标尺之一”“如果信仰缺失又该如何反腐”等探究问题。

（三）研学旅行寻访

2017年，上海市桃浦中学结合学校实际，将法治教育有机融入研学旅行实践中，以

“寻访法的足迹”为主题，通过实地走访、观察记录、资料查询、调查研究等形式，结合各学科特点，自行设计课程目标、课程内容，从多维度、多视野去探寻历史文脉，挖掘城市资源，对学生进行传统文化的熏陶，培养他们的爱国主义思想、民族精神、法治人文素质、学科问题探究能力等，同时也培养学生的自理能力、创新精神和实践能力，是综合实践育人的有效途径。

1. 研有所长，让研学立足特色

研学旅行坚持“内容为王”的原则，在主题选择和线路安排上根据区域要求与学校特色紧密结合。桃浦中学秉承“学生在我心中，我在学生心中”的办学理念，立足学校法治特色和学生核心素养培育，制订了《上海市桃浦中学“寻访法的足迹”研学旅行方案》，确立研学学科组、组建研学队伍、商议研学课题等。以 2017 年桃浦中学研学旅行为例，学校由历史组、政治组和地理组三个学科组参与，由学科组负责老师按拟定的研学课题，召开各小组会议，紧紧围绕“以法育人，培养现代公民”的学校育人目标，商讨出以“传统文化中的礼与法”“传承包公祠法文化，弘扬中华优秀传统文化”以及“探寻苏皖地理文化，领略自然人文情怀”为子课题开展“寻访法的足迹”研学旅行，通过研究性学习和“主体式、体验式”的实践活动，培养学生自主发展、合作参与、创新实践的能力。

2. 游有所学，让研学学有所得

研学前夕，研学团各小组都精心准备研学攻略，围绕自己的子课题，采取文献查阅、问卷调查、实地考察、现场采访、小组讨论等方式，较为全面地收集资料，夯实课题研究基石，提高课题研究实效。小组成员的职责分工明确，有策划、整理、编辑、摄影、制作等。每个学科组将白天所游所感及时进行梳理和归类，有的小组还将回收的问卷调查先进行数据统计，尔后再进行整理与数据分析，最终完成当天的课题。回沪后不仅每个学员撰写研学心得体会，还以小组为单位撰写各自的研究性报告。

通过研学旅行，让学生品读爱国主义情怀、感受正义人间的情怀、传承红色革命情怀、体悟天下为公的家国情怀。

3. 学有所获，让研学助力成长

研学旅行是以广泛的社会资源为背景，强调与社会多层面、多维度的接触与联系，拓展学生学习的空间，丰富学生的学习经历和生活体验，培养学生综合能力。如 2017 年通过寻访南京“总统府”，了解孙中山先生“天下为公”的思想——法治精神培育；研究分析民国时期政治要点——政治判断能力培养；设计调查问卷、现场采访等——探究能力培养。又如通过寻访安徽“包公祠”，研究《由包公的“德”看古代执法之特点》——着力培育民族精神；古代和近代的执法与法律思想——培养法律思维能力。同时通过游中学、学中思以及合作完成研究型报告等，全面提高学生综合素质，促进学生快速成长。

4. 情有所寄，让研学促师生情

研学是种契机，使小组成员从校内的师生关系转换为校外的同学关系，加深了师生情谊，增强了师生凝聚力。大家一路同行，一路感慨，共同探讨，一起进步。在炎热的天气里，你帮我背包；在迷蒙的细雨中，我助你前行……欢声笑语回荡在山间、路上，闪耀在每一篇研学日志的笔端。

一张张合影中师生会心一笑，没有机械的形式，没有反复的叮咛，只有心灵的相融相合，教育何尝不是如此！有的同学还自制相册，把美好瞬间永久定格下来。研学传递的不仅仅是人类优秀的自然和文化遗产，还流淌着人类最美好的情感，架举着师生间纯洁的割舍不断的缘分之桥。

5. 感有所悟，让研学发扬光大

为了让更多学生了解研学旅行的意义和作用，在开学后不久，及时举行“研学旅行汇报展示”，一般分为三个环节：一是视频欣赏，让学生初步领略研学团的研学足迹；二是学科组代表的 PPT 交流展示；三是学科组代表发表心得感悟。为了展示学生在研学旅行中的丰硕成果，各学科组代表在指导老师的带领下，运用多媒体技术，以丰富的研学图片和丰硕的研究成果制作 PPT 展示给广大师生，在阐述他们游学经历的同时，也都表达出对研学活动的期盼和赞赏，活动不仅使学生丰富了社会学习经历，也丰富了学科知识，培养了自理自立、互帮互助、合作共进的精神，更是提升了创新精神和实践能力。

在汇报展示结束之际，还由学校领导对研学旅行“优秀学员”进行表彰，肯定他们在本次研学旅行中所作的贡献，同时也期待来年的研学更加出色、更加精彩！

（四）共建法治家园

学生的发展是学校教育、家庭教育、社会教育共同影响的结果，因此学校和家庭等各方面力量必须统一协调，形成良好的教育氛围，这样才能使学生在健康的环境里快乐地生活、成长。随着法治教育的不断深入，学校的法治教育向家庭、社区不断延伸。通过学校的主导作用，家庭的同步配合，让法治教育与家庭共同渗透，使法治意识深植人心，全面提高了学生、家长乃至社区公民的文明生活品位和环保素养，促进了社区和谐。

1. 小手拉动大手，校园连家园

“小小法律通”专题网、告家长书、家委会、家长学校、班级“小黑板”……桃浦中学利用多渠道将学校普法教育信息带回家，与家长携手，共建法治教育网络。许多家长希望孩子的权利和尊严能得到学校、社会的尊重和保障，但在家庭中却不知道尊重孩子的权利，在社会中不遵守社会的规则。

通过对家长的普法教育，让家长懂得教育孩子的理念和方法可以仁者见仁、智者见智，但法律赋予孩子的权利则不同，它是必须给予保障和予以落实的；通过对家长的普法教育，向各位家长剖析了青少年犯罪的原因、后果，希望家长们多关注孩子们的身心健康，注重对孩子进行优秀传统道德文化的培养；通过对家长的普法教育，提醒家长不要一而再再而三地打破规则和界限，给孩子做一个坏榜样，父母不做法治时代的野蛮人。曾经有一位私营个体户家长当面说过，自己能合法缴税的原因之一就是受到孩子的影响。

2. 校际共同发展，教育谱新篇

桃浦中学的环境保护法教育已由校内拓展到校外，由纸上谈兵落实到社会实践，由短期行为转向长效管理。学校是“桃浦联合体科学素养连续培养”项目的领衔者，以强有力的实验项目支持恒德小学的“气象”项目，又联合美墅幼儿园、恒德小学一起撰写了《应对气候变化》科普丛书，开展中小幼的气候探究的教学。

实验室将利用“3S 技术”“电子地图”“地理建模”“地理数据”等地理空间技术和空间思维，帮助学生交流、理解、分析桃浦地区的环境状况，为桃浦地区创建科技智慧城建言，对桃浦地区植被种植提出合理的建议。利用 3S 技术对整个桃浦地区的居民分布及年龄层次进行采集与分析，为桃浦地区公共交通的增设以及线路间隔时间提出宝贵建议。开展“锦绣河湾”小河长活动，采集了水体样本，收集了相关水质检测数据，参加了环保定向活动。通过真实的活动让学生能够真正参与到城市发展的建设中，感受到法治知识的力量。

3. 助力法治社区，我们在路上

看得见、用得上，是法治教育进社区活动深入人心的关键。学校寓法治教育与社区服务为一体，助力社区各项工作在法治轨道上运行。

桃浦世纪联华广场经常活跃着桃浦中学“小小税法宣传员”的身影，居民们纷纷围着我们的税务员咨询有关税收情况；真光路百联购物广场上，学校法治社团队员们通过情景剧表演、法律知识宣讲、海报展示、现场解答法律疑惑等形式向居民们普及我国立法现状，致力于弘扬法治精神，助力社会主义法治建设；桃浦白丽生活广场里，桃浦中学社区教育咨询摊位上又被居民围得“水泄不通”，通过现场咨询，向社区居民宣传义务教育阶段的方针和政策……桃浦中学通过一系列“法治为民”的志愿服务活动，共同打造社区和谐的法治环境。

五、结束语：法安校园，德润人心

习近平同志在党的十九大上提出了：“加大全民普法力度，建设社会主义法治文化，树立宪法法律至上、法律面前人人平等的法治理念。”在公民法治素养提升的过程中，学校发挥着至关重要的作用。“以法育人”，是上海市桃浦中学立足学校实际所确立的学校特色发展目标。从聚焦“法制”、到立足“法治”、再到如今“以法育人”的特色发展之路，几十年的坚持与磨砺，展现了桃中人对教育的坚守与责任、凝聚了桃中人的教育智慧与辛勤汗水。

我们高兴地看到，学生们已经学会用“不一样”的视角去看待：卖菜中的缺斤短两、85°C 面包店肉松面包造假社会事件、共享单车扰民问题等，他们已经开始学会用“法律人”的角度去解读这些事件。高二年级辩论社的学生说道：“像我们参加辩论社，很多辩题都会和法律密切相关，能长很多知识，我们的日常真的是被‘法治’给无缝‘渗透’了。”

十几岁的孩子其实对“渗透”是什么意思还有些懵懂，他们只是学着老师、学着教材去说这个词，但要问到对这个词的理解，他们却很不约而同。他们纷纷谈道：“硬知识就是一个一个考点，要你去背去记的，法治思维不是，它不是背法条那么枯燥的东西，它是具体的，是我们的法治课程中心，是模拟联合国、是历史课上讲的法制史故事、是辩题、是班规、是我们填的调查问卷……这些每天我们接触到的东西，让我们不排斥它，而是喜欢它、接受它。”

法安校园，德润人心。在桃浦中学的校园生活里，一点一滴融汇着德育元素，一丝一扣彰显着法治精神。“以法育人”的种子在这里培土、播种、萌芽……

模式三

华东师范大学第四附属中学“依法治校”模式

——依法治校民主办学　持续构建和谐校园

依法治校、民主办学是现代学校制度的基础。构建和完善现代学校制度，实现学校科学优质发展，是社会主义市场经济条件下和教育国际化大趋势下学校的必然选择。学校作为培养造就德、智、体全面发展的社会主义事业合格建设者和可靠接班人的摇篮，是构建社会主义和谐社会的重要阵地。坚持依法治校民主办学，构建和谐校园，对建设社会主义和谐社会，实现教育梦、中国梦意义重大。

一、依法治校民主办学的认识与发展

（一）依法治校是构建和谐校园的根本保证

1. 依法治校是学校深化课改创新教育的基础与延伸

推进依法治校，是学校深化课改创新教育的基础与延伸。主要包括：一是适应加快建设社会主义法治国家要求，发挥法治在学校管理中的重要作用，提高学校治理法治化、科学化水平的客观需要；二是深化教育体制改革，构建政府、学校、社会之间新型关系；三是适应教育发展新形势，提高管理水平与效益，维护学校、教师、学生各方合法权益，全面提高人才培养质量。

华东师范大学第四附属中学是普陀区政府和华东师范大学于 2008 年签约共同创办的一所公办九年一贯制学校。本校自创建以来，始终坚持依法办学，采取切实有效措施，坚持不懈地开展青少年学生法治教育，积极探索新形势下加强青少年学生法治教育的新模式、新路子，依法治教，依法治校，并初见成效。学校把依法治校与实现学校跨越式发展、提高办学品质的相统一，与不断规范和优化教育教学机制和言行相统整，与呵护师生身心发展素质提升和谐关系经营相整合，与校内外资源开发利用履行社会责任相结合，极大增强了全校师生的法治观念和民主意识，初步形成了依法治校的育人氛围。

2. 依法治校是学校科学管理的手段和途径

强调依法治校，就是要把握方向，遵循教育规律，增强法治观念，不因基层学校校长负责制下校长更迭而变动甚至颠覆。主要体现在：一是实行“法治”而非“人治”管理，更非“一言堂”；二是遵循依法办事的原则，人人平等地依法办事，学校作为事业单位法人，无论是处于行政主体还是民事主体的地位，都应按照法律规定，遵循法定程序，依法处理学校内外关系和事务；三是法治精神，学校管理者以人为本，树立法律至上的理念，崇尚法律的价值和尊严，学校权力得到有效制约和监督，依法保障师生的权利。

（二）民主办学是和谐校园的根本基础

1. 民主办学是现代学校制度建设的基础

全心全意依靠全体教职工民主办学、民主管理、民主监督，是学校一切工作的出发点和落脚点。依靠全体教职工民主办学，主动倾听广大教职工的意见和建议，充分发挥学校教代会作用，向教职工公开涉及学校办学发展和师生切身利益的相关信息，充分尊重教职工的知情权、民主权、监督权。

2. 民主管理是构建和谐校园的必要手段

民主办学是学校决策科学化、民主化的保证，是师生员工行使参与权、管理权和监督权的必然要求。构建和谐校园要加强民主管理，通过群团组织、教职代会等多种形式，广开言路，畅通民主渠道，建立和完善民主决策机制，使教职员工充分表达意见。同时推行校务公开，加强对学校重大事项和工作的监督，教职员工主体地位的确立和主人翁意识的强化，是构建和谐校园的力量源泉。学校体现民主体现在：一是师生对学校决策的知情度；二是师生员工对学校管理的参与度；三是师生不同利益群体的意愿表达度；四是师生对学校运行的民主监督。与此同时，关键还在于建立健全涉民情、体民意、集民智、惜民力的科学决策机制。

（三）和谐校园建设是学校办学的起点和归宿

和谐校园概括地讲就是校园内部各要素处于一种相互依存、相互协调、相互促进的状态。具体而言，和谐校园是一种以和衷共济、内和外顺、协调发展为核心的素质教育模式，是以校园为纽带的各种教育要素的全面、自由、协调、整体优化的育人氛围，是学校教育各系统及各要素间的协调运转，是学校教育与社会教育、家庭教育和谐发展的教育合力，是以学生发展、教师发展、学校发展为宗旨的整体效应。

1. 和谐校园，以人为本

以人为本，促进人的全面发展和进步是教育工作的核心任务，和谐校园的建设的出发点和落脚点都在于人，“以人为本”理应贯穿在和谐校园建设的每个方面。以人为本的教育理念就是要充分调动人的积极性，最充分地激发人的创造力，最大限度地发挥人的主观能动性。在教学中贯彻以人为本的理念，就是要尊重师生地位，尊重师生的创造精神，发掘师生的创造潜能，肯定师生的劳动成果，真正实现师生的教学相长、全面发展。根据学生的特长、兴趣、性格、任职等因素因材施教，培养具有鲜活个性的人才，实现个人的自身和谐发展。

2. 公平公正，人人参与

学生与教师作为学校的主体，理应与学校的领导者一起平等参与学校建设；学校领导者必须将师生看作校园建设的重要参与者，不能“拍脑袋”“一言堂”，搞一套不得师生人心和群众认可的所谓的“绩效工程”。

3. 软硬兼顾，优化创新

学校办学不仅包括学校硬环境的建设，还包括软环境的建设。不仅需将有限的教育资源大量使用在校园改造上，更要致力于建设富有活力、关系和谐、开拓创新的校园文化上。

依法办学和谐校园建设，必须依托学校基础，根据不同阶段的发展，针对不同类别、不同特点、不同资源、采取有针对性的构建形式：强调有序有爱。讲诚信、不功利；讲仁爱，不自私；讲规范，不姑息。对于学校领导者而言，爱护师生、尊重他人，用规范和真情把管理控制变为引导人、感染人，真正实现和谐。

二、依法治校民主办学的创新实践

依法办学和谐校园建设是个系统工程，可以实践探索的方面有很多。但无论怎样，一所充满生机与活力的学校应该是体现人文情怀、实行法治民主管理的学校。学校的建设和发展依靠包括学校领导在内的全体教职工。学校要深化教育改革、要建设师资队伍、要提高办学质量，关键在于全员心要往一处想、劲要往一处使。作为学校领导者采用何种智慧和机制在多大程度上调动教师的积极性，激发他们的创新精神和开拓意识，唤起他们心中的主人翁意识和责任感，将直接影响着学校的持续良性发展。

华东师范大学第四附属中学建校之初，面临两校（师资）合并，校舍待建临时过渡的窘境。2014 年秋学校迁入新校址，2016 年秋应周边公建配套需要增设小学部，成为公办九年一贯制学校。为了学校的持续优质发展，必须发挥教师的主人翁精神，充分调动校内外教育资源参与办学和监督，必须创造性地构建和完善现有机制，不断应对办学现状、正视问题和挑战，不断适应新的要求，谋求和谐持久发展。

（一）重组学校组织管理结构，构建学校内部制度体系

学校立足实际，根据学校发展需要进行部门的功能定义和重组，提高部门的工作效

能，同时发动部门和骨干教师对现有制度进行筛选和重建，完善管理运行机制，明确界定规范和运作流程，使管理职责明确，流程清晰，规范具体，指导性与可操作性更强。

1. 制定学校办学章程

为适应现代教育发展的需要，全面贯彻国家教育方针，深化教育改革，积极推进素质教育，全面提高教育教学质量和办学效益，保障学校依法办学自主管理，保障学生和教职工合法权益，全面提高办学品质，根据《中华人民共和国教育法》等法律法规与规定，结合学校实际，学校于2014年6月，制定并经校教代会审议通过了《华东师范大学第四附属中学章程》，依法遵章办学并组织实施各项教育教学活动，构建以学校章程为核心的制度体系。章程作为学校的“根本大法”应当成为学校改革发展、实现依法治校的基本依据，章程规定了学校办学的宗旨、目标、任务，奠定学校依法自主办学的基本准则，依法建立和实施校长负责制，坚持依法治校，坚持以师生为本，实行党务公开、校务公开和信息公开制度，依法接受监督；特别是着力规范内部治理结构和权力运行规则，充分反映广大师生员工意愿，凝练共同的理念与价值认同，体现学校的办学特色和发展目标，突出科学性和可操作性。

2. 建立法人治理结构

一是建立党支部监督保障下的校长负责制，实行党政集体决策、校务会执行、支部党员和工会监督的领导体制，学校重大决策、重要干部任免、重大项目安排和大额度资金的使用等重大问题，由学校党、政领导班子集体研究决定。二是设置校务委员会，作为学校工作的咨议机构，依据其章程就学校重要事项和重大决策提出参考性的意见和建议。三是成立辅助决策和咨询机构，如人才培养委员会、课程委员会等，涉及课程、教育资源引进和建构等判断和发展的事务，如课程建设、学科建设、教师教学评价、教师评价升迁、师生违纪处分、教学事务/事故管理等事务，构建学术权力与行政权力良性互动的运行机制。四是成立学校与社区开放的合作联盟，依托关心支持学校发展的周边社区、单位、校友、家长等各界人士力量，旨在促进学校与社会建立广泛联系与合作、统整学校周边各种可以利用的教育资源，以签订友好合作协议的方式，成立企校合作、馆校合作、医教、体教合作的联盟，为学校非行政常设机构。五是成立教工代表大会，依法保障教职工参与民主管理和监督，校长每学年末向教职工代表大会报告工作，汇报办学情况，并答复教工各项办学治校的提案建议，提请教工代表商议并审定及票决各时期学校重大发展事项和新增制度。六是成立少代会代表大会，让学生参与学校民主管理和监督。七是成立人事劳动争议调解委员会和师生申诉委员会，处理教职工人事劳动争议和师生申诉问题。八是成立纪律检查委员会，对学校办学行为依法实施内部监督。

3. 重建内部组织架构修正职能

学校建构合理的治理结构和运行机制。根据基层学校性质，实行校长负责制。校长是学校的法定代表人，主持学校全面工作，对外代表学校，按照学校章程自主管理学校。副校长对校长负责，协助校长分管学校教育教学、行政等具体工作。学校党支部对学校工作

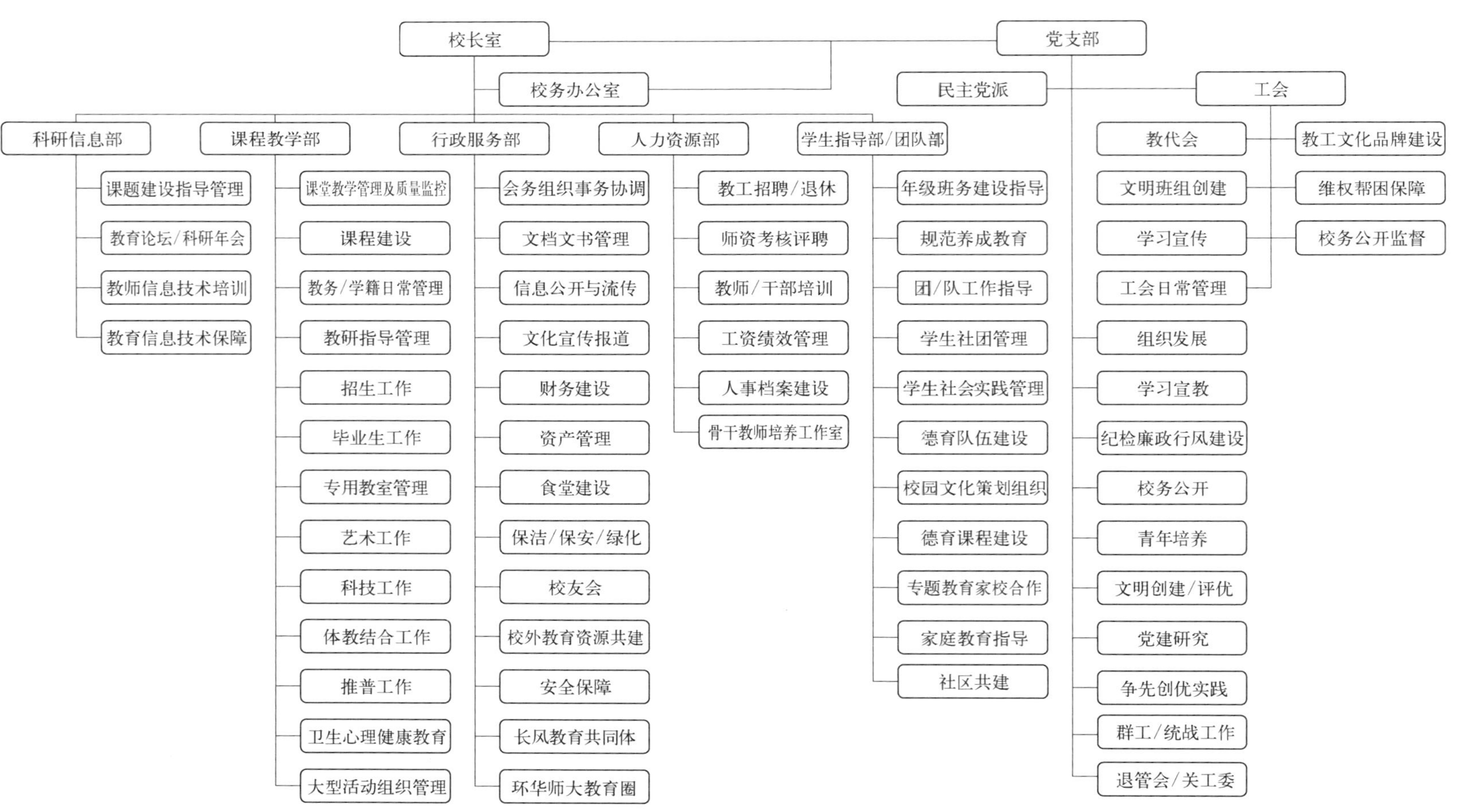

华东师范大学第四附属中学组织管理框架图

实施政治领导，发挥政治核心作用，保证监督作用和战斗堡垒作用；对学校重大问题决策、重要干部任免、重大项目投资决策、大额资金使用等涉及方向、政策及全局性的重要问题进行研究，参与决策、监督保障；并指导工会和通过教代会参与学校的民主管理，依法监督学校办学行为。

针对学校教育质量的内涵要求和发展需要，学校重构学校组织管理架构，整合和拓展重新定义职能部门的工作目标，项目管理任务驱动，引导各部门提升效能更有作为。学校设置行政服务部、人力资源部、课程教学部、学生指导部、科研信息部等职能部门，分别承担相应的管理职能。学校管理总目标为“精致、和谐”。教学上要求善学、求实、创新；学生教育要求耐心、严谨、引导；后勤服务做到热情、及时、到位。着重强调在解放思想、更新理念、促进学校发展上狠下功夫。

根据学校的发展和定位、现状与愿景，将原来的校务办公室和总务处合并为“行政服务部”，牵头协调各项校内常规工作，在主动为校长室做好信息的收集传递宣传的同时，主动加强对各中层职能部门的事务协调，并把重心放在为一线教师教育教学工作主动服务协调和作为学区牵头单位的资源共享、文明共建、师资共育的协调重点上；将原来的人事部改为“人力资源部”，主要功能从单纯的教师引进招聘、绩效工资审定等事务转变为集教师引进、管理、培训、考核、奖惩为一体，突出发挥资优教师领衔的带教教师、项目开发和教育示范的名师工作室的作用；将原有的政教处改为“学生指导部”，变对学生的刚性教育和检查为师生文化的策划组织、规范养成的引导宣传、学生分层指导、师生社团的孕育扶持和班级管理的引导反馈的系统服务指导管理；将原来的教务处改为“课程教学部”，将常态教学管理转变为教师、学生学习团队的组织管理和课程文化建设为抓手的专业保障和教学管理的系统管理服务；并增设科研开发部，将教师教育教学管理中遇到的棘手问题转变为课题组织教师“头脑风暴”“集体攻关”研讨试行，并最终成为经验资源共享；增设信息科技部，将教育资源共享成为最及时的服务资源惠及师生，同时校务公开主动透明高效，及时发布传递办学动态信息，避免信息不对等招致师生、家长等对学校办学行为的误判。

（1）合并校办与总务处为行政服务部，加强校内外信息传递、校务公开；加强资源协调配置，提升保障服务意识能力，落实资源配置即利用的公平、合理。其职能是，负责校务的协调、人事档案及学校日常行政工作的统筹协调、沟通宣传工作，对外联络，收、制、发文件和保卫等工作；做好学区牵头单位的协调、信息传递等；强化服务意识，加强与部门、教师沟通协调，规范有效做好学校资产、财务、基建和后勤服务等工作保障，统筹安排用好各项教育资金和设施设备，加强校舍资产设备的整体规划、调配、使用、维护和监管，提升使用效益，杜绝闲置流失和损坏；

（2）升级原人事办为人力资源部，其职能是，依法加强教师专业发展整体规划和建设，规范并加强师资从引进、培训、晋升、管理、考核、奖惩等系统管理；落实学校教职工工资福利与绩效考核的合理配置与有效激励，多劳多得优质优酬；提升社会保障权益、劳动人事争议协调、职称评审晋升管理的协调水平，提升教职工更多成就感和幸福感；

（3）拓展教务处为课程教学部，其职能是，依法贯彻课改要求和国家对人才杨玉提升教学中心工作质量，落实常规教学管理、考务管理、教务管理和学籍管理，加强质量检测分析评估；建立质量反馈机制，通过教学质量检测、学生（家长）座谈问卷、教师自我分析评估、分层质量监控体系等，做好教师的教育成效评估和学校教育质量监控。建立质量反馈机制，通过教学质量检测、学生（家长）座谈问卷、教师自我分析评估、分层质量监控体系等，做好教师的教育成效评估和学校教育质量监控；完善校本研修机制，加强课程建设规划和管理，不断提升教学质量，做到负担适度教学质量较高；整合、拓宽教育资源，建构和完善基础型、拓展型和探究型三类课程体系，立足课程标准，完善课程组织开发、管理、评估，建设博雅系列课程，提升课程与教学质量，孕育形成学校课程特色，更好地依法保障学生受教育的权益，把教育资源的自主权、选择权、评议权还给学生，满足学生自主选择差异化个性发展的学习需求；

（4）深化德育优化途径合并政教处与团队部为学生指导部，其职能是，坚持德育为首，教师职业规范与师德操守，积极指导学生班级团队建设和师生规范养成，加强德育队伍、校园文化、社团建设、家校合作、社区共建及专题教育等建设和管理组织，浓郁学校博雅文化教育氛围，在引导学生主动体验历练中成长；

（5）积极试点社会化现代学校制度提升学校治理水平，成立科研信息部，其职能是，科研立校，对事关学校发展的前瞻性的工作进行试点探索，创造性传承学校办学的经验与品质，开展给予国家人才配合和华四博雅学子培育的课程研发、教学研训、学习管理、学生辅导、学习方式方法等诸多方面的专题研究；从现实办学与教学现状的问题出发，落实学校项目课题研究和管理组织、引导优秀项目课题申报、组织实施、结题推广；加强图文信息资源和信息技术平台建设，从技术上支撑教育教学各项工作；推进数字化校园建设，提高教育教学及管理效能，保障教育资源充分的平等的分享和校务管理民主高效公开。

各职能部门及常设机构各司其职，分工合作，提升管理效能，依法并按照学校章程和阶段的发展规划细化职责和任务，确保各项工作圆满完成，共同为全校师生服务。

4. 完善学校制度体系

在学校章程基础上，构建以学校章程为核心的制度体系，制定并完善课程、教学、科研、学生、人事、资产与财务、后勤、安全、对外合作等方面的管理制度，建立健全各种办事程序、内部机构组织规则、议事规则等，形成健全、规范、统一的制度体系：一是制定学校各种组织（委员会）的基本规程、会议制度、议事规则等；二是构建人事、财务、教务、学生事务、后勤等方面的管理制度；三是制定学校各项工作的流程、标准。学校遵循民主、公开的程序，广泛征求校内外利益相关方的意见，制定关系师生权益的重要规章制度。

与此同时，学校开发质量管理手册，管理坚持全面、全员、全程管理。“全面”，对学校教育、教学、科研、行政、后勤等工作全部进行质量控制，紧扣教育教学工作中心，基本实现凡事有准则，凡事有负责，凡事有程序，凡事有监督；“全员”，把学校各级、各类人员都作为“服务网”“质量链”中的一环，强调全员参与和团队配合，使学校每个部门、每个人员都有强烈的安全意识、服务意识和质量意识，不断提高教育服务水平；“全程”，紧紧抓住教育、教学的每一环节，抓住教育、教学质量的全程管理，以阶段性目标的达成保证高质量结果的实现。

激活制度应用，畅通运作流程，确保机制的运行和实效。管理运行机制要实现“三个避免、四个做到”：避免错位、越位和缺位；做到集权有道、分权有序、授权有章、控制有度。

（1）建立教师参与治理机制，激发活力

① 逐年修订《教师手册》，心中有度，行走有则

在挂牌建校起，学校就坚持建章立制，引入并参考质量保障管理思想，修订学校《教师手册》，涵盖学校规范养成、文化建设、日常管理、教学、德育、队伍建设、科研、信息技术、后勤保障等多方面管理制度、细化管理流程制度、完善制度运行作业文件。并从学校实际出发，发挥师生的主体地位和智慧，主动听取家长、学生、教职工的意见和建议，并通过教代会讨论审定逐年增删修订相关制度文件，并成为全体教师共同遵守的行动准则。逐年根据学校办学的阶段发展要求和主要问题，梳理管理框架，修订微调制度，如《教学常规管理制度》《学校十室管理制度》《学生学籍管理办法》《教职工绩效工资方案及修订意见》《教职工年度考核实施办法》《教职工疗休养制度》《教职工评优制度》等近百项管理制度十万余字，与时俱进修订更新制度升级教师手册，确保依法办学，让制度为学校依法办学保驾护航。

学校执行国家教师资格制度、公开招聘制度和教师专业技术职务评聘制度，依法实行学校用人制度。学校根据编制部门核定的编制数额、岗位数和岗位任职条件及教育行政部门、相关规定聘用教职工，公开招聘，竞争上岗，对聘用人员实行岗位管理和绩效工资制度，依法保障教师权利和义务。

学校建立健全校内权益救济制度，保障学生和教职工的合法权益。每学期通过减免学生相关学习活动费用，发放家庭经济困难学生生活补贴，发放因病致贫和经济困难教工的补助，定期和节假日走访慰问师生，为师生生活工作学习疏导帮扶解决后顾之忧。

学校建立健全校内申诉制度和争议调解机制。分别成立校内学生申诉处理委员会和校内教师申诉处理及劳动（人事）争议调解委员会，明确学校工会和学生指导部为日常受理学生和教师申诉的部门；完善程序，就教职工与学校的劳动（人事）争议进行调解；就学生、教职工、学校间的民事纠纷进行调解沟通反馈。一般事务的提交及时反馈，较复杂需调查和整改的事务限期反馈。

② 建立健全教职工代表大会制度

坚持和完善以教职工代表大会为基本形式的民主管理制度，组织职工参与改革和管理，维护职工合法权益，让广大职工合法权益真正做到“政治上落实，制度上保证，素质上提高，权益上维护”。学校充分保障《教师法》关于教师“对学校教育教学、管理工作和教育行政部门的工作提出意见和建议，通过教职工代表大会或者其他形式，参与学校的民主管理”的权利，一是教师可以通过教代会的代表对学校各个方面的工作提出意见和建议，参与学校管理工作；二是学校校务委员，是教师参与学校管理的重要途径，教师可对学校发展重大问题提出意见建议，对学校重大事项，如教师聘任等行使相关权利。学校定期召开各类师生群体、工青妇及民盟等民主党派参加的座谈会，每半年以书面形式广泛征求教职工对学校教育、教学、行政事务等工作的意见和建议，并将部分重要提议广泛征询意见汇成教代会和少代会的群众提案，确保师生主体主人翁地位和权益。

学校坚持定期召开教代会，并把此作为学校工作的一个重要方面。每学期末，校长工

作报告、学校的办学方案、发展规划、绩效工资分配方案、经费预决算等重大事情报告，不仅是向广大教职工全面汇报工作，把学校在改革和发展过程中的一些重大设想、思路向广大教职工交底，更是让广大教职工及时了解学校的现状、存在的问题、发展规划和奋斗目标，让教职工以主人翁的姿态参与讨论审议，集思广益，为学校的改革和发展献计献策。教职工代表大会每届任期三年，每学期至少召开一次全体代表大会。闭会期间，根据需要，可以临时召开教职工代表会议。日常工作由选举产生的校工会委员会负责。教职工在工会组织下合理公开透明地表达自己的诉求和意见，切实保障教职工和党员的知情权、参与权和监督权。

如，在调整绩效工资更好地激励教师事项上，学校积极调研并召开教代会听取意见，在本着用足用好学校公用经费和教师专项津贴前提下根据学校每学年发展的重心、难点和攻坚项目，调整教职工工资绩效分配方案的实际运作，事先告知，期间过程考核，期末兑现，及时补充调整了人事分配制度和绩效奖励制度，做到优质优酬，多劳多得，兼顾主课、小学科教师，教师与二线教辅人员之间，形成了良好的教职工激励保障机制。

（2）建立健全重大事项决策制度，加强监督

① 三重一大议事制度

凡学校的重大事项决策、重要干部任免、重要项目安排、大额资金的使用，须经过校长书记工会主席共同参与的校务办公会集体讨论后作出决定，学校重大事项应在党政主要负责人及校长和支部书记酝酿提议、充分调研与征求意见的基础上，由校长召集并主持专题校务会议审议，经集体讨论，由校长作出决定并组织实施。党支部发挥监督保障作用；且凡属教代会职权范围的事项，应提交教工联名提出提案充分酝酿后并提交教代会审议。学校建立健全档案管理制度，加强档案资料的建设和管理，各职能部门做好各类资料的收集、整理和归档工作。学校完善教职工代表大会制度，依靠教职工民主管理学校。审议行政负责人工作报告、学校工作计划、发展规划、教育教学改革方案、财务预决算、重大基建项目、教职工队伍建设、重要规章制度以及学校教育教学和管理中其他重大问题，并根据需要向学校提出意见和建议；讨论教职工的奖惩办法、工资分配方案以及集体福利实施等有关教职工利益的问题并做出相应的决定；选举产生工会主席及工会委员，建立工会委员会；对学校教育教学和管理工作向学校提出建议或意见；参与学校干部民主评议、考核；民主推选学校学术委员会代表等。

进一步完善内部监督机制。一是保证学校监督机制良好运行，除接受上级部门的监督，学校党支部对学校行政工作参与审核监督，学校在招生录取、重大建设项目招标等重大事项，都有党支部、工会或家委会代表现场监督、过程监督、结果监督的制度，充分保障全过程杜绝违法违规现象出现。二是努力发挥教职工代表大会、民主党派在治教、治校中的监督作用，学校重大决策，如规划制定、重大基建项目、中层干部竞聘任命以及各类评奖等在出台前都要反复征求意见，慎重决策，自觉接受各监督主体的有效监督。

② 信息公开机制和制度

实行校务公开和党务公开，制度公开，责任到人，在梳理原有制度的基础上，完善了华东师范大学第四附属中学《信息公开制度》《信息公开指南》《依法申请公开制度》《信息网络环境应用指南》等制度，修订了校《网络安全制度》《网站信息资源发布审核制

度》《网站突发事件应急预案》和《用户管理规章制度》等制度，明确信息公开发布流程，规范学校信息公开和网站建设的要求，做到了责任落实，监督落实，健全了信息公开工作长效管理机制，自觉接受社会、家长、学生和全体教职工的监督。

学校将信息公开工作与党风廉政建设、教风学风建设、行政效能建设有机结合，并由工会主席对信息公开工作进行监督。在推进信息公开制度的过程中，坚持做到规范化、信息化，提高工作效率，方便师生办事，严格依法行政，强化行政权力运行监督；坚持把师生最关心、最需要了解事项的公开作为信息公开的重点，从信息公开和在线服务两个方面入手，加大推行信息公开的力度。

一是及时完善和更新学校微信公众号信息和校园网信息公开站点，及时将学校办学基本情况、部门职能职责、教育收费信息、招生信息、学籍管理等信息学校门户网站上挂出并及时更新，方便群众了解学校，咨询和办理相关事情；二是学校定期将三年发展规划、学校年度工作计划和小结、各部门工作计划和小结、评优奖励、帮困补助、公开招聘等学校重要工作、重大事项、重大决策及时公开，公布了信息公开机构、信息公开制度、师资建设、体卫艺科、后勤安全等单位业务信息，以便关心学校发展社会群体更多地了解学校的发展动态，增加学校工作的透明度，方便广大师生和社会各界的监督，学校设有在线服务栏目，方便家长、教师等对于学校的情况做进一步的咨询；三是每学期由校长室、党支部、工会、学生指导部等通过组织召开家长代表（家委会）会议、教代会、家长和学生调查问卷等方式听取教师、家长对学校信息公开工作的评议反馈，及时公开评议结果，由校办定期通过学校电子邮件、邮政信箱、电话、来访接待等方式汇总多渠道信息（社会各界的意见、建议、投诉、上访）并及时上报校长室进行处理。及时改进学校信息公开工作，实行决策前的通报、公示，决策后的社会公开；四是校办定期筛查网上公开信息中是否有需要更新和废止的项目，及时联系相关部门进行调整，以最新、最准确的信息服务教师、家长和社会。

（二）创新机制载体，注重服务配套保障

依法办学构建和谐校园的本质就是通过学习沟通淡化学校“官本位”和“目中无人”呆板的行政管理色彩，从而建立起一种重人文关怀，符合人的发展需要的、高柔性的、能持续发展的、扁平的管理体系。这里的管理，其本质是指通过人本管理，进一步促进教师和学生的发展。在所有成员中形成一种追求发展，并积极承担责任的群体意识。通过学习沟通强化组织成员彼此理解支持，协调合作，团体学习，激发集体智慧，使学校成为利益趋同的共同体。由此，学校的领导者与教职员工进行平等对话和交流，学校成为组织成员不断成长、教师专业不断发展的地方。

学校治理的智慧和思想、实践和方法直接影响着管理的效益。在实施运作中，学校除了通过结构重组的体制运作，更在微观层面注重选拔、培育、评价和信息平台等配套机制保障，促进和谐发展的态势。

1. 改进选拔机制，唯才是举

建立完善“中层干部竞聘上岗机制”。深化以劳动人事制度和聘用合同制度为核心的

内部管理体制的改革，做到教师能进能出，干部能上能下。学校讨论制定了学校中层干部培养、选拔、任用制度，全面实行中层干部岗前竞聘制、在岗责任制和任期结束述职民意测评制，使被选拔任用的教师唯才是举，主动服务，以实绩回报举荐的老师们。

在严格制定教师引进、聘用、晋升、考核和干部培养、任用、选拔考核等制度的同时，注重骨干梯队建设，把德才兼备、敢于负责任、群众信得过的教师通过民主推荐与竞聘的方式推到校中层领导岗位上来。在培养和管理等各个环节上都坚持严格要求、严格把关的原则，努力使每位领导不仅具有较高的政治和业务素养，更具有正确理解和执行政策法规素养和较强的法律意识，练就一支带头学法、用法、守法，勇挑重担，作风过硬的优秀中层管理队伍，为我校依法治校工作的推进起到巨大的推动作用。学校制定周密的中层干部竞聘上岗的组织方案，切实保障了依法选才、为民办事。

具体做好：

公开考核——严格按照因事设岗、因岗定编、因才是用的原则，依据岗位职责、工作目标和专业化素质要求，严格考核每一位教师在教育、教学、科研及管理方面的工作业绩，并作为岗位确定、职务晋升、职级定位的依据。

公平竞争——以全员聘用合同制度改革为抓手，实行目标管理、双向选择、竞争上岗、优胜劣汰；运用转岗、待岗、培训、分流等手段优化人力资源配置。

公正评价——充分重视每一位教师的知识价值在分配中的作用，实行教师职级工资制，教师职务评聘分离制。根据教师的工作能力与效绩，体现多劳多得、优质优酬，个人贡献与经济收益均衡的评价机制，为各职能层面落实合适的管理执行者做好组织保障。

2. 改进培育机制，发掘潜能

有效运作适度“放权”。尊重教师、发挥教师的智慧要求有参与式管理的领导者，而不是“监工”，同时要求有高素质、高能力的员工在团队环境中高效工作。可是由于长期自上而下的管理模式，管理层习惯于发号施令，教职工也习惯于按指令行事，不具备独立从事相关工作的能力，因此，学校加强对相关管理层执行层的教育培训（专业技能和管理技能），提高业务能力和管理水平：注重加强专题（问题）研究和方法指导，特别是校长分工组织各职能部和年级组开展业务指导和相关文本制度的修订，积极通过专项工作的实战运作和培训指导反馈跟进，并纳入各期末相关绩效考评中，如一年级的幼升小、六年级的小学升初中后的学习适应性衔接研究，七年级的学习行为干预促进学习提升的策略研究，八年级的学生交往与社会适应性研究，九年级的学生学习心理引导等。相关团队教师在分管校长的指导下和管理职能部项目领衔人开展具体操作落实，及时发现问题、及时对话、及时整改，成效颇为明显。

在不断促进教师专业发展的进程中，学校深刻认识到：让传统的教研活动在教师专业发展中凸显应有的价值，在教学研究的常态中提升教师提升质量，教师培训必须体现教师的主动参与自觉钻研，体现基于课堂教学行动研究的头脑风暴，体现教师间尊重差异合作分享的文化。

为了避免教师因学力经历能力相当而开展的同质化无效互动，我们依托市区教育学院教研员、市区骨干名师和华东师大课程院系教授等专家专业指导力量，邀请教授来校为教师开展教学理念方法论的理论辅导，扩宽教师专业视野；他们深入听评课，分析诊断教师教学，适时点拨教学方法，帮助教师把握新教材在开发学生智力品德、培养学生创新精神与实践能力上的关键点，加深教师对课改和教学实践的理性认识，进而有效提升教学行为。每学期邀请并接受区学科教研员和专家对教师教学进行专题视导，坚持开放常态下的课堂教学，接受教育同行的批评指导。专业对话和有针对性的专业指导促进教师不断超越自己突破专业“瓶颈”，受到教师的高度认可。

3. 改进联动机制，共育共享

（1）“学校—社区”互联机制

加强与社区的合作，发掘社区教育资源，拓展学校教育平台。学校配合社区开放校内文化设施和体育场地，学校教职工与社区工作人员共同参与社区开放的志愿管理服务。学校依托社区，开发社区教育资源，与社区街道居委、所在地域的社会机构（如长风公园等）签订合作共建协议，开展社会实践活动，为学生创造服务社区和实践体验的机会。学校通过加强内部建设，树立良好的公共形象，在辖区内发挥积极作用，为创建学习型城市建设和文明社区共建作出应有贡献。与此同时，学校依靠辖区内长风街道办事处和普陀区政府、长风社区、派出所共同开展校园及周边地区的综合治理工作，加强对行为偏差学生的教育，建设平安文明校园。

（2）区域教育共同体联动机制

协同变革共营发展，区域教育共同成长。在公益导向、平等互助、文化引领、特色发展的原则下，学校牵头所在的长风街道中、小、幼 12 校，订立盟约章程，成立长风教育生态共同体。区域内各单位积极构建“一校（青年教师发展学校）二团（教育发展督导团和学科发展指导团）三组（中、小、幼衔接工作组、校际联合教研组和特色项目建设协作组）”工作机制，从各校实际出发，发挥各自优势辐射作用，互相协作借力弥补短板，统整资源共营共享，积极开展包括师资共通、课程共享、学科共研、学生共育的多种尝试，提升区域教育、文化事业发展品质。

4. 改进评价机制，激发活力

（1）“周参事制”——教师参与评价

制度管理和柔性管理历来是学校管理中不可或缺的元素。传统的制度管理对于提高学校的管理效率是有利的，但是过分强调制度管理而忽视人的情绪、情感、道德的因素，反过来又会制约效率的进一步提高。所以在强调刚性的制度管理的同时，学校更注重柔性的人本管理。在管理过程中，校长、中层职能部门深入教育教学一线，及时了解教师实际教学动因和实践状态，更能有针对性地做好指导协调，倾听统一团队中教师的心声和建议，教师的价值得到更多体现和尊重。

为了更好地激发教职工当家作主的热情，汲取教师的智慧，丰富教师自我学习、自我管理、自我教育的载体，学校在夯实常规建设的同时，针对学校 90%以上教师为中高级职称的人才优势和平均年龄 42 岁较为成熟的教职工团队的现状，在倾听征询广大教职工意见的基础上，推出了教工人人参与的“周参事”机制。

每周一的升旗仪式上，由各工会组推荐的三名教职工代表，带着师生们的热切期待，被授予校情“参事”称号，一周内，深入学校工作生活的方方面面，关注检查学校工作的大事项小细节。本着重调研、重沟通、重反馈、简操作的原则，周参事们在承担紧张的教学工作之余，深入师生，从自己的视角关注学校工作，主动征询调研，倾听教师学生的呼声，通过巡视、访谈等方式，对学校日常管理、教学保障、师生规范等落实情况观察，发现问题，给出建议及整改措施，并以书面形式记录进参事簿。

每周五，三位参事共同出席校行政会，慎重地提交一周调研结果，点评大事和好事，提出表扬和质疑。而学校班子和中层干部则真诚听取，并就所提交的相关事项坦诚交换意见，对于需要改进的问题与合理化建议，校长室、党支部明确表态责令自身和相关部门及时整改；对于质疑和疑虑，坦诚进行解读和沟通；对于难以一时解决的问题，在之后，后续担任参事的其他老师继续跟进，加强关注、提醒和督办。督办结果通过学校橱窗公示栏，校园网络信息和教工大会及时发布告知。每周汇集教工心智民意的提案通过全体教职工的努力及时成为大家看得见的喜人变化，极大地激发了教师主动参与学校生活的热情。而经参事提议改进的学校工作的一些流程、要求，经梳理汇总分类，修订入学校常规制度，成为全体教师高度认同的工作规范，由此，使得学校的制度文化从被动接受到自觉遵守，进而主动维护，融入教师日常言行习惯成为可能。教工参事机制成为教师当家作主、自我教育、依法从教的重要载体。

（2）“家长督学制”——家长、社区参与评价

在贯彻实施校长负责制的基础上，学校十分重视社区和家长的力量发挥，组建由长风社区、家长代表和学校骨干教师代表参加的学校校务委员会、家长委员会，并且推行“家长督学制”，积极引入家长等社会力量参与对各职能层面的工作监督和评估反馈，参与对学校重大问题决策，为学校发展出谋划策，推进校务公开，实施民主化、科学化的学校管理。构建“家、校、社区”三位一体的管理体系。

① 新生入学时的家校对接

在新生报到入校的第一天，学校向全体新生家长奉上《伴他（她）走过少年时——华师大四附中家长手册》《华师大四附中学生手册》，开展校内定向越野，让新生和家长更快地了解、熟悉、适应新环境，喜欢新集体，迈好中学第一步，为今后的四年学习奠基。在新生报到入校的第一天，校长召集全体新生家长会，介绍学校办学情况，公开办学机制与做法，主动提醒家长善用这些途径，获取支持，真诚地与家长携手相约共同为学生成长营造博雅育人的大气场。

在新生报到入校的第一天，学校与每个孩子的家长都将签订《家校共同促进学生学习成长质量责任承诺书》规范办学的教师“三不准”、校务“三公开”、教职工尽责“六依据”等，共同关注呵护孩子的成长而明确家校双方的责任，携手贡献热情和智慧。

家长参事督学机制简介

为了进一步贯彻实施“依法治校，以德立校”规范管理，走内涵发展外树品牌之路。从 2008 学年建校伊始，学校就积极推行家长入学观摩监督办学的举措，以期形成家校合

力、齐抓共管的格局，切实提高学校的教育教学和管理品质。广大关心学校发展，有意于参与学校民主管理的家长可通过以下途径对学校工作进行指导和监督：

家长可随时在接送孩子学习期间来校，领取任意时段听课的“学校工作指导观摩券”。

1. 清晨从门卫室领取“学校工作指导观摩券”，佩戴家长来访证，进校开展学校工作的督评。

2. 观摩券每天限发25张，领取时请在门卫室“家长联系册”上登记。

3. 家长可根据自己的工作时间来调整、选择观摩日期，该券有效期为两天。

4. 家长持观摩券和相关听课记录、反馈表，可在学校参与为期半天的教学与管理的观摩检查，如在学校任何一个年级听课（二至四节课），在学校任何场所考察巡检，并配合学校认真作好书面反馈。

5. 所填的表格和反馈单请家长当天离校时交至校长室。

6. 学校将对家长的意见和建议进行统计、调查、分析，对合理建议将在半月内作出答复与整改。

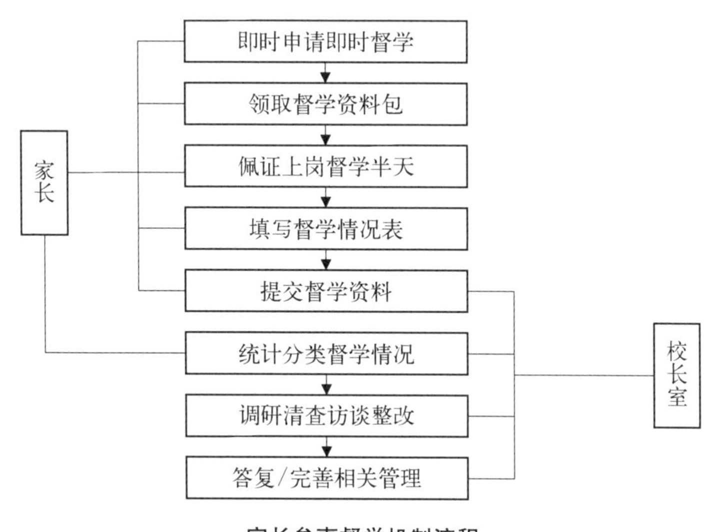

家长参事督学机制流程

家校共同促进学生学习成长质量责任承诺书

校方明确职责：

第一条　依照《中华人民共和国义务教育法》之有关规定，学校依法做到：

1. 遵守国家法律法规；

2. 贯彻国家教育方针，执行国家教育教学标准；

3. 以适当方式为学生本人及其监护人了解孩子的学业成绩及其他有关情况提供便利；

4. 遵照国家有关规定收取费用并公开收费项目。

第二条　依照《教师法》及《教育法》等相关法规之规定，本校全体教职工郑重承诺：

1. 教师“三不准”：即不搞有偿家教、不接受任何馈赠、不体罚学生；

2. 校务“三公开”：即学校各项收费项目有书面公示或通知、学生评优有公开征询意见、教育教学活动接受公开监督；

3. 规范办学，学校评价认定教职工的“六依据”为：教职工的业务水平、师德修养、学生发展、家长沟通、创新意识、团队协作；

4. 对于教师师德、教学能力、学校管理和自身孩子相关的问题等除与班主任老师沟通之外，需与学校沟通的，学校设立“校长沟通/投诉热线电话”（32581077）。

对于以上情况处理，学校作出如下承诺：简单事件48小时内调查完毕并解决，作出书面答复（或电话答复），较复杂的问题需通过一段时间调查的，一般两周内给予答复或与家委会一起调查处置并向家长反馈。

家长明确职责：

第三条 根据《教育法》《未成年人保护法》之相关规定，父母或者其他监护人应当以健康的思想品行和适当的方法教育孩子，引导孩子进行有益身心健康的活动，预防和制止未成年人吸烟、酗酒、流浪、逃夜及聚赌、吸毒、卖淫；

第四条 根据《教育法》《义务教育法》之规定，根据孩子实际情况，家长在指导孩子学习时，应履行以下职责：

1. 经常保持与学校任课老师特别是班主任的联系，通过电话、微信、约谈等方式，及时了解、掌握孩子在校学习情况；

2. 每天认真督促、指导孩子检查已完成的作业，并做好复习指导至少半小时；

3. 教育孩子学好本领，养成诚信负责的态度和乐群助人的品质；

4. 教育孩子遵守各项法规和学生守则（特别是交通安全、饮食卫生、自我防护），在家做好子女，在校做好学生，在外做好公民；

5. 预防和制止孩子上营业性舞厅、酒吧、网吧等场所；

6. 教育引导孩子按时到校上课，放学后及时回家，不串门，不在外逗留甚至留宿；

7. 积极参与家长学校与家长开放日活动，借鉴改善教子方法，监督学校办学行为。

第五条 根据《未成年保护法》之相关规定，家长或其他监护人依法应履行对孩子的监护管教职责和抚养教育义务，应当尊重孩子接受教育的权利，必须让孩子按照规定接受义务教育，不得使应在校接受义务教育的孩子辍学。

第六条 以上条款，学校与家长双方应相互督促，认真依法执行。一方不履行职责，另一方依法可要求其承担相应的法律责任。

第七条 本责任书由学校家长双方于孩子在我校入学时签订，一式两份，双方各执其一，共同签字方为有效。

第八条 本责任书由双方签字之日起生效，有效期至孩子毕业（或结业）或转学办理转出手续之时。

校长签章：　　　　　　　　　　　　家长签章：

日　　期：　　　　　　　　　　　　日　　期：

② 平行分班家长见证会

秉承着“开门办学”的宗旨，为了更好地体现公开、公正和公平的分班原则，学校诚邀家长代表参与学校民主管理和监督工作。新生入学第一天，现场征询家长意见，征集新生家长志愿者共同参与和见证当日的学校新生分班工作。校长在解读平行分班原则和依据后，在学校教导主任的主持下，新一届年级的年级组长、各班班主任和家长志愿者共同合作，将孩子学籍档案现场唱名派发，当场列出并誊抄学生班级名册。公开透明的民主分班工作是学校公平、均衡分配教育资源的有力见证，也是破除家长们根深蒂固的学校分班总有“潜台词”“总有快慢班”之分疑虑的实在举措。

③ 家长参事天天督学

开门办学，全天候诚意接洽每一位关心学校办学的家长，学校建立家长督学制度，欢迎家长在任何时候，在校园里走走看看，来校督学提建议：家长可随时在接送孩子学习期间来校，随即从门卫室领取“学校工作指导观摩券”，佩戴家长来访证，进校开展学校工作的督评；家长持观摩券和相关听课记录、反馈表，可在学校参与为期半天的教学与管理的观摩检查，如在学校任何一个年级听课（二至四节课），在学校任何场所考察巡检，并配合学校认真作好书面反馈；家长当天完成巡检督学离校时将所填的表格和反馈单当面交校长。学校将对家长的意见和建议进行统计、调查、分析，对合理建议将在半月内作出答复与整改。通过家长的视角协助学校改进学校工作的“空白”和“缺陷”，有效提升办学品质。

学校将家长视为办学合作的坚实伙伴，随时欢迎家长进校监督评议教育教学管理工作，并将家长观察后的建议和意见作为重要参考，分析研究努力成为改进办学质量和效益；成立家校合作协调小组，积极回应家长关心、关注的问题，广泛听取家长意见，接受家长监督，每年将教育教学管理、课程、文化及学校服务等方面工作的满意度测评交由家委会进行，为学校依法可持续发展提供数据评价的支撑，努力提高办学水平和管理效能，赢得家长支持和理解，形成教育合力。

④ 家长执掌满意度评教

在每学年末，学校委托家长委员会组织全校学生进行教育、教学、班主任工作等满意度测评，家委会负责问卷编制、主持测试、汇总信息直至撰写测评报告的全流程的自主运作，并最后报呈学校校务委员会，学校则通过校园网向社会公示家长满意度测评报告，及时用测评中的肯定之处鼓励教师，对测评中提出的意见建议通过分析和再沟通，形成下阶段学校工作的要点和实务抓落实。学校不掩饰自己不足和缺点，不仅将教育知情权更是将办学评议权交给家长，诚心实意地听取家长、社会多方意见，有效地促进学校依法办学持续发展。

⑤ 引入信息技术，沟通分享

信息化时代不仅极大地改变了人们的生产方式和生活方式，而且极大地改变了人们的思维方式和学习方式。对于学校教育而言，教育信息化能够促进教育沟通与交流，有助于调动师生参与教育生活的积极性。依法办学和谐校园建设必须民主开放，最大限度地调动师生、家长的积极性，使尽可能多的人自愿参与到教育事务中来，以交流、协商、合作的方式凝聚学校文化，达成教育共识，促进学校教育的健康顺利发展。

计算机技术高速发展的今天，特别是功能日趋强劲的数据库技术和网络技术，为解决学校优化管理更好地为师生服务，提供了一个完备的解决方案：通过学校教育教学流程重组，面广量大的数据信息的整合交换交由计算机系统去完成，决策者直接享用计算机系统整合后的成果数据（辅助决策支持），集中精力，优化学校各项资源，迅速响应各方信息，提高决策效率，系统资源共享。从此意义出发，学校重新创建了学校信息化环境，实现全校教育信息资源共享并逐步实现网上校务公开；实现信息技术与各学科的整合；建设学校各学科教育信息资源库，实现全校教育资源信息共享；以数字化校园建设为抓手，提高教育教学及管理效能。如，原本学生的各阶段重要成绩数据的分析、教师指导学生获奖情况申报统计、教师公开课开设和参与听评课情况，都可以化繁为简，在信息平台上随时收集、瞬间生成，学校领导甚至教师之间可以根据信息报表进行学生成绩分析和教师业绩考核并进而给出合理指导或反馈，分享数据相互监督评价的有效性；家长随时通过本校开发的“校内外”学生综合素质成长及评价电子平台，了解学生的日常学习动态、教师评估、学生自我学习感悟，还能在平台上及时获取学校最新动态，帮助学生及时递送、分享和监督各阶段学业发展和个性化学习行为成长的实证信息，高效打通了家校合作和信息传递的“绿色通道”。

三、依法治校民主办学和谐办学的课程建设

（一）基础型课程：道德与法治

1. 背景依据

（1）社情分析

社会主义核心价值观的养育对于社会生活、个体生活经验的积累，不断求真赏善向美具有重要的意义；是贯彻党和国家对未来人才的要求、社会良序生活的需要。道法课程是落实立德树人的重要载体。

初中生处于特殊的青春转折期，具有思维独立、叛逆和情绪化等特征，“三观”还未形成，价值观需要被引导和建构，因此，在自我与他人、与集体、与社会、与国家甚至与世界的关系中，将社会主义核心价值观贯穿学生学习生活历练，培养社会主义体合格公民，意义重大。

道法课应实现社会主义核心价值观在现实生活的具体化，聚焦初中生成长遭遇或可能面临的成长困惑、道德难题，帮助学生学会处理各种复杂关系，解决各种现实问题，积累一定的知识常识，以此认识并反思生活，提炼相关联的生活主题，打通知识与生活的价值连接，生活逻辑和知识逻辑统一结合，有机整合公民教育、道德教育、中华传统文化教育、生命教育、心理健康教育、生态教育、生涯规划职业体验教育、可持续发展教育与法律、国情社情教育等。绝不能短视并狭隘地为“学法”而“学法”，改变生硬地向学生灌输、传递政治、法治知识，让学生知行、知情融合。

（2）教材分析

道法课程新教材主要以《义务教育思想品德课程标准（2011 年版）》为依据，并结

合时代发展特点、初中生身心成长特点等进行创造性编写；充分从国家层面整合对社会主义核心价值观的认识，从文化层面整合对中华优秀传统文化的渗透；并结合 2016 年教育部、司法部和全国普法办引发的《青少年法治教育大纲》的要求，整合道德教育与法治教育。

道法课程的设计理念，以初中生逐渐扩展的生活为基础，坚持加强初中生的思想性引导，彰显人文性、实践性、综合性；在以往重视知识目标的基础上，更加突出情感、态度和价值观目标；在内容设计方面，以课程标准规定的内容范围为依据，通过内容点的落实、部分落实以及渗透等方式进行安排；以知识为依托又不限于知识本身，根据初中生的身心发展水平及生活扩展成长需要进行不同的挖掘，体现知识与价值的统一、内涵与外延、深度与广度的统整。用教材教学，不能止于课程标准中内容点的罗列和展开，更应当着力体现课程标准的思想理念。

（3）生情分析

初中生已经有一定的道德生活经验和道德认知，所以，教学不应停留在枯燥的说教大道理的讲述、概念观点的灌输上，更应该加强、激发（关注社会生活的兴趣）、对话（社会焦点、热点、争议点）、引导（对社会生活现象的分析、其背后的价值判断），唤起学生关注社会、参与思考的热情。所以，引导学生基于已有的道德经验认知，以思想认识中尚存的和真实的矛盾冲突为突破口，更深入探讨道德与法治在生活中如何实践，从“道理”教授转向“道路”探寻，从而为学生带来一定的思维挑战，并增强对现实生活的指导意义，显得更为必要和紧迫。所以，应在课堂上提取学生的共鸣点和思维争鸣点，结合学生与所涉内容或问题产生体验共鸣和思想冲突为突破，将学生代入感、共理心，与自身的生活经验与内在感受发生对话碰撞，为学生更好地认识自己、认识世界、认识社会，提供一定的价值方向和思维策略，引领学生精神成长与思想提升，不仅为走向社会做好知识储备，更做好能力与思维储备、“三观”储备等。

2. 教学策略与价值

道法课程，立足于学生的不断成长的视角，聚焦初中学生在现实生活中相关领域遭遇或面临的成长困惑、道德难题，避免说教，致力于帮助学生搭建面向道德与发展生活的桥梁。其价值引导，是以学生个体生活经验能够得以表达、分享和相互交流。在此基础上考虑不同经验之间的碰撞甚至冲突，以此为契机引导学生个体经验反思、调整和扩展：

将学生的个体生活经验作为道德学习的起点；促使每个学生个体生活经验得以表达、分享、交流，进而引导个体对自身经验的反思；并通过师生经验和生生经验的冲突、碰撞、共识促进学生个体经验的调整，并使得教学能从课堂内延伸到更广阔的生活领域。

努力营造良好的学习氛围和情境，让初中生成为生活在社会历史和现实当中的人，即具有法治精神、道德良知的公民，有理想的爱国情怀、健全的政治意识和是非判断能力的公民。

3. 教学内容、途径与方法

注重对初中生思想引领、促进学生的精神成长。内容主题，不仅仅是厘清教学单元的主题，并在此主题的背景下，设计与之匹配的教学活动，更应当从主题的思想理念上挖掘思想明确立意有效设计。

教学内容上：单元设计是关键。关注单元整体目标和任务的设定、实施和评估。整体挖掘挖掘单元主题所涉的观点、思想、表达的建构与运用、思维发展与提升、审美是非鉴别与创造实践、文化文明传承与理解、家国情怀养育与责任、唯物史观与系统辩证思维视角、人格道德与美德的统整等方面。

课堂教学思维逻辑上：总体遵循思想上而非知识点上的递进原则，引导学生认知纵向发展，从而使学生对某一内容的主题学习可以逐层深入，对事物的认识和把握走向全面深刻。包括：一是经验引入：设置情景或活动导入，引导学生通过已有的经验，与较为典型的学习生活经验相联系；二是聚焦主题：正面陈述有一定知识制成的观点、原则，而非对纯粹概念的客观描述和界定；三是揭示或进一步展开矛盾问题，深入递进和扩展、分析、并进而继续陈述、解读或归纳为更普遍的通则；四是相关行为和行动能力或方法的指导。根据不同的内容主题，以上四方面会有所侧重，但每节课的内容中力图有所包含，并紧密地与学生个体生活经验相交互，相辅相成，进而引导教师教学思维和学生品德思维。

方式方法上，注重情景性、问题式，主题性、启发式，实践性、探究式。特别是，根据初中生任职思维发展正从具体走向抽象的特点，以及学生品德思维的发展需求，注重通过情景融入式的活动中的问题设计，加强对学生品德思维能力的训练。提高问题的指向性，避免大而空泛的提问；对生活中先行的、流行的或习以为常的现象、观念或思维定式多提问；问题设计着力于引导学生面对生活的复杂性，引导多角度思考，以求提升系统全面理解把握能力；注重导语设计与推敲，包括对单元导语、主题板块导语、每节课导语的设定提炼，力求语言的思想性和对中华传统文化元素的融合，贴近学生生活、能引发兴趣，不简单空泛，又有思维拓展的深度与冲击，引发学生回顾司空见惯的常态生活现象生成反思；注重精准定位，精心设计拓展活动，实现以知识为基强调知、情、意、行的统一，统整教材所涉主题，做好不同主题事例所涉道德认知与律法学习的关联，引导学生在案例分析、角色扮演中提炼归纳，形成可操作的行动策略，在正确认知的前提下更知道如何去做，并创设课堂内外真实的学境，让学生在社会大学堂的真实呈现中、实践历练中增长才干，融入社会，提升认知水平和行为意识、能力。

（二）拓展型课程：行走中成长

按照国家对未来公民、未来人才的要求并结合时代特点、初中学生身心特点，充分融入社会主义核心价值观、中华传统文化、生命教育、公民教育、心理健康教育、职业启蒙教育等多维度教育，将法治教育与道德教育有机结合，并依据学校特色开展以培养博学雅趣自信乐学尽责奉献的优秀学子和现代小公民为目标的校本拓展课程的研发和实践，如《弟子规》《金融创客》和基于道法课程的单元主题拓展的“微”课程的研发和实践《预见未来的自己——生涯规划职业体验》。

1. 课程建设目标

针对道法课程建设有效性的共性（国家课程校本化实施）和个性（校本课程资源

开发和实施）两个维度，在课程建设的框架设计中，将以下三大方面任务作为主要目标：

一是“国家课程校本化实施的有效性建设”任务：进一步提升课程的质量，在国家课程校本和实施的有效推进中，侧重教学管理规范、课堂、作业、辅导等诸多教育环节的有效性实施，从强化精细管理和精致教研入手，从基于课程标准的单元设计到应对学生个体诊断因材施教价值引导，从制度、机制、流程、标准和策略手段等多方面有更多突破，改变师生的行为，凸显教师的引导与指导作用和学生规范习惯养成。

二是“三类课程的丰富和校本课程精品化建设”任务：在进一步完善校本课程研发和建设的同时，更重视校本课程的可持续开发和课程精品化的实施方向，在努力实现课程满足学生学习兴趣需求的基础上，积极引导学生自主学习、拓宽学习体验。

三是“培养现代公民营造良好的人文环境”任务：从兴趣特长着手发展学生，搭建学生展示自己的平台。理顺课程普及与专业发展之间的梯队关系，大力发展学生社团建设，完善现有学生社团的保障机制，提升学生社团的品质与学生自我管理的能力；构建温馨民主班集体，激发归属感、成就感。

2. 课程策略

一个面向：面向每个学生。课程方案的设计，着眼于学生全面发展和终身发展的需要，着眼于学生基本素养、核心素养、关键素养，提出了全体学生通过努力都应达到的基本要求；确保基础性课程质量的同时，也有较大的灵活性，以适应不同学生的学习需求。构建并完善体现课程改革精神、具有丰富时代气息的多样化课程体系，实现学校课程类型的多元化（分类）、课程结构的多层化（分层）以及课程内容的综合化，实现因材施教，使每个学生的个性得到充分、自由、和谐的发展。

两个提高：提高科学素养，提高人文素养。课程方案的设置，将拓宽课程实施渠道，统整课程资源，积极推进学校课程的建设，努力建设校本教材，开发拓展型课程，增加和完善学生社团活动；初步形成包括博雅新“六艺”——诗（诗歌教学）、书（书法）、礼（礼仪/中华传统习俗）、艺（管乐、电钢琴、影视音乐鉴赏）、体（皮艇、龙舟、帆船）、科（生物观察、环保技能、造纸、水资源的保护治理、生活现象背后科学奥秘、绿色星期六）核心课程的艺体技能类，习俗文化类，环保科技类，实践服务类，学科拓展类五大系列的课程，以此来滋养和丰富学生的学习经历，提升科学和人文素养。

三个注重：注重探究，注重主动参与，注重体验。课程方案的实施，强调让学习成为学生主动体验、不断探究的过程。倡导探究性学习，引导学生主动参与、乐于探究、勤于动手，逐步培养学生收集和处理科学信息的能力、获取新知识的能力、分析和解决问题的能力，以及交流与合作的能力等，突出创新精神和实践能力的培育。通过特色课程的实施，使学生提高自身的人文修养、道德认知、社会意识和行为养成习惯，初步具备社会交往的意识和能力，遵守和维护社会道德与法治秩序，掌握信息处理及综合运用的能力，初步形成正确的“三观”，为学生成为社会所需的各类人才、为学生的终身发展奠定坚实的基础。进一步开发和建设实践活动课程，努力推进探究型课程、社会实践与社区服务等课程体系的不断完善。

3. 学习策略

通过整合国情社情，梳理学生已知（对社会的已有的认知基础和眼界）、未知（社会公民和未来建设者理应具备的基本素养），汇集学生感兴趣的社会热点问题和学生在现实生活中面临的成长困惑、道德难题，凝练独特核心主题学习要求，开展问题悬疑任务探究、案例分享专题讨论、模拟情景角色扮演、线上线下调研论证、社会考察专题调研、志愿服务回馈激励，淡化知识点碎片式的讲授，关注并强调学生的生活经验，关注学生在学习中获得生动及主动的体验，引导学生在主动学习、实践历练中获得社会化成长。

4. 评价策略

从学科学习和综合素质发展的要求，开展学习评价：

一是将育人要求植根于常态教学，提高评价的一致性。包括目标设计、图文选择、教学环节、教师言行与目标的对应、作业内容与评价对应、情景创设、问题设问、事例分析与目标的对应一致性等，不仅从知识解读的显性阐述，更在课程标准、教材图文、教学过程和作业评价中的自然体现。

二是创造性学习设计，提高评价的实效性。包括精心设计情景化教学环境给予学生深刻体验，促进学生道德发展的生长，形成观念价值体系、凝聚信念、锤炼性格。

灵活运用各种教学策略，从传递讲授到两难问题的讨论、价值澄清、强辩、推理；从情感激励、冲突缓解到角色扮演、情感体验、叙事故事、移情训练等，从榜样示范、机械训练到社会行动、公正团队行为培养、情景体验等，从“教化”走向“内化”，提升学生认知、情感、行为的不断统一。

坚守底线与细节，提升教师准确的判断能力、适度的干预能力、充分的指导能力和发自内心的爱与责任，从细究道法在生活常态的细节中引导学生获取新的成长，在教学过程中设置有利于开展合作、沟通、讨论、交流的教学情境，并通过这些过程关注并引导评估学生公平公正、遵守规范、尊重彼此、控制私欲、反思自我等意识与行为。

总而言之，引导学生：广度上，从认知能力向社会情感能力拓展；深度上，从基本素养（基本知识、基本技能）向核心素养（批判性思维、合作沟通能力、终身学习、信息素养与创新、价值判断与文化传承）深化；高度上，从全员素质全面发展转向向个体提供合适的教育（多元的资源、模式、渠道、选择机制；分类、分层、特色评价等）提升。

四、依法治校民主办学和谐办学的校园文化建设

学校不断创新法治教育载体，拓宽法治教育时空，将法治教育与课堂教育教学相结合，法治教育与思想品德教育、学生日常行为规范教育相结合，法治教育与校园文化活动相结合，形成了“四结合”的法治教育模式与规范化、网格化、信息化的教育特色。

（一）四化

1. 法治教育与课堂教育教学、课程建设相结合

发挥学校教育优势，突出对学生从正面加强法治宣传教育，使与学生学习和生活相关的法律法规得到广泛普及。充分利用思想政治品德课、公民课等课堂主阵地进行法治教育，组织学生认真学习《国旗法》、“两法一条例”、《环境保护法》等法律法规，使学生增强道德观念、法治观念，能够自觉地用法律法规来约束自己、保护自己。

学校开展“法润少年、呵护成长”法治教育宣传月系列教育活动，开设主题教育课，开设“维护宪法尊严，做遵纪守律的好公民”微讲座；学校利用特色校本课程“微型德育课程”开展法律常识讲座，由多学科跨领域教师组成团队，以政治、历史、地理等人文学科教师为主体，每月制订教学计划，并在校园公示栏提前告知，由学生指导部和课程教学部共同管理，纳入课程管理，保证法治教育在课堂内的有效落实。

学校将博雅六艺特色课程推进与学生提高个人修养和社会文明个人综合素养密切整合，以雅育人，以乐养德，以乐促智。如：管乐课程（艺术与人文修养），外教口语课程（外教口语与国际交流基本礼仪），龙舟水上项目（竞技，体育精神与团队合作），环保科技课程（保护生态环境，爱惜公共财物），课程带来的学生行规各种生成性教育契机，润物细无声。

2. 法治教育与德育工作相结合

学校把对学生的法治教育和落实中学生日常行为规范相结合。结合上海市“学生文明礼仪纲要”和区礼仪美育教育要求，推进文明守礼学会交往的礼仪计划，重点突出“校园礼仪”和“交往礼仪”，制定华四礼仪规范三字经，强化学生规则意识；结合社会主义核心价值观教育，我校开展了以“争做中华脊梁，共践和谐价值观”为主题的系列主题教育活动，在校园内营造了浓郁的创建氛围，将培育社会主义核心价值观融于教育教学全过程。

利用各年级专题心理讲座时间，通过发生在身边的案例，帮助学生学习如何自我保护，使法治教育与自救自护安全教育相结合；学校定期邀请校外法治辅导员来校开设法治教育讲座、组织学生参观禁毒馆、观看法治教育专题教育片等，使法治教育与禁毒、反邪教等教育相结合；班主任通过对学生日常习惯的养成教育提高学生规则意识，使法治教育与公民教育相结合。法治教育过程成为学生知法、懂法、守法的重要过程。

3. 法治教育与校园文化活动相结合

通过开展丰富多彩校园文化活动，提高师生对法律知识的兴趣和学习的积极性。开展“宪法在我心中”法治教育主题宣传月，引导师生了解宪法的地位和作用，遵守宪法，宣传宪法；通过家校互动网、电子屏幕滚动宣传活动标语等形式，向广大家长进行法治宣传教育，提高家长的监护意识和责任意识；布置家校小手牵大手家庭作业，孩子和家长一起学习法律，制作家庭学习微感言。

学校邀请奥运冠军徐莉佳来校，与全体师生开展“拥抱风浪 起航海帆人生——我与

奥运冠军面对面”主题对话，为同学们上了励志人生的重要一课；积极策划“成功从这里起步”新生入学适应教育，内容涵盖军训、规范养成教育。

学校利用校园网络、学校电视台等阵地对学生进行法治宣传教育。通过组织学生观看法治电视节目，主题班队会、十分钟队会、绘画作品评比、师生“遵守交通法规”知识竞赛、“我与文明同行”等系列活动，丰富了法治教育的内容、形式和载体。

4. 法治教育与校外资源建设相结合

学校与长风街道、上海市儿童医院及长风街道派出所等开展合作共建，通过多次交流研讨，将法治教育以每月微讲座形式纳入教师培训和学生月主题教育课中，通过“讲座、辅导报告、观看音像资料、法治征文、参观法治教育基地”等形式开展法治宣传教育活动。

学校充分利用学校家长委员会组织机构功能和校友资源。聘请家长督学代表走进校园开展依法办学、依法治校一日巡查活动，为学生开设家长法治教育课，推进学校的法治教育工作。

（二）三化

1. 规范化

（1）规范养成教育

学校坚持以学生发展为本的办学方向，尊重差异注重个性，激发兴趣培养方法，注重全面提高学生素质；在秉承博雅教育办学愿景的同时，深化博雅教育的内涵外延，力求将学校行为规范的教育过程组建成为建构知识、启迪思维、发展智慧、完善人格的过程，努力使华四的每一个学生的潜力得以开发，才华得以发现，品德得以完善。主要呈现在：诚实感恩的道德素养，乐学善思的学习品质，合作共存的人际关系，自主自立的发展意识，阳光时尚的外在形象。

学校坚持以主体性原则，不断增强学生的内化能力。学校师生共同讨论制定了华四学生“行规礼仪三字经”，守法从守纪开始，号召同学们从遵守学校规章制度做起，做遵纪守法的好公民、博雅向上好少年。紧紧抓住起始年级、入学教育、军训学农、毕业年级等重要时间节点，抓住“一日常规”的训练着重培养学生正确生活习惯（个人卫生、着装、就餐、集体活动、课后休闲）和学习习惯（上课、作业、两分钟预备铃准备工作），努力引导学生遵守社会公德、诚信守法，从小遵守行为规范。

学校注重学生自主体验，多渠道、多形式地开展行为规范自我教育，使学生明事理于心中，寓感情于境中，培养学生良好的行为习惯与自主管理意识。在校风、学风建设过程中，我们充分调动教师与学生积极性，利用教师及大队委员参事制度，邀请教师与学生代表参与学校管理，参评各项活动，培养学生的自律精神和责任感，为学生创设自我教育、自主管理的行为规范教育平台。

（2）主题教育日/周活动

求索传统与现实、传统美德与社会热点之间的结合点，根据“大主题、小目标”的指导原则，精心设计与时俱进，整合校内外资源，结合学生知行的要点和问题，让主题教育活动做到计划更周密，操作更细腻，方法更适切，效果更显著，经验更丰富，传递正能量。

坚持“课课有德育”“人人是德育工作者”的理念，渗透“两纲”教育，建构“博雅缬翠”学科育人讲坛，分享传承经验与人心得。逐年积累鲜活个案和典型事例。努力把经验提升为理论，体验变成文字，收集编撰相关经验总结专辑，并在此基础上，深入开展中学阶段中华传统文化熏陶的构架与机制的探索。

学校以活动为载体，通过形式多样的以学生为主体的活动和各种形式载体的宣传，不断激发学生敢于负责、大胆管理、乐于助人的工作激情与进取精神，孕育博雅达人优秀学子群体。提高我校学生处在每个群体中的骨干意识、引领意识、服务意识，努力培养组织创新能力、交际协调能力、心态调节能力。让学生在志愿者服务、学生社团、值周校务管理、“走中学”社会考察实践、校内外活动策划组织和参与中，通过体验感悟进行品格修炼、能力锻炼。

（3）学生帮教跟踪与行为干预

学校积极做好学生个体教育认知方式、人格测试后的心理建档工作，为学习方式科学指导和规范养成教育的实效性提供心理基础实证信息，深化学生问题矫正的机制管理，配合行为养成教育做好个体心理疏导和群体心理常识教育，协助各年级班主任做好学困生和行为偏差生的疏导跟踪教育。同时，深化特殊学生教育机制，完善“党员义工”“爱心妈妈”“随班就读”“帮教追踪”等机制，根据学生个体的情况特征制定个性化帮教方案和个别辅导措施，不放弃不遗弃，确保每个学生健康成长不掉队。

2. 网格化

（1）温馨班级团队创建

加强班级建设，营造温馨班级。班级是在校学习期间最稳固的集体，是最浓的“染缸”，很大程度上决定着学习质量的高低、校园生活的乐苦、个体成长的品质好坏。集思广益、群策群力，创造具有各自班级特点的向上、向美、向善的班级文化。管理重点下沉，鼓励个性化带班，积累经验，总结成功典型。

（2）家校合作亲子互动

深化家校合作，挖掘学校家长资源，深化家长督学评估、机制运作、家长义工和家长课程建设，总结经验形成长效机制。促进学校、家庭和社会教育的有效衔接，优化家庭教育指导服务体系，积极引导学生传承家庭美德与家训家风，不断为构建校内外、家庭和社区良好的社会秩序营造良好氛围。

（3）社会实践历练体验

“纸上得来总觉浅，绝知此事要躬行”，学校通过精心策划组织学生积极走出校门投身社会实践，自觉内化行为，开发“走中学”系列体验课程，探索构建校外“走中学”体验式育人体系。关注社会热点，选取与学生生活密切相关的主题挖掘实践体验育人资源。利用寒暑假，学校相继推出以践行文明礼仪为目的“印象世博”体验式长作业，“重温红色经典”体验式长作业，“走中学——尽享科普之旅”，“走中学——英国文化体验之旅”。

活动中学生践行校内学到的礼仪规范、行为规范，在真实的社会情境中强化了学生的规则意识和社会服务意识、能力。

（4）志愿服务义工实践

积极组织学生开展校内外志愿者服务。引导每个班级学生成立固定的志愿者服务基地，定时定点开展以保洁、宣传、敬老等多种形式的志愿者服务，加深对“予人玫瑰、手留余香”志愿者精神的理解。

3. 信息化

（1）学分评价

学校采取学分制管理，利用信息化手段，建立“校内外”学生综合素质测评系统，就学生行为养成、学习践行的过程和结果，进行实证信息录入和互动评估，及时激励学生参与历练，及时分享学生之间、班级之间、师生之间学习、历练的美好成果和心得感悟；及时最大范围收集积累学生参与社会探究、社会实践的经验教训，供更多学生学习、借鉴。

（2）宣讲报道

学校及时通过“校内外”家校互动平台、学生综合素质测评平台；学生成绩分析平台、华四微信公众号平台等，及时传递分享学生积极投身学习历练的信息案例，及时组织师生开展专题论坛、沙龙，课题汇报分享会等，向家长、兄弟学校师生交流并宣传自身成长的过程经历和经验，提高学生的存在感和成就感，提升师生回报社会、辐射社会的责任意识与能力水平，将贯彻党和国家对未来人才的要求、社会良序生活的目标，立德树人、求真尚善向美的要求和“三观”的养育落到实处。

小　学　篇

模式一

“柳营”法治教育模式①

——注重习惯养成，借力学科渗透

柳营路小学创建于1940年，是一所普通的公办小学。现有10个教学班，学生247名。在上海柳营路小学，外来务工人员子女享受着与沪籍孩子同等的教育权利与教育资源。

学校适应性教育是基于“不挑选生源、不争抢排名、不额外集聚资源”的实践成果，由“柳营现象”引发“上海市新优质学校推进项目”，为“什么样的学校更优质”的评价决策提供佐证。“进城务工人员随迁子女集聚的公办小学适应性教育的实践研究”荣获国家级基础教育成果二等奖、上海市基础教育成果一等奖。小“柳营”大“世界”里的可贵探索不仅为正在应对“世界难题”的城市和学校提供了发展的样本，也为所有以“为了每一个孩子的终身发展”为己任的学校提供借鉴。

结合柳营路小学“让每一个孩子得到适合的发展”的教育理念和“适应性教育”的既有探索，学校通过“有效架构，无缝衔接”“有形教育，无形渗透”“有机整合，无限延伸”三个策略，从“习惯培养、活动教育、学科渗透”三个视角开展“柳营”法治教育模式的探索与实践。经过多年的探索与实践，学校编制了《丫丫81个好习惯》校本绘本手册，引导学生知道什么能做，什么不能做，牢固树立规则意识、诚信观念，尊崇公序良俗，实现法治的育人功能；初步形成“六个一”法治教育活动模式，引导学生了解依法治国的重要性，强化其法治意识，弘扬和渗透法治文化；结合《青少年法治教育大纲》梳理各学科法治教育渗透点，为学科渗透搭建“脚手架”。学校“81个好习惯——进城务工人员随迁子女行为习惯的培养”项目荣获上海市中小学德育优秀项目；“先左脚，再右脚——‘好习惯陪伴你和我’”活动案例被评为全国中小学社会主义核心价值观教育优秀案例。柳营路小学不仅守护着孩子们生根发芽的土壤，更让这些希望的种子在学生、家长、教师的心中萌芽！

学校先后被评为“全国农民工工作先进集体”“全国首批青少年法治教育创新实验

① 编写团队：朱依黎、徐晓燕、张玉超、高怡君。

校”“上海市文明单位”“上海市十三五家庭教育基地”“虹口区法治进校园巡讲活动基地校”……学校成为家校携手共建的家园，学生幸福成长的乐园！

一、总　　论

法抑或法治教育，无论对于教师还是学生而言，都有些陌生而遥远，令人望而生畏，那该如何开展法治教育呢？学校通过“有效架构，无缝衔接”“有形教育，无形渗透”“有机整合，无限延伸”三个策略，从“习惯培养、活动教育、学科渗透”三个视角开展“柳营”法治教育模式的探索与实践。

（一）有效架构，无缝衔接

法治教育必须切实走进学校，走进学生，从校情出发，以学生视角设计法治教育模式，实现“有效架构，无缝衔接”。

现实中，如果不能很好地把握“法治教育立足点与学生发展真起点”“法治大纲渗透点与学科教学结合点”间的无缝衔接，就会导致法治教育偏离生本理念，陷入低效教育的困境。因此，学校立足于找准法治教育“无缝衔接”的“契合点”进行有效架构。

1. 法治教育立足点与学生发展真起点的无缝衔接

学校开展法治教育要找准教育的立足点，即立足学生视角，找准学生发展起点。我校认真学习并梳理《青少年法治教育大纲》小学阶段的法治教育目标、法治教育内容与要求、法治教育实施途径，从中探寻法治教育的立足点。如《青少年法治教育大纲》“阶段目标”中指出：小学阶段，着重普及宪法常识，养成守法意识和行为习惯，让学生感知生活中的法、身边的法，培育学生的国家观念、规则意识、诚信观念和遵纪守法的行为习惯。由此可见，小学阶段开展的法治教育，并不是对法律条文、法律知识的枯燥解读，而是一种与学生日常学习与生活密切相关的教育活动。

学校从《青少年法治教育大纲》中探寻“法治教育立足点”，结合本校的“学生发展真起点”，遵循“制定习惯，重点训练”“巩固习惯，阶段训练”“细化习惯，有序训练”“家校合作，深入训练”“社会实践，巩固训练”的六步骤训练模式，对学生进行规则与行规教育。

2. 法治大纲渗透点与学科教学结合点的无缝衔接

“学科教学中渗透法治教育”这一要求在小学阶段并不陌生，但大家对“如何渗透?”“何时渗透?”“怎么渗透?”等问题却没有进行认真、系统的思考与实践。如果为渗透而渗透，对法治大纲的渗透点不能了然于胸或没有较为完整、系统的梳理，那么课堂上的渗透就比较随意，法治教育的渗透就会是碎片化的、零碎的，不利于学生法治意识的形成。“法治大纲渗透点与学科教学结合点”的无缝衔接让法治教育通过学科教学与学生认知的“点对点”衔接，促进学生法治意识的形成。

学校通过搭建学科渗透“脚手架”、铺设学科渗透“多轨道”、建设学科渗透“快乐园”三步骤实现“法治大纲渗透点与学科教学结合点”的无缝衔接。

（二）有形教育，无形渗透

“好雨知时节，当春乃发生。随风潜入夜，润物细无声。”杜甫的诗歌《春夜喜雨》描绘出一幅美好的春夜雨景。诗人一开头就用一个“好”字赞美“雨”，又用“潜”“润”“细”等字生动地写出了雨“好”的特点。“潜入夜”和“细无声”相配合，写出了春雨有意“润物”，无意讨“好”的意境。

法治教育活动不就应该像那春雨一般恰如其分、恰到好处地润入孩子心田吗？学校借助有形的活动，将法治“润物细无声”般地化入孩子心田。学校以社会主义核心价值观为引领，结合法治教育大纲，充分挖掘相应的素材，有效组织法治教育活动，有意识地渗透法治思想，让学生在潜移默化中积累法治知识，引导学生参与法治实践，了解、掌握个人成长和参与社会生活必需的法律常识、法律制度和行为规则，自觉尊法、守法。

小学生的思维是具体形象思维逐步向抽象思维过渡，但各年级学生又有自己年龄阶段的心理特点。小学开展法治教育，必须符合学生年龄特点，根据这些特点开展丰富的教育活动，在有形的法治教育活动中渗透进无形的法治思想与意识。

（三）有机整合，无限延伸

法治教育不能仅停留在学校层面，必须向家庭、向社会延伸，架构“家庭—学校—社区”三位一体的法治教育网，才能达到事半功倍的效果。“有机整合”从三个层面予以考量：一是制度层面，二是意识层面，三是环境层面。做好这三个层面的有机整合，才能将法治教育从“时”与“空”两个维度向社会、向未来进行无限延伸。

1. 制度层面

以学校章程为核心，进一步建立健全依法治校的管理体制。完善以依法治校为基础的学校各项管理制度和学校章程及配套制度的运行机制，依法规范办学行为，依法实施教育教学活动，依法维护学校、教师和学生的合法权益，全面提高学校依法治校水平，保证国家教育方针的贯彻落实，为实现教育公平保驾护航。

2. 意识层面

以活动为载体，进一步提升全校师生的法律意识。积极开展各类法治教育活动，拓宽教育途径，提升学校校长、教师和学生的法律意识，使他们能运用相关制度或规则分析解决学校、生活中发生的各类问题；建立完善的权益保护渠道，使教师和学生的合法权益依法得到保障，为实现教育公平夯实基础。

就教育公平而言，学校不能仅仅停留在“教育机会”和“教育过程”的层面上，还必须通过依法治校，保证教育方针和学校工作的顺利实施，提供优质的教育资源，为学生的发展保驾护航。学校所维护的教育公平建立在“完善学校治理体系，构建现代学校制度，提升学校治理能力，促进学校治理更加有序化、规范化和科学化”的基础上，能够为每一位学生提供优质教育资源，增强师生的法治观念和依法办事能力，提高学校依法决策、民主管理和民主监督水平，维护学生、教师、学校的合法权益。

3. 环境层面

在随迁子女接触城市优质教育资源的过程中，能否让孩子享有教育公平的权利，直接关系到这些孩子的健康成长，关系到城市未来建设者的整体素质，关系到整个社会的未来发展。这对解决进城务工人员家庭的后顾之忧，构建和谐社会具有非常重要的意义。依法治校，不能仅仅停留在学校层面，更要将法治教育向社区辐射，“家—校—社”携手，积极开展各类法治宣传教育活动，提升家长法治意识及监督、参与学校管理的意识与能力，建构“家—校—社”三位一体法治教育网，形成良好的育人环境，为实现教育公平营造氛围。

二、“丫丫”习惯养成模式

作为构建和谐社会的小小一分子和未来建设祖国的栋梁之材，学生在小学教育阶段，通过规则和习惯教育，尊重规则，讲究诚信、合作友善，养成良好的行为习惯和文明举止，懂得尊重他人和尊重他人的劳动成果，是社会主义精神文明建设在小学教育的深刻体现。

学校以生动的校本绘本手册《“丫丫”81个好习惯》为依托，通过“制定习惯→巩固习惯→细化习惯→家校合作→社会实践”五环节对学生进行习惯养成训练，培养学生的规则意识，培育学生的法治观念，增强学生依法规范自身行为、分辨是非、运用法律方法维护自身权益的意识和能力。

（一）制订习惯，重点训练

为了帮助孩子们更好地融入上海，更好地适应学校生活，学校提出了“好习惯”的培养，开展了“好习惯伴我行”为主题的系列教育活动。根据学生实际情况，每学期学校制定了20条好习惯，如“每天佩戴红绿领巾”“进校主动向老师同学问好”等。每周坚持开展一个好习惯的行规系列训练活动：首先由大队部通过周会课在全校宣传本周的训练重点，然后由班主任在午会课上以“低起点、小坡度”的原则，有针对性地训练本班学生养成良好的生活和卫生习惯；教给学生待人接物的礼仪、态度，使他们懂得一些生活常识，掌握必要的交往规则，提高其交往能力。

经过一年实践训练，全校学生的行为习惯有了较大的改变：衣服整洁干净些了，会主动鞠躬问好了，懂得上下楼梯靠右走了……但是，学生的行为习惯反复性很大，尤其是假期后开学的一段时间，许多学生又会“旧病复发”。为了巩固已培养的良好行为习惯，使它成为每个学生终身受益的“财富”，学校决定放慢脚步，循序渐进，扎扎实实地利用各种德育渠道继续开展“好习惯”的培养。

（二）巩固习惯，阶段训练

学校德育处和大队部经过分析研究，把原来每学期20条好习惯，修改成10条更利于学生做到的“好习惯”，每两周落实一条。第一周为学习训练阶段，通过周会课、午会课等进行教育。第二周为巩固发扬阶段，采取榜样示范、互帮互助、赏识评价等形式，总结和发扬典型事例。学校利用升旗仪式、“丫丫小广播”以及黑板报、《丑小鸭》校刊等宣传媒体，启发学生观察和发现身边的好习惯，进行“寻找可爱的柳营人”的活动，对前一阶段中行为习惯做得好的学生进行表扬，并开展“文明大使”“卫生大使”“守纪大使”“阳光大使”的评比，学生的积极性明显提高。当选的学生不仅成了大家学习的榜样，还能随时督促其他同学自觉地遵守各项行为规范。这样，就使“好习惯”活动切实有效地落实到每个班级、每个学生身上，使良好的行为习惯内化为自觉的行动。

为了让学生能保持良好的行为道德习惯，学校还每月评选“行为规范示范班”，以督促学生把好习惯落到实处。学校建立了一套相应的检查制度，形成“护导老师→校值日班→班主任→班干部→学生”金字塔式的管理结构，层层检查，逐级落实。基本做到处处有人查，时时有人查，事事有抽查，检查有密度、有力度，让学生不能有侥幸与松懈心理，久而久之就变成学生的自觉行动，使养成教育落到实处，提高了学生遵守规范的自觉性。

（三）细化习惯，有序训练

习惯的培养应考虑到年龄段特征，要根据孩子的年龄特点和心理发展特点，在不同年龄阶段应当有不同水平、层次的要求。比如，同样是要养成思考的习惯，在小学一、二年级，学校就要求学生能在教师的帮助下进行简单的、有条理的思考，从而解决问题；三到五年级，同样是养成思考的好习惯，就要求学生根据解决问题的需要，收集有用的信息，进行归纳、类比和猜测，发展初步的、合情的推理能力。所以，习惯培养有很具体的年龄特点和年龄要求。如果要求不合理不符合年龄特点，孩子就做不到，那么想让他培养成相关的人格特征也是不可能的。

在以上两个阶段训练的基础上，学校又将原有的“天天好习惯”内容进行了调整、修改，提炼成“81个好习惯”，并分成“学习、礼仪、卫生、劳动”等九大类，把“好习惯”从校内延伸到校外，按低、中、高三个年段进行细化。同时，把“81个好习惯”编写成图文并茂的校本教材——《81个好习惯》画册，把校园吉祥物“丫丫”作为主人公贯穿于画册中，希望通过学生喜爱的卡通形象来引领学生，并以此形成德育工作的有效序列，让每个学生从踏进柳营的校门开始就逐步培养良好的行为习惯，相信这些好习惯能为学生今后一生的发展奠基。

为了能把这一德育项目有序地在学生中推广，学校又在原有的基础上，进行了总结归纳，提出了“六个一”的活动方式，细化习惯，有序训练。

1. 一封“柳营家信”

家庭是孩子的第一课堂，父母是孩子的第一任老师。学生良好的行为习惯的培养离不开父母的关心和帮助。而家长由于要为生活奔忙常常忽视了孩子的良好习惯的培养。因此，学校向全体家长发放了一份倡议书，附上“81个好习惯”的内容，通过小手牵大手的活动，希望家长共同参与监督此项活动的开展，同时也教育家长要承担起教育孩子的监护人的责任。目前，在每年新生入学前的家长会中，这份倡议书作为“柳营的家信”会被统一发放到每个家长手中。

2. 一个标准示范

在学生的心目中，教师的言行往往就是道德的标准。“身教重于言教”，要求学生做到的，教师自己要首先做到。学校对教师也加强师德建设，树立正确的学生观，建立民主、平等、和谐的师生关系，教书育人，为人师表，树立教师良好形象。教师处处带头讲诚信话，做诚信事，对每位学生一视同仁。结合学校开展的“81 个好习惯”活动，教师处处要为学生做出表率，事事在潜移默化教育中养成良好的行为习惯，以“好习惯”来规范自己的行为。如要学生做到“保持环境整洁”的习惯，教师在校园里看到纸屑也应主动捡拾；要求学生“会说礼貌用语”，教师在与学生或家长交谈也要注重礼貌；要求学生“双手接递物品”，教师也要做到这点。

案例 1

“筷子”变“勺子”的魔法——养成“保护环境”的好习惯

这一学期，学生中午用餐有了盒饭，不用再像以前自己准备饭盒了，自然是方便了不少。可是，另一种现象出现了：有的同学书包里竟有一大把一次性筷子。这并不能算是一种错误，但这样的现象总让我觉得不妥，一是造成了个别学生的依赖性，二是实在是浪费和不卫生，也不环保。就在我苦恼之际，一堂探究课上讲到了一次性筷子的问题，短短 35 分钟，一堂课结束了，可这堂课却让我有了意外的收获。

第二天，我发现小书包里放着一大把一次性筷子的小金同学，吃饭却用的勺子。我便好奇地问：“小金，你用勺子吃饭，书包里为什么还放着一次性筷子呀？”小金答道：“昨天你上了那堂关于一次性筷子的课后，我觉得用一次性筷子太不环保了，我就改用勺子了。”“是呀，高老师平时吃饭也是用勺子的，我以后也不用一次性筷子了。”另一位同学在一边说道。

没想到，一堂课竟有了这样的效果；更没想到，自己平时的小小举动孩子们都看在眼里。似乎施了魔法一般，之后的日子孩子们都用起了勺子，也养成了每天清洗的好习惯，忘带餐具的现象自然就很少出现了。一堂教育课，一次亲身示范，培养了孩子的环保意识，更使他们养成了一种好习惯。

3. 一堂“好习惯”课

目前，学校把“好习惯”纳入学校的课程计划——“快乐活动日”之中。发挥课程育人的整体功能，探索“好习惯”与基础型课程的结合点，初步形成各学科各年级学生习惯培养的观测点、训练点。今年的寒假，学校的每位教师分别为《81 个好习惯》的教材编写了教案，学校把这些汇编成了一本教案集以供老师使用。德育领导小组成员不定期地深入课堂听课，检查班主任行规教育课的落实情况。

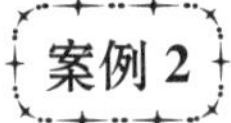

案例 2

孝敬长辈——“做人好习惯”课堂教学

“孝敬长辈”这四个字看似简单，但对于刚踏入学校的小学生来说绝非易事。因此，我认为非常有必要给他们上一堂关于孝敬父母的教育课，以此来激发学生对父母敬爱之情。

我事先搜集了一些有关孝敬长辈的故事，也让同学们搜集一张小时候的有意义的照片，并记录父母一天的工作安排。

我首先通过一段熟悉的短片引入，看了这个短片，我让学生说说自己的想法。从身边的例子着手，激发学生的学习兴趣，同时也自然地引入课题。再通过讲自己家庭中印象最深的事，体会父母的爱心、辛劳和苦衷。其间我出示带来的儿时的照片，回忆小时候受父母呵护的甜蜜时光，把自己的童年趣事讲给同学听。并向同学提问：在你的成长经历中，印象最深的一件事是什么？而父母当时是怎么做的？并要求他们写一写，父母一天要做多少事。我们的父母在无微不至地照顾我们的同时，还要完成自己的工作，其中的辛劳不言而喻。最后我进行了小结：父母不仅给了我们生命，而且还含辛茹苦地抚育我们长大，教我们做人，这种恩情要永远铭记在我们心中。

课后学生和我都获益匪浅，我不禁要感谢学校这本《81 个好习惯》，让学生在暖融融的氛围中深切感悟在父母身上获得的爱。

4. 一次亲身体验

学校充分挖掘和利用校内外的教育资源在学校和社区开展一系列的活动，让学生把“好习惯”渗透到自己的生活中。例如，每年春秋游活动，能让学生懂得保护环境、讲究卫生的重要性。此外，学校每年为三年级学生举行“今年我十岁！”集体生日的主题队会，并邀请部分家长一起参加，学生们感恩之情溢于言表，常常令家长、老师感动得红了眼圈。同时，在“两分钟天天讲”中，要求每个学生将自己的各种亲身体验与大家交流。学校还以“小习惯决定大成败”的主题，让学生感悟良好的习惯给自己的生活带来的益处，进一步强化习惯的养成。

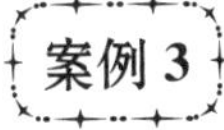

案例 3

劳动结束后整理现场——两分钟天天讲

午会课上，我让学生一起回忆生活中自己有没有遇到过“没有物归原处”的现象以及由此带来的不便。马上有学生说自己今天忘记戴红领巾了，因为昨天解下后没有放在书包旁；又有人举手说有一次上体育课时，不知道谁把活动器具随手一放，害得他绊了一跤……大家一致认为用完东西后应该放回原处。我接着说：“那请大家再仔细看一看，我们教室里有哪些东西没有物归原处好吗?”学生们一下子兴奋起来,纷纷寻找开来。经过一番热闹的行动后,教室里又安静了下来。我又趁热打铁,开始和学生讨论起来:“其实,也不是这些同学故意用完东西后不放回原处,可能是当时懒得动,但是不妨经常在心里提醒自己,并从第一次开始。也许刚开始时会觉得麻烦,但是一个行为只要能坚持21天,就会成为一种习惯。即使当时来不及整理,过后也要及时整理用过的物品……”学生们纷纷点头称是,并都愿意尝试。慢慢地,学生们用完东西后都能做到物归原处了。

5. 一份教育案例

学校通过班主任工作案例的交流,针对不同阶段的学生采用不同教育方法,进一步做好学校班主任工作,开创学校教育管理工作新局面。在活动中,要求教师用一个个真实、鲜活的典型案例,通过深刻反思,展示自己对教育事业的理解、对学生的热爱,幸福地体验着“与学生在一起所获得的快乐”。引导班主任树立正确的育人观,以期达到展示、分享、交流、学习的目的。

6. 一次队部评比

学校以争创三星示范校为契机,规范少先队员个体与群体的行为,努力营造校园文化建设的良好氛围,学校大队部根据《“丫丫”81个好习惯》系列内容,开展“好丫丫”的评比活动,以此来进一步规范学生言行,从小培养学生生活、学习上的好习惯,学规范之理,养规范之行,使其能真正影响学生一生。

(四)家校合作,深入训练

家庭是实施课题研究的助推器。家长工作时间普遍较长,与孩子缺乏沟通,部分家长对孩子教育方法欠妥,不少家长自身文化素质不高、观念落后等诸多因素的存在,不可避免地会导致子女的家庭教育环境受到影响。另外,对于许多外来务工人员而言,其“边缘人”的社会地位,往往会影响到家庭成员的自信心和期望值。这样的家庭难以做到与时俱进,也必然影响到其子女的教育与发展。

首先,帮助家长端正家庭教育的思想并改进家庭教育的方法。通过举办家长大课堂,发挥家长学校的积极作用,给家长讲解儿童教育心理学,提高家长们教育理论水平和能力。其次,教导家长要正确对待孩子。教导家长绝不能对孩子放任不管,任其所为;也不能盲信“不打不成材”的旧观念。要遵照儿童身心发展规律,尊重孩子的好奇心,激发其求知欲,尊重自尊心,培养良好品德并养成良好行为习惯。

其次,指导家长要以身作则,为孩子健康成长创造良好的家庭育人环境。家庭环境是否和谐,对子女的健康发展具有巨大的影响作用。和谐、融洽、民主的家庭,能促进儿童身心的健康发展;而经常吵闹、关系冷漠的家庭,会阻碍儿童身心健康发展。俗话说:“有其父必有其子”,就说明我们家长言传身教的重要性。因此,家长要为孩子树立一个好榜样,说到做到,遵纪守法,勤俭节约,创造一个良好的、融洽的、和谐的家庭氛围,让孩子无忧无虑、专心致志地学习和从事自己喜欢的活动。

再次，学校积极与家长沟通，密切配合。让家长明白与老师的沟通联系、协调配合会对小孩子形成巨大的教育推动力。教师要经常进行家访，了解每个学生在家庭中习惯养成的情况，以此督促学生在家里也要处处约束自己养成良好的行为习惯；另外学校要定期召开家长会，发挥家长中积极分子的作用。定期开家长会，属于集体沟通，是老师与学生家长直接相互交流的形式，目的是使家长了解、认识老师和确认发生在子女身上的事并咨询更好的教育方式；老师则利用家长会更多地了解学生的在家表现。通过家长的介绍，其他家长会对比分析自己的教育方法，从中吸取成功的育子经验。同时，家长和老师可以互相提意见，这样既改进了老师的教育方法，也让家长有正确的方法教育孩子。

（五）社会实践，巩固训练

社会实践活动是指在教师指导下，利用学校、家庭和社会的各种有利条件，开展丰富多样的活动，使学生通过参加各种社会实践活动，广泛接触社会、融入社会，进一步巩固其在学校里学习到的各种良好行为习惯。

1. 实践内容“生活化”

学校组织学生开展许多极具生活情趣的实践活动，通过这些活动使关心他人、热爱劳动、讲究卫生等美德像种子一样悄悄地在学生的心灵中扎根发芽。例如：为了让他们学会关心父母，体贴他人，在母亲节到来前夕，学校在同学中开展了“我为妈妈做件事”和“感恩父母”等系列活动，要求同学们要尽自己所能，积极主动地为父母做一件事，可以是为父母洗一双袜子，也可以是吃完饭主动地为妈妈倒杯水，还可以是为爸爸献上一首歌，为妈妈画上一幅画，给妈妈擦擦皮鞋。在活动中还要求同学们要注意观察父母每天都为自己做了什么。活动进行中，同学们自然而然地开始留心生活中的一些小事，他们在记录这些生活小事的过程中，感受到了父母为自己的无私奉献，也在为父母做事的过程中，学会了关心和体贴父母。

2. 实践形式“趣味性”

为加强对学生进行学校教育、家庭教育、社会教育的三结合，培养小学生的公民道德意识，学校每学期都和周边社区组织开展“走进社区，了解社会”的活动。假期里，学生们来到社区进行卫生大扫除，宣传卫生知识，既增强了学生的劳动观念，又培养了学生的坚强意志，使他们接触社会、了解社会的能力得到了锻炼。同时，也使他们在人际交往、语言表达等方面的能力得到了不同程度的锻炼。

另外，广中派出所的民警带领学生参加“警营开放日”活动——参观广中派出所，了解警营生活，学习自我防范意识。广中街道的社工为学生开设了“可爱女孩”的女生讲座；虹口区分局交警二支队的民警还到学校来为学生开展交通安全教育讲座。我校还与广中街道一起合办了“流动的花朵——爱的教育”女儿节活动。通过开展以“爱的教育”为主题的实践活动，使孩子们在活动中感受爱、学习爱、实践爱、争当爱的天使。通过参加社会实践活动，使学生们认识社区、了解社区、热爱社区，同时也增长各方面的知识，以适应社会发展的需要。

3. 实践活动“持久性”

实践证明，人的行为习惯需反复训练，即要经历“实践、认识、再实践、再认识”的复杂过程，才能逐渐形成良好的思想品德素质和良好的道德行为，从而真正拥有一个美好的心灵。所以引导学生进行社会实践活动，必须要坚持一个持久性。这就需要在开展实践活动时加强检查，持之以恒，一抓到底，直到每一个学生都能养成终身受益的良好习惯。在学校组织学生开展的“文明礼仪小天使”活动，其中一项是要求学生养成在楼道里靠右行走，右行礼让的习惯，对于一年级新入学的学生就需要强化训练。一年级学生没有规则意识，但是学校的学习环境又需要学生尽快养成靠右行走，右行礼让的习惯，以保证教学楼内的秩序，消除安全隐患。只要持之以恒地抓，全校学生都会成为讲文明、懂礼貌的小天使，甚至走到公共场合，也会树立文明小公民的崭新形象。

三、“六个一”活动教育模式

党的十八大以来，党中央高度重视培育和践行社会主义核心价值观。依法治国是社会主义民主政治的基本要求，必须通过法治建设来维护和保障公民的根本利益。

柳营路小学的学生全部都是“外来务工随迁子女”，他们来自祖国各地，有着完全不同的生活背景、风俗习惯、文化差异……而他们的父母受教育程度普遍为初、高中文化。这些家长忙于生计，自己的法治意识都很薄弱，对孩子的法治教育更是力不从心。学校现在迫切需要通过法治文化建设来引导学生了解依法治国的重要性，强化其法治意识。

为了培育和践行社会主义核心价值观，在学校教育中弘扬和渗透法治文化，柳营路小学与虹口法院结对，开展了以“六个一”为主线的一系列活动。通过上好“一堂主题教育课”、观看“一部专题纪录片”、参观“一次虹口法院”、亲历“一遍模拟法庭”、畅谈“一点感想”、组织一场“法律知识竞赛”等活动，让学生深刻理解法治的道德底蕴，牢固树立规则意识、诚信观念、契约精神，尊崇公序良俗，实现法治的育人功能。

“主题式教育”和“形式多样的活动”是小学生易于接受的法治教育方式。《青少年法治教育大纲》中指出，在校园法治文化建设方面，广泛开展模拟法庭、法律知识竞赛、法律情景剧展演、辩论会、理论研讨、法治社会实践、志愿服务等法治实践活动。

柳营路小学努力探索法治教育新方式，运用“六个一”来帮助学生实践法治精神；通过“小手牵大手”，让学生与家长共同融入法治文化中，融入学校乃至上海这个大都市的文明，用法治精神成就大文明。

（一）上好“一堂主题教育课”

主题式教育是小学阶段开展教育活动的重要方式。学校每年针对四年级学生开展“参观虹口法院”的法治主题教育活动。

在主题教育课堂上，通过图片和视频认识法院的标志、法庭的分类、法官的法袍、肩章以及法庭所代表的意义，从而让学生认识国家司法的象征及其标志。同时，初步建立规则意识，建立对宪法的法律地位和权威的意识。选取《道德与法治》一书中或者平时学习生活中的案例，请学生们探讨其中的法律问题并且进行基础的辩论，分配不同的角色进行模拟，培养学生的思辨能力。

案例 4

“学法守法　健康成长”主题教育活动

【活动目的】

（1）初步了解法院的基本情况及其职责，为参观虹口法院打好知识基础。

（2）初步建立规则意识，建立对宪法的法律地位和权威的初步意识。

（3）探讨生活中的法律知识，培养辨析能力。

【活动主要内容】

（1）法律法规知识竞赛。（《中华人民共和国义务教育法》《中华人民共和国交通安全法规》《中华人民共和国环境保护法》《中华人民共和国未成年人保护条例》等知识）

（2）认识法院的标志，法庭的分类，法官的法袍、肩章及法庭所代表的意义。

（3）选取《道德与法治》中与法律相关的知识、学生实际生活中所遇到的问题进行辨析活动。

【活动过程】

活动一：知识竞赛，激发兴趣

（1）以小组为单位，以抢答的形式进行法律法规知识竞赛。得分最高的小组将获得“小小法官”的称号。

（2）根据学生回答情况做点评。

（3）法律就在我们身边，我们即将参观虹口法院，在此之前，你有什么想了解的吗？今天，就让我们来学习相关的知识吧。

（设计意图：以知识竞赛的方式引入，能够调动学生的积极性，让他们积极参加到活动中来，评选出的“小小法官”也能应用在之后的活动中。此外，还能大致了解学生对于法律法规的认知情况，在之后的教育活动中能有的放矢，同时也为参观活动做好准备。）

活动二：播放媒体，认识法院

（1）出示文字：了解什么是法院。

法院（court），是世界各国普遍设立的国家机关。主要通过审判活动惩治违法犯罪分子，解决社会矛盾和纠纷，维护公平正义。

人民法院是中华人民共和国的国家审判机关，中华人民共和国设立最高人民法院、地方各级人民法院和军事法院等专门人民法院。其审理案件，除法律规定的特别情况外，一律公开进行。被告人有权获得辩护。

（2）出示图片：认识法院的标志、法官的法袍、肩章等。

（3）播放视频：法官的日常工作；了解法院的职能。

（设计意图：这一环节主要通过文字、图片、视频等媒体手段，让学生了解法院的基本情况、职能范围，对法院、法官等有一个初步的概念。）

活动三：扮演法官，情境辨析

（1）我们认识了法院、了解了法官们的工作，接下来，我们就来演一演“小法官”吧。首先，请刚刚得到“小小法官”称号的同学来试一试。（给学生相关流程及资料，并及时做相关指导）

（2）大家是否都跃跃欲试了，接着就在小组内演一演“小法官”吧。

出示情境：学生小 A 性格内向，个子比较小。小 B 是班中的小霸王，家中条件较好，放学后经常请同学吃零食，有些学生很喜欢“跟”着他。但小 B 常常欺负同学，小 A 因为胆子小，是他最常欺负的对象，他给小 A 起了绰号，还常常把垃圾藏在小 A 的书包里。下课时，还会故意绊小 A 一跤，还恐吓小 A 不准告诉老师和家长，不然会变本加厉欺负他。小 A 感到很痛苦，打不过小 B，也不敢告诉老师和家长。有些同学看见了，碍于小 B 也没有告诉老师，小 B 的家长觉得只是同学之间开玩笑，打打闹闹很正常。

对于这件事，各位“小法官”怎么看?

（3）根据情境，请同学分小组，分别扮演法官小 A、小 B、同学、家长，来演一演。（请 1~2 组做展示）

这些同学的行为都不可取，小 A 应该勇敢地告诉老师和家长，寻求帮助，要懂得保护自己的身心安全，使用自己的权利。小 B 这是欺凌弱小的行为，应该得到严厉的教育和处罚。旁观的同学应该站在正义的一边，帮助有需要的同学。家长应该正确认识孩子身上的错误行为，知道严重性，并正确教育孩子。

（4）小结：在生活中，我们要懂得用法律的武器保护自己，使用自己的权利。须知，做错事情是要受到惩罚的，即使是未成年人，也要遵守相关的法律法规，懂得什么该做，什么不该做。

（设计意图：这一部分首先让学生熟悉法官判案的相关流程，为之后的内容做铺垫。同时，设计了一个与学生生活相关的情境，让学生分角色演一演，投入情境中并思考：遇到这样的情况应该怎么办？这样既能培养学生解决问题的能力，同时帮助其树立法律意识及规则意识，懂得用法律来保护自己。）

活动四：走进法院，总结归纳

（1）法律是神圣的，但法律也在我们身边，我们要懂法守法，懂得要用法律来解决问题，懂得用法律的武器保护自己，同时不能去侵犯国家及他人的利益。

（2）出示虹口法院图片：马上，我们就要去参观虹口法院了。在参观时要注意文明礼仪，希望大家能够从参观中学到更多的法律知识。

（二）观看“一部专题纪录片”

在上好主题教育课的基础上，每位学生都观看了“一部专题纪录片”，从而让学生能够直观具体地了解虹口法院。纪录片不仅介绍了虹口法院的发展历史、机构设置，还展示了法院在各项建设中取得的成绩，并对法院的未来前景进行预见性的展望和憧憬。

通过观看纪录片，学生们对法院有了直观的了解，对法律的神圣与威严也有了具体的感受。

（三）参观“一次虹口法院”

学校选取四年级学生参观虹口法院。

学生们首先站在虹口法院大门前观看法院建筑，抬头瞻仰国徽。法院大气宏伟的建筑风格让学生体验到了法律的庄严和肃穆。

拾级而上，同学们参观了虹口法院的文史馆和档案馆，里面陈列着反映虹口法院悠久历史的许多珍贵藏品，有书籍、有制服、有装备……

在虹口法院，学生们还参观了法官墙。墙上展示着新中国成立以来虹口法院的每一位有着不凡作为的法官的照片及简介。那一个个名字印刻进了每个学生的心中！因为他们不凡的一生，是正义和公平的象征！在法官墙旁有一口警钟，寓意着警钟长鸣！让每一个参观的人不由肃然起敬，也警醒着每一个人要时刻记住遵法、守法。

在虹口法院，学生还参观了不同的法庭。尤其是少年法庭，让学生们感受到了法律对未成年人的约束与制裁，更了解了法律对未成年人的特别保护。

在参观法院的过程中，学生们认识了国家的司法机构，建立了对法律权威的初步认知，一些学生甚至还产生了崇高且神圣的“法官梦”。

（四）亲历“一遍模拟法庭”

在虹口法院，有一个模拟法庭，里面展示了法庭里所有的格局，其中有审判席、书记台、原告被告双方、听审席。

在模拟法庭，学生们进行了模拟审判。学生分组选好 1 名审判长、2 名陪审员、1 名书记员、1 名原告、1 名被告、2 名律师、2 名法警。通过之前在主题教育课中评讲过的案例，或者平时生活中的案例，学生们亲历一遍模拟法庭。模拟法庭通过案情分析、角色划分、法律文书准备、预演、正式开庭等环节模拟刑事、民事及行政审判的过程。下面是一个小小的片段：

书记员：请全体起立。请审判长和审判员入庭。（审判长、审判员依次就座）

审判长：大家请坐。

书记员：法庭准备工作就绪，请指示开庭。

审 1：柳营路小学四（2）班模拟法庭刑事审判庭现在开庭。传被告人张帅（化名）到庭。

……

以上是一个模拟法庭的片段，其中还有控辩双方的辩论，证人的发言等。在辩论的过程中，学生可以通过具体案例学习到相关的法律条文，并且在角色扮演中形成辩证性思维。同时，通过这样一次模拟法庭，能够使学生初步了解公民的诉讼权利，树立依法维权意识，并认识到违法和犯罪行为的危害以及相应的法律责任。

（五）畅谈“一点感想”

在参观“一次虹口法院”、亲历“一遍模拟法庭”后，学生们的内心其实是有很多感想的。因此，教师会让学生在纸上写一写活动的感想，或者画一画心目中的法官。

有的孩子说：“以后我也要做法官，维护公平和正义。”甚至还有的同学模拟制定起了班级中的“法律”，并在班级中讨论。主题班会上，学生们各抒己见，将模拟法庭改编成了小品——现代版的“包公审案”，引发了全校性的讨论。学生还自导自演法治小品《离奇的车祸》，在学校的“科艺节”上引起了不小的轰动。

这是学生的自我教育，发挥了学生的主体作用，学生们参与了群体生活、自主管理、民主协商，还培养了按规则办事的习惯。

（六）组织“一场法律知识竞赛”

通过不同的案例和主题式教育，学生已经掌握了关于安全教育、禁毒教育等主题中的法律知识，在亲历“一遍模拟法庭”中，还对国家司法机关有所认识。所以组织“一场法律知识竞赛”可以检测学生对于法律知识、法治意识的认识和了解。

在竞赛中，通过法律知识、案例评析等环节评选出“法律小达人”“光荣小法官”，并且在全校进行表彰，进而将法治文化引入每个柳营人心中。

在柳营路小学“六个一”的法治文化建设中，在与虹口法院结对三年以来，学生对于法治精神、法治思维和法治方式有了全面了解。

依托虹口法院的拓展型教育，结合学校中的主题教育，法治文化深入人心。同时，根据校情，开展“小手牵大手”活动，将法治文化惠及家长，由家长带向五湖四海，将“六个一”法治文化辐射到全国各省。

柳营路小学自招收进城务工人员随迁子女入学以来，面对来自 17 个省的孩子，从 2004 年开始，以“适应性教育”为引领，从与虹口法院结对三年来的实践中，摸索出了能够适应外来务工人员子女法治教育的较有效的途径和方法，从而将“适应性教育”拓展延伸到了如何适应上海法治环境的教育、如何加强规范意识等方面。让学生通过亲身体验和实践，认识了国家司法机构、了解了公民的基本权利和义务，初步建立了规则意识，树立了公平竞争的法治理念。同时，教师们也借此途径，从生活实践中提炼案例，拓展了教育系统中的法治文化。

四、“多层面”学科渗透模式

（一）搭建学科渗透“脚手架”

法治教育不仅仅是专门的法治教育课、法治教育活动，在学校常规的教学活动中更需要“润物细无声”式的无形渗透。

部编教材《道德与法治》作为学校常规课程中法治教育的主要实施与渗透的学科，其中包含了许多法治教育的内容。虽然教材中没有明确地显示法律常识、法律条文等法治教育内容，但教材中的每一个活动其实都无形地渗透着与法治相关的内容。在有趣的活动中普及法律常识，教导学生养成守法意识和行为习惯，让学生感知生活中的法、身边的法，培育学生的国家观念、规则意识、诚信观念和遵纪守法的行为习惯。

因而在《道德与法治》每一课的备课中，都应依据《青少年法治大纲》来设立“法治教育点”，教师会有意识地在教学活动中设计相关活动，为学生“无形”渗透法治教育。现根据一年级《道德与法治》上下两册各五课教学内容，结合相关活动，梳理出其中的“法治教育点”，为学科渗透搭建“脚手架”。

学科	年 级	课 题	教学内容及方法	法治教育点
道德与法治	一年级 第一学期	4. 上学路上	活动一：这样安全吗？ 本活动再现学生上学路上可能出现的危险行为，如奔跑过马路，坐校车时打闹，在小河边玩耍等，通过讨论交流的方式，让学生认识正确的、安全的行为，树立交通安全意识 活动二：交通信号要知道 通过生活中熟悉的画面、儿歌等，培养学生遵守交通规则的意识	树立遵守交通规则的意识
	一年级 第一学期	6. 校园里的号令	活动：升国旗了 以每周一进行的“升旗仪式”为例，让学生了解这些特定场合的特殊要求。“唱国歌”的活动引导学生初步认识到国歌、国徽、国旗的意义	规则意识 认知国家象征及标志
	一年级 第一学期	9. 玩得真开心	活动：这样玩好吗？ 利用视频引导学生意识到在楼道及公共场所玩游戏时，要考虑他人的感受，认识到大喊大叫会影响他人的日常生活	公共安全意识 规则意识 人权意识
	一年级 第二学期	7. 可爱的动物	活动一：怎样才是真喜欢 分辨哪些行为是爱护动物的表现，远离爱护动物的误区。同时渗透与动物接触的正确方法 活动二：别让自己受伤害 了解动物的生活习性，掌握与动物相处的方法，避免自己受到来自动物的意外伤害，同时探究在受到伤害后的处理方法	爱护动物 自我保护意识
	一年级 第二学期	8. 大自然谢谢您	活动：大自然的礼物 让学生感受大自然的山清水秀，物产丰富；又从吃、穿、住的角度，让学生了解我们生活中的一切都来自大自然	保护大自然
	一年级 第二学期	9. 我和我的家	活动：我和我的家 利用以树为背景的家庭结构关系图，让学生认识中国的家庭伦理关系，同时感受到祖辈是家庭的根基，父辈是家庭的枝干，我辈是家庭的新叶	初步建立对家庭关系的法律认识

除了《道德与法治》学科，其他学科也需要在日常教学中渗透法治教育内容。学校语文、数学、英语三门学科先行一步，也梳理出教材中部分相关法治教育的内容和活动。

（二）铺设学科渗透“多轨道”

在各学科梳理出“法治教育点”，搭建好学科渗透的“脚手架”，通过相关教学活动的设计，在日常教学活动中渗透法治教育的基础上，学校还向教师收集了实践案例。通过案例分析与思考，在不断地实践与反思中，为学科渗透模式铺设轨道，加速法治教育的进程。

以下为各学科法治教育渗透案例：

道德与法治学科

【案例背景】

《玩得真开心》是一年级部编教材《道德与法治》第三单元“家中的安全与健康”中的第一课。这一单元的内容，主要是对学生进行健康文明的家庭生活方式的引导。现在的学生在玩的时候同伴不多，玩的内容也比较单一，而且有些学生的家庭游戏存在着一些不健康、不安全的倾向，有的学生还会在玩的时候因为没有节制、大喊大叫、发出噪声，从而影响了他人的生活。所以本课的重点就是从这四幅图出发，树立学生玩耍时的安全意识以及不影响他人的公共意识和规则意识，让学生明白影响他人是不尊重他人的表现，初步培养人权意识，这也是本课的法治教育渗透点。

【案例呈现】

活动一：找找不安全因素，玩得安全

1. 视频引入打火机，并播放玩打火机导致火灾的新闻。

2. 小结：我们要玩得安全，坚决不能玩火。（板书：安全）

3. 小组合作完成活动任务单，找出不能玩的物品，为他们画上“禁止”符号。并在小组里讨论，玩这些会有什么后果？

活动二：视频讨论，玩得文明

1. 除此之外，在玩的过程中，我们还需要注意什么呢？

小结：玩的时候不能只顾着自己开心，也要考虑别人。不打扰别人，这是一种文明美德，玩要玩得文明。（板书：文明）

2. 玩的时候不打扰别人的工作和休息，除此之外，在玩的时候，还要注意哪些，能让我们玩得开心，玩得文明呢？

【案例分析】

本课的法治教育渗透内容有重要意义，一是强调安全意识的培养，二是强调规则意识的树立，引导学生明白在公共场合不能随心所欲。

这节课在开始的游戏活动引入之后就进入了“玩得安全”环节。现在家中存在的不安全因素很多，很容易被大家忽视。用比较常用的打火机引入，通过媒体向学生呈现玩火的严重后果。在此环节中，老师设计了一份活动任务单，上面有10种家中常见物品，请学生通过小组合作找出不能玩的物品，画上禁止符号，以此来警示学生这些物品是绝对不能玩的。

而法治教育中的公共意识则通过“玩得文明”这一环节进行渗透，通过小视频《不打扰别人》来引入，以此展开，让学生说说玩得文明还体现在哪些地方。因为现在外面游乐场所很多，玩的人也多，小孩子之间不文明的现象常有发生，有的甚至会牵涉到家长。通过此环节，让他们知道玩的时候不能只考虑自己，也要顾及他人，尤其在公众场合，要学会尊重他人，注意文明礼仪，严格遵守公共规则。

语文学科

【案例背景】

《狼和鹿》是四年级的一篇语文课文。课文对真实的事例进行了改编，讲述了在凯巴伯森林，人们为了保护鹿，而捕杀狼等鹿的天敌。可是，由于鹿没有了天敌，数量急速上升，导致森林没有足够的食物维持鹿的需要，结果鹿的数量急剧下降。况且狼会吃掉一些病鹿，现在没有了狼，病鹿便会把病传染给其他健康的鹿。最后，凯巴伯森林只剩下了 8 000 只病鹿。课文通过生动的语言，让人深深感受到了维持生态平衡的重要性。

【案例呈现】

环节一：初步了解课文

1. 教师：下面请同学们轻声读课文，要求读准字音，读通句子，用直线画出写凯巴伯森林之前的样子的句子，用浪线画出写凯巴伯森林之后的样子的句子。（板书：之前、之后）

2. 学生交流。（板书：生机勃勃，活泼而美丽的鹿；严重的破坏，病鹿）

3. 教师出示相关图片，结合图片和板书来介绍凯巴伯森林之前和之后的样子。

环节二：深入学习课文

1. 教师：通过之前的学习，我们知道了凯巴伯森林之前和之后的样子，那下面我们要知道什么呢？

2. 学生：我们要知道凯巴伯森林有这样变化的原因。

3. 教师：那下面就请同学们默读课文，思考凯巴伯森林会发生如此巨大变化的原因。（理解杀狼的原因）

（1）人们为什么要捕杀狼呢？

（2）出示第二自然段，抓住关键词理解人对狼的憎恨。

4. 继续学习狼被杀后造成的影响。

5. 其实谁才是真正的祸首？（是人）

环节三：总结课文

教师：狼和鹿之前的故事告诉了我们什么道理？

板书：保护生态平衡

【案例分析】

语文作为一门基础性学科，不仅仅是让学生在课堂上体会语言文字的魅力，教会学生如何去表达，更是要让学生明白做人的道理，做一个能融入社会的人。因此，在语文的课堂上，教师就应该注重这方面的培养，而《狼和鹿》则提供了一个很好的载体。教师应该让学生抓住重点词句，体会作者表达，从而感受保护生态平衡的重要性。

《狼和鹿》这篇文章在开展教学时，主要是围绕“功臣”和“祸首”这两个词进行教学。作者为了凸显狼的重要性，运用一系列的数字，来表现鹿前后的数量的变化。首先让学生找到描写鹿的数量的句子。这里，要让学生关注描写鹿数量的词语：大约四千只、超过十万只、六万只、八千只。通过前后的比较，让学生产生疑问，为何鹿的数量先增后减，变化如此之大。而作者运用这些数字的目的就是让人们感受鹿的数量变化之大，从侧面体现出狼的重要性，感受到狼是“功臣”。

接着，就是让学生找到鹿的数量变化的原因，更加直观地感受狼——这个“功臣”的作用。这里就是要让学生明白“天敌被捕杀”直接导致了“植物被吃光”和“疾病在蔓延”，为下文感悟狼是“功臣”做铺垫。当然，狼的“功臣”形象，不仅仅是影响到鹿的数量变化，也影响到森林的变化。

语文学科就是让学生在品词读句的过程中，感受各种自然规律、社会道理。情感态度和价值观的学科维度，应始终贯穿于教学之中。

数学学科

【案例背景】

《认识人民币》是沪教版数学一年级第二学期第二单元“100以内数的认识”中的一课。学生对人民币并不感到陌生，但很多人只知道它可以用来购物、可以作为财富储存起来，将其视为纯粹的私有财产，爱怎么对待就怎么对待。要知道，人民币上可有国徽图案，它是我们国家的象征和标志，代表着国家的主权，体现了国家的尊严。

因此本节课在教学生使用人民币的同时，更应该让学生真正地了解人民币的意义，明白什么样的行为是损坏人民币的行为。

【案例呈现】

活动一：认识人民币

1. 观察100元纸币，说说你看到了什么？

根据学生的反馈，归纳成三个方面：中国元素（国徽、中国人民银行、汉字、人民大会堂、毛泽东爷爷）、数学元素、其他。

2. 猜一猜，介绍第五套人民币。

（1）根据显露的部分人民币图案，猜人民币的币值。

（2）介绍第五套人民币

正面均为毛泽东头像，背面以中国知名风景、知名建筑为主题，突出反映祖国大好河山。(100元纸币背面是北京的人民大会堂；50元纸币背面是西藏拉萨的布达拉宫……)

小结：每一张人民币不仅代表了一定的币值，同时人民币上的国徽等图案，更是我们国家的象征和标志。

活动二：爱护人民币

1. 视频讨论：破坏人民币的行为有哪些？

根据学生反馈，归纳：

（1）涂写；（2）撕毁；（3）弄脏。

2. 讨论：如何爱护人民币？

小结：人民币作为国家的象征，我们每个中国公民都有爱护、珍惜人民币的责任和义务，让我们一起加入爱护人民币的行动中来吧！

【案例分析】

本课的法治教育渗透内容重点在于要求学生认识国家的象征、建立“爱护人民币”的意识。

一年级的孩子对人民币已有一定生活经验，于是通过小组活动“认一认这些人民币”，让学生在看一看、摸一摸的过程中，发挥自己的生活经验，积极交流自己辨认的方法，使学生在合作交流中自觉地进一步认识人民币。同时，在归纳总结的过程中，有意识地进行分类，让学生体会人民币上不仅有数学信息、其他信息，还有许多的中国元素，体现人民币是中国的货币，使学生初步体会人民币是国家的象征和标志。

同时通过“猜一猜”显露的人民币上的部分图案，让学生在猜测的过程中观察人民币背面上的图案（我国的知名风景、知名建筑），并向学生介绍第五套人民币不同于其他版本的人民币，采用的是“组合式”风景。相信经过本节课的学习与课后知识的拓展，学生们对于人民币一定有了较为深入的了解与感悟。

之后再通过简短的视频讨论，让学生明白什么样的行为是损坏人民币的行为，让学生主动加入“爱护人民币”的行动中来。

英语学科

【案例背景】

M3U2 Rules 是二年级第二学期第三单元“Things around us”中的第二课。这一单元的内容，主要学习关于交通规则方面的知识：“红灯停，黄灯等，绿灯行”，要求学生能灵活运用三种句型描述交通信号灯和发出正确的指令，能进行儿歌的诵读，且能进行创编。

本课教材分别创设了马路、游乐园和课堂等三个场景，对学生进行道路安全的教育，并以儿歌的形式强化“红灯停，绿灯行”这一基本的交通法规。

本课的教学将树立学生的道路安全意识以及规则意识，让学生严格遵守“红灯停，黄灯等，绿灯行”的交规，这是基本的法治要求，这也是本课的法治教育的重要的渗透点。

【案例呈现】

Procedures			
Step	Contents	Methods	Purpose
While-task procedure	stop	T：Look. Eddie and his father are at the crossing road. Are they waiting for a taxi? Eddie：I am not waiting for the taxi. Look at the light. It's red. Stop！ Elicit：light Ss practice. A light，a light， A red light， A light，a light， A green light	第二个情景创设：Eddie 和 Eddie 的爸爸在马路边上，他们在等出租吗？引出他们不往前走，是因为前面是红灯，新单词 light，通过儿歌进行操练

续表

Procedures			
Step	Contents	Methods	Purpose
While-task procedure	wait go Let's ____	Show a light. T: Look at the light. What colour is it? Ss: It's red. T: At the crossing road, can we cross the road? Elicit: stop Ss practice. Read the sentences: Look at the light. It's red. Stop. T: We are at the crossing road. Let's remind some drivers to stop their transports. Look at the van. Rhyme: ____… ____, , , A/an is coming. Look at the light. It's red. Stop T: Look at the light. It's yellow. We must wait. Elicit: wait. Ss practice. Rhyme: T: Look, look. Look at the light. Is it red? Is it yellow? Ss answer. T: Can we stop? Can we wait? Elicit: go Ss practice. Rhyme:	通过问答形式帮助学生了解红灯不可以过马路，引出新单词：stop 通过儿歌的创编，对新单词和句型进行操练和巩固 结合上面的单词，将两个新单词组合创编成一首新儿歌 通过两个人物的对话，让学生懂得绿灯时，可以向前走，引出新单词：go 并通过儿歌进行拓展，Go to ____

【案例分析】

在本课的教学中，教师充分利用教材所提供的场景。通过创设小朋友们熟悉的小主人公 Kitty 要过马路这一场景，引导小朋友观察交通信号灯所显示的颜色（红、黄、绿），为后面描述信号灯，揭示交通信号等所提示的颜色所表达的含义（停、等、行）做好铺垫。

在了解了交通信号等的作用后，进行了第二个情景创设：Eddie 和 Eddie 的爸爸在马路边上，他们在等出租吗？引出他们不往前走，是因为前面是红灯。接着，通过问答形式帮助学生了解红灯不可以过马路。接着，又通过两个人物的对话，让学生懂得绿灯时，可以向前走——go。为了强化学生对交通规则的认识，充分结合低年级学生的性格特点，通过儿歌的创编，在新单词和句型进行操练和巩固的同时，深化学生的法治意识。

（三）建设学科渗透“快乐园”

在学科中梳理“法治教育点”，搭建起牢固的“脚手架”；在教学实践中收集相关案例，进行分析和思考，全方位多方向地为学科渗透铺设轨道。这为法治教育在学科中的渗透建立起坚实的基础。

在此基础上，我们还将法治教育的学科渗透向课后延伸，在丰富的活动中为学生建设“快乐园”，让学生成为主人，让法治教育深入学生心中。

1. 主题教育课

每周一的少先队活动课中，大队辅导员、班主任老师都会对学生进行主题教育课，内容涉及方方面面，其中也不乏法治教育的内容。

比如以“国庆节”为主题的主题教育课，根据少先队主题教育读本中“我是未来建设者”的相关内容，学生认识了杨利伟、屠呦呦、袁隆平、郎平等为祖国带来荣耀的建设者，他们在各个领域所取得的骄人成就令同学们赞叹不已。电影《战狼》让学生感受到了中国军人的精神，为自己的祖国感到自豪。此外，学生们还观看了天安门广场升旗仪式的视频，感受这一份庄严，感受这一份自豪。这在树立学生国家观念的同时，也使其温故了在升旗时所要注意的礼仪规范，培养了学生的规则意识。接着，同学们进行了“喜迎十九大、回望强军梦”的讲故事比赛，每一位同学都准备得十分充分，大家在一个个精彩的故事中感受到了中华民族的坚忍不拔。

除了校内的活动，我们还请来了外校的资源。2018 年 4 月 9 日上午，华东政法大学的三位博士来到我校，开展了“学宪法明法理”的主题教育活动。陆博士通过一个拾荒者在图书馆阅览图书的故事，引入了宪法中关于“公民”的概念和意识。司博士生动地引用了“香港地铁小便”“阿姨和小狗”等新闻热点事件为学生解释了什么叫隐私权，也告诉了学生如何维护自己的隐私权，非常实用。黄博士则抛出“请问大家可以随意取名字吗”的问题引发了学生的激烈讨论，从而告诉学生，在行使自己权利的同时，不能侵犯他人的权利，也不能突破国家已有的原则。三位博士用专业的知识、亲切的语言、生动的事例为学生带来一堂生动的法治教育课。

2. 主题班队会

我校举行了以“落实价值观，回望强军梦”为主题的主题队会，每个年级分别负责不同的方面，其中负责“爱国”的年级，通过视频、诗朗诵等形式，增强学生的国家观念，弘扬爱国主义精神；负责“诚信”的年级，则通过相声等形式，让学生懂得要诚实守信；五年级负责的“公正法治”主题，更是将法治教育落到实处，通过歌舞、朗诵、小品等形式，践行社会主义核心价值观，初步树立法治意识和观念，养成自觉维护和遵守法律的好习惯，培养学生成为遵纪守法的好少年。其中五（2）中队的小品——《包公审理现代案》非常出彩。

小品《包公审理现代案》（片段）

包公（拍惊堂木）：把犯人带上来。

犯人上。

师爷：大胆狂徒，见了大人，为何不下跪？

警花：哎，师爷，我们的司法制度早就废除了下跪这一条。所有嫌疑犯在法庭上是可以坐下来的。

包公：我乃朝廷命官，与犯人同庭而坐，成何体统？

警花：包大人，现代社会，法律面前人人平等，他犯了法，我们同样保证他的人格尊严。

包公：那就让他站着吧。

包公是大家耳熟能详的人物，此小品也赶了一把“穿越”的潮流，包公从古代穿越过来审理了一个现代案件，这激发了学生的兴趣。小品里内容的呈现也符合学生的年龄和生活，上面列举的这一个小片段，不仅体现了现代社会法治的发展，同时也为学生树立起法律面前人人平等的观念。在学生们活泼生动的演绎之中，无形渗透了法治教育。

3. 各项学科节

学校每年都会举行学科节，一般在年末举行的英语节会以歌曲、舞蹈、课本剧等丰富多彩的形式展现。在去年的英语节中，五（1）班学生为大家带来的相声《法律和我们在一起》，用诙谐的语言和幽默的表现形式，告诉学生其实法律离我们并不遥远，从一出生开始法律就围绕在我们身边，比如《中华人民共和国国籍法》《中华人民共和国义务教育法》《中华人民共和国交通安全法》《中华人民共和国食品安全法》。最后集体诵读的英语儿歌，更是为学生加深影响，从无形之中让学生感受到法律和我们在一起，维护着我们的权利。

除了英语节，科艺节也如火如荼地开展着。在2018年柳营路小学“缤纷课程、五彩梦想”的科艺中，小品《离奇的车祸》为大家上了一堂生动的“法治教育课”。通过动物王国的“酒驾案”，首先让学生明白喝酒驾车是违反法律的，会危及他人的安全，劝酒的行为也是不可取的，要文明用餐，从而树立了学生的交通安全意识，培养了学生维护社会秩序的责任。

其实，类似的活动还有很多很多，还需要学校和老师在日常活动中去挖掘、去设计，才能在学生喜闻乐见的活动中渗透法治教育，为学生建设“快乐园”。

党的十八届四中全会通过的《中共中央关于全面深化改革若干重大问题的决定》明确要求：“坚持把全民普法和守法作为依法治国的长期基础工作，深入开展法治宣传教育，引导全民自觉守法、遇事找法、解决问题靠法”。柳营小学通过“有效架构，无缝衔接”“有形教育，无形渗透”“有机整合，无限延伸”三个策略，以“习惯养成—活动教育—

学科渗透”三个视角的法治教育串起一条多维度的学生法治意识生态成长链。

愿每一位学生都能从小养成守法意识和行为习惯；愿每一位教师都能以学生视角开展教育活动，让学生感知生活中的法、身边的法；愿“家—校—社”的互动成长能成为构建法治教育生态教育圈的重要因素……这是学校法治教育工作的不懈追求！

模式二

“杨园”法治教育模式[①]

——以课程为基础的小学法治教育模式探究

上海市浦东新区杨园中心小学是一所地处浦东外环线边上的农村偏远地区公办小学。学校创建于1949年，所处的高东镇是浦东开发开放的前沿地带，又是如今依托自贸区快速发展的乡镇。学生中外来民工随迁子女比例逐年上升（现已超过70%），由于家长工作忙碌，疏于管教，学生的法治观念和安全意识薄弱。

基于学校生源状况和发展需要，学校将学生法治教育立足于课程建设的基础上，建立了“小学法治特色课程”体系。该课程通过法治课堂教学课程、实践探究性课程、法治社团特色小课程、雏鹰学法争章课程等系列小课程，多角度、全方位地对学生进行法治教育，形成基于法治特色课程体系的“杨园”法治教育模式。在多年的法治教育模式探究过程中，学校逐步规范了法治课程的设计，有机综合了各类德育内容，形成了以法治教育为特色的德育校本课程体系；研究了小学法治教育课程的实施策略；构建并深化了小学法治教育课程的评价机制的研究，确立了法治课程评价的原则、标准、内容和评价方式，并形成自主、多元的法治教育课程的评价机制，形成了具有“杨园”特色的小学法治教育模式。其中，关于小学生法治教育的途径和方法，与目前教育部颁发的《法治教育大纲》中提到的关注专科教学、重视学科渗透、协同优质资源的理念都是不谋而合的。

2010年，学校被评为全市首批“依法治校示范校”；2012年，学校构建的特色校本课程《小学法治》，被评为“浦东新区首批特色课程”；2015年，学校被评为“六五”普法“上海市依法治校标兵示范学校”（全市共10家）；2017年10月，学校接受授牌成为全国首批9家“中小学法治教育协同创新中心实验校”之一。学校由一所普普通通的典型农村小学逐步发展成为在周边享有良好声誉、家长放心满意的家门口的优质学校。

---

① 编写团队：黄慧玲、王小君、黄云峰、朱万平、陶莉、王静、朱岚、丁莲、黄琰、陈蓓、夏燕萍、万碧玮。

一、打造校园法治文化，用心布置校园环境

小学生思想单纯，好奇心强，善于观察、模仿，他们的言行容易受到周围人和事物的影响。因此，每天耳濡目染的周边环境、生活琐事都会对他们的心理发展和人格形成产生重要影响。

学校学生法治教育工作首先从营造法治文化氛围入手。

（一）校园环境

环境布置具有渲染主题文化气氛的作用。凡走进校园的人员，都会感受到浓厚的法治教育宣传氛围。

学校外围墙有大幅卡通浮雕，显示着“法”的威严以及“公平、公正”的意义。一入校门，首先映入眼帘的，是正对着学校大门的教学楼门庭墙面上的“依法治校、以德立校”八个大字。步入校园，各楼层过道墙面上学生制作的法治教育宣传主题书画富有童趣，“生活中有法，法在生活中”“漫漫人生路，学法第一步”“万物有规律，有法天下行”等写实而富有教育意义的宣传标语以及学生学法活动剪影沿着楼梯拾级而上，形象地引导着孩子们牢记教室墙面镶嵌的校训——“依规做人，依法做事”，身心愉悦地健康成长。

另外，校园内各种指示标志的设置，教室走廊墙面上各种法治宣传漫画、德育室和大队部联合布置的主题宣传橱窗等，以及各专用教室里富有针对性和启发性、引导性的学科学习格言、警语，无不提示着孩子们心中要时刻有“法”，要养成自觉学法、守法、用法的习惯。

（二）人文环境

隐形的人文环境是营造法治文化氛围必不可少的内容。学校依法管理，教师依法治教，学生依规做人都是人文环境形成的要素。学校制定章程保障师生权益；制定学校“一日行为规范”严肃学生常规；开辟模拟法庭专用教室，作为学生学法、用法实践的固定基地；为师生定制法治校服，组织换服仪式，警示师生“心中时刻有法，言行有理有据”；编辑学校法治小报《与法同行》，宣传学校师生的学法实践活动，通畅法治教育讯息等，无不为学校法治文化的营造起着聚力作用。

在法治教育实践中，教师的法治观念不断增强，教育行为更趋规范。“身正为师，德高为范”。教师廉洁诚信、模范地遵守师德规范和法律、法规，既潜移默化地为学生树立了学法、守法、护法的榜样，又润物细无声地给予了学生法治意义下的人文关怀。

如今，在每星期一的升旗仪式上，师生们都会身着法治校服，在冉冉升起的五星红旗下，在庄严的国歌声中，庄重地行礼。如此形式的升旗仪式，会使师生油然而生一种守法、护法的神圣感和使命感，提升了师生对法律的崇尚和敬仰。

二、关注课堂教学主渠道，三类课程相辅相成

学校三类课程：基础型课程、拓展型课程、研究型课程是学校课程体系的三驾马车。学校在学生法治教育过程中科学、合理地安排三类课程，使其能在学生法治教育过程中体现不同课程优势，相辅相成，互补画圆。

（一）基础型课程——《道德与法治》

1. 专课教学

法治课课堂教学是学校进行法治教育的主阵地，开设专课进行法治教育，可以引起学生对所学法律知识的重视，并能充分发挥教师在法治教育中的主导作用和学生在学法过程中的主体作用。

学校按照基础课程设置，挑选青年骨干教师担任《道德与法治》学科专职教师，成立“道法”教研组，经常开展教研活动，探讨生动活泼的法治课堂教学方法，交流心得体会，并在教育实践过程中及时总结经验，不断提高法治教育能力，形成了一支较高素质的法治教育教师队伍。

小学法治课教学方法种类繁多，学校教师在法治课堂上主要采用讲授法、讨论法、活动教学法及情境教学法。

（1）讲授法

讲授法是教师运用口头语言向学生描绘情境、叙述事实、解释概念、论证原理和阐明规律的一种教学方法。法治课运用讲授法能使学生在较短的时间内掌握全面而准确的法律、法规知识。

例如，在上《保护人类生存的环境》这一课时，教师向学生提供许多垃圾包围城镇的具体事实，使其认识地球正面临着“黑色、白色、黄色”等各种污染，自然界出现了长江变“黄河”、太湖变“臭湖”等严重后果。同时，结合教学内容，教师向学生简要讲解《中华人民共和国环境保护法》的法规条文，使其认识保护环境是我国的一项基本国策，培养学生爱护地球、保护环境的意识。

（2）讨论法

讨论法是在教师的指导下，由学生就教学中的某一问题各抒己见、开展讨论，得出正确结论的一种教学方法。讨论法是法治课教学常用的方法。

教学《依法维护社会公共秩序》一课时，教师首先向学生提出了这样一个问题：某人偷了一辆自行车想要低价出售，而你正需要一辆自行车，你是买还是不买？教师的话音刚落就有同学说：“便宜东西干吗不买?!”又有同学反驳说：“偷来的东西不能买，买了就是帮助小偷销赃。”双方各持己见，争论不休。此时，教师便出示相关的法律条文，因势利导说：“《治安管理处罚法》规定，对明知是赃物而购买的，处 15 日以下拘留，200 元以下罚款或警告。因为明知是赃物而购买的行为，直接帮助了犯罪分子逃脱罪责或得到非

法利益，干扰了司法机关查处赃物，给社会带来危害，因而要受到法律的制裁。”这么一说，学生都明白了购买赃物是违法行为，纷纷表示不能贪图便宜购买赃物，而且表示如果发现别人有销赃的行为要举报到有关部门。就这样在热烈的讨论中，法律知识深入每个学生的心里，取得了较好的教育效果。

法治课教师在课堂上运用讨论法时特别重视精心选择讨论题。讨论题一般都具有法律意义，而且是小学生易于理解、与他们的生活实际有联系、能学以致用的。同时，在课堂上，教师还密切关注着学生的讨论情况，适时启发、引导，及时处理讨论结果，当堂总结、反馈。

（3）活动教学法

活动教学法是以开展实践活动为特征的一种教学方法。如执教《遵守交通规则》一课，教师先在课堂教学中指导学生知道要遵守交通规则的道理，再将学生带到马路上、十字路口，指导其辨认交通标志和信号灯，现场指导其遵守交通规则的行为，从而帮助学生增强交通安全意识，知道“交通规则”，遵守“交通规则”。

（4）情境教学法

情境教学法是创设适当的教学情境对学生进行教育的教学方法。情境教学法重视学生的学习体验和感悟，它运用于法治课教学能使教学变得有趣、生动，易于取得实效。

如在教学《不上当受骗》一课时，教师借助录像创设了这样一个情境：

有一天晚上，小丽独自一人在家看电视，忽然听到敲门声。小丽问：“是谁，有什么事？”敲门者说是她爸爸的同事，要给她爸爸送一份文件。小丽是该开门，还是不该开门呢？

提出问题后，教师没有急于要求学生作答，而是要求学生用自主选择座位的形式来回答“该开门”还是“不该开门”的问题，同意开门的同学坐左边，不同意开门的同学坐右边，然后组织两组学生进行辩论，陈述选择的缘由。通过辩论，学生知道了面对陌生人要提高警惕，不要轻信陌生人的花言巧语，应该学会自我保护。

法治课的教学方法多种多样，教师一般都会视具体教育目标与教学内容来选择恰当的教学方法。

2. 学科渗透

学校在推进法治教育课程时尤其注重学科课堂教学的法治教育渗透功能，要求学科教学要做到找准一个“点”，设计一个“法”。

（1）找准一个“点”

这个“点”，就是在学科教学中渗透法治教育的结合点。要求教师充分研究教材，通过集体备课、说课等活动，把教材内容中涉及的法律法规的知识、观念等内容寻找出来，以期在具体教学过程中结合这些内容，对学生渗透法治教育，培养学生法律意识和守法的习惯。

（2）设计一个“法”

这个“法”，就是在学科教学中要精心设计渗透的方法，既要不违背学科教学的基本规律与要求，又要有机渗透法治教育，做到含而不露痕，润物细无声。

学科教学中渗透法治教育在系统性上虽然不如法治教育课，但在法治的广泛性上却有着优势。《中华人民共和国未成年人保护法》《中华人民共和国义务教育法》《中华人民共和国国旗法》《中华人民共和国道路交通安全法》等各种法律条文在大多数学科中都有涉及。这种学科教学与法治教育有机结合的教育形式，使法治教育依托在各学科浓郁的人文背景中，从正面或侧面对学生进行法律知识的教育，效果良好。

教师在学科教学中渗透法治教育都要注重遵循以下原则：

（1）目的性原则

教学始终是一项带有明确方向性和目的性的活动，小学法治教育在学科中渗透也是一项有目的、有计划的教学活动。学校要求教师有选择地、适当地把法治教育目标列入教学目标之列，并在学科课堂教学中有意识地采取适当教学措施，实现法治教育目标。

（2）有机性原则

在学科教学中渗透法治教育必须将学科教学内容与法治教育内容有机地结合起来。既不能在学科教学中把不相关的法治教育内容硬塞进去，也不能漠视各科教学内容中蕴含的法治教育因素。要根据学科的特点和凭借学科教材，在教学中恰当地把握尺寸，潜移默化地进行渗透，把学科教学内容与法治教学内容有机地结合起来。如：在三年级第一学期的一堂数学课上，授课内容是对重量单位千克、克的认识，当老师在指导学生通过手来掂量物品感受重量时，告诉学生：一克物品很轻，但一克毒品的危害却很大，适时地教育学生远离毒品，珍爱生命。又如：在一堂语文课上，老师请学生用“赡”组词，一名学生回答“赡养”，此时老师加以了表扬，并因势利导，告诉学生：由父母“抚养”成人是子女的“权利”，而“赡养”老人是子女的“义务”，每个人的权利和义务都是对等的。你可以行使你的权利，但也要履行你的义务。这样，同学们在接受语言文字教育的同时也受到了一次深刻的法治教育。

（3）选择性原则

知识教学有系统性，由浅入深，以学生的最近发展区的接受程度为标准，而法律知识的渗透也要循序渐进。例如在渗透“保护动物”这一法治教育内容时，各年级段的要求是不同的。一、二年级教学时要求学生了解动物是人类的好朋友，要保护动物，了解国家制定的有关保护珍禽异兽的一些法律知识。到三、四年级时，又可以渗透如何保护动物的法治教育内容。到高年级时则可以渗透运用法律这个武器与猎捕杀害野生动物的坏人作斗争的法治教育内容。

（4）情感性原则

学科教学的法治教育渗透，必须富有情感性，必须讲究氛围，必须在教学过程中动以真情。在教学中，教师与学生之间不仅要有知识的交流，还要有情感的交流。这种交流对进行法治教育的渗透十分有利，可以使学生动情、明法，取得“内化”的实效。如：教授《小蝌蚪找妈妈》《骆驼和羊》《小壁虎借尾巴》《珍珠鸟》等语文课文时，教师引导学生在课文描绘的字里行间感受到动物们或有趣，或可爱，或美丽，或富有灵性的魅力。当学生在受到美的感情激发和熏陶后，教师适时展现现实中环境遭受严重破坏的丑恶现象（如白色污染、沙尘暴频虐城市、酸雨影响人类生活等），这样自然而然就会激发学生对环境的热爱，从而使学生自觉产生保护动植物的情感，懂得保护环境的重要性，并学到了有关的法律知识。

多年来，学校始终致力于法治课课堂教学的实践探索，在此过程中坚持法治专课教学和学科教学渗透抵足进行，收到了良好的教育效果。

（二）拓展型课程——《与法同行》

《与法同行》是我校自2002年开始创建法治特色过程中逐步建立的校本课程。作为拓展型课程，学校将此课程也安排进课表，每周保障一课时教学，教学方式类似于“道法”课，但是比道法课的内容更集中、更统一，相当于法治专册教学。

1. 课程内容

学校在法治拓展课程中补充了有关宪法、民法、国旗法、交通法、未成年人保护法、预防未成年人犯罪法、语言文字法等十多个法治主题的内容，根据学生年龄特征和认知规律，择取其中较为浅显的法律知识，以通俗的语言、形象的画面，由浅入深地向学生传授法律知识。具体教育内容涉及四大类。

第一类法在学校：主要涉及未成年人保护法、教师法、义务教育法、小学生守则、小学生日常行为规范等。

第二类法在家庭：主要涉及住宅安全与110、119常识，食品卫生，妇女、儿童、老人权益保障，禁毒、禁赌等方面的法律法规。

第三类法在社会：主要涉及道路交通、水资源、绿化、能源、环境保护、诚信廉洁等基本法律常识。

第四类国家与法：主要涉及国籍、国旗、国徽、首都的基本知识和国家、领土、海洋、知识产权、文物保护等基本法律常识。

2. 校本教材

从遵循小学生心理发展与生活实际的基本原则出发，学校自编了一套具有“基础性、针对性、层次性”特征的法治校本教材《与法同行》（共十册）用于拓展课程的实施。就教材内容安排来说，每册教材中分列五至七个法治教育主题。每一个法治主题分成“学法、懂法”和“实践、探究”两大板块。这两大板块相互联系，构成一个有机的整体。

“学法、懂法”板块主要是引导学生掌握一些与生活实际密切相关的法律、法规知识；“实践、探究”板块则主要是通过活动设计和实践应用，引发学生产生问题，鼓励学生通过调查、思考、体验、探究，从而综合使用法律知识，解决有关法律问题，巩固法律素养的形成。

每一个法治主题的内容及训练方式都纵向排列。教材学习目标的设定以学生的个体差异为前提，对于不同学段、不同基础的学生各有侧重，循序渐进。这样的编排方式使学法活动更具有科学性、系统性、针对性的特征，是对学校法治教育分层教学的一种有益尝试和突破。

（三）研究型课程——主题教育特色课程

1. 模拟法庭

（1）课程特点

模拟法庭课程是学校法治教育特色课程。它是由学校少先队组织、实施的法治教育活动。由大队部负责组建学校模拟法庭，由各中队分别负责组建中队模拟法庭。

模拟法庭具有以下鲜明的特点：法治教育内容以队员们感兴趣的、身边发生的、有法律意义的事例为主；模拟法庭以队员为主，充分发挥队员们的主体性作用和创造性才能。

（2）课程环境

为实施课程，学校专门开辟一个大教室作为模拟法庭，添置了国徽、庭审的桌椅、铜制席牌、法槌（新区法院赠送）、法官制服、律师制服等模拟法庭庭审的必备设施，并布置了“有法可依”“有法必依”“执法必严”“违法必究”等七块宣传版面，张贴了“维护法律尊严，保证法律实施”“弘扬民主法治精神，养成良好道德风尚”等宣传标语。这样的环境布置，使人一走进去就有身临法庭的庄严、肃穆的感觉。

（3）课程实施

模拟法庭课程的具体实施要经历五个过程：

① 法庭人员的产生。模拟法庭“模”而有样，“拟”而不失真，其法庭人员一应俱全，产生方式要经历学生自由报名、学生自陈优势、学生评审小组评定、教师最终审定等多个程序，最终挑选出法律意识强、学法积极性高、品学兼优的学生参加法庭展演。参演前，这些“法庭人员”都要经过德育处和大队部联合组织的、由聘请的司法专家担任辅导员的专门培训才能正式上岗。今年，利用寒暑假培训了两期，参与培训的学生共有 84 名。至今，担任过小法官的学生有 35 人，书记员有 26 人，代理人（辩护律师）57 人，原被告 28 人，证人和法警也有近 40 人次。观摩庭审的学生参与率达到了 100%。

② 法庭“案件”的确定。所有庭审“案件”都是先由队员们提出自己听过或者亲身经历过的有法律意义的事件，例如“小学生骑自行车上马路违法”“父母离婚后不让孩子见妈妈，对不对?”“国旗上随意涂画对吗?”……然后师生共同讨论，筛选并确定的。

确定案件的标准。一是具有法律意义，符合小学生的生活实际或反映小学生能理解的社会热点、焦点问题。如状告个体商贩的不法行为，维护自己的消费权益；状告父亲侵犯孩子的隐私权等。二是具有可行性，即队员能利用现阶段已学过的法律知识进行判断，法庭审理易于操作、实施。

确定“案件”还有一个“案例焦点”的提炼问题。“案例焦点”是法庭辩论是否精彩、真实的关键。它必须由队员们在老师的指导下一起进行提取，首先集中讨论确定可能成为焦点的论点，并就每一论点的相关内容予以简单阐述，然后在指导老师的帮助下修改、补充并最终确定为焦点问题。例如，针对学校附近有许多没有营业执照的小店，学校模拟法庭开庭审理过一起小学生与店主之间的买卖纠纷案。在这例买卖纠纷案中队员们找出了很多可以作为案件焦点的论点，如“买到了劣质产品与店主理论”“买了东西不找零”“被店主诬告偷东西”……在老师的指导下，经过队员们的集体讨论，最终确定了有法庭辩论价值的论点“买东西给钱后店主不认账，还要对学生罚款，谁对谁错?”作为案件焦点。最终的模拟法庭展演过程证实，此论点的辩论激烈、有趣，辩论双方都提出了丰富的论据来证明自己的论点，达到了很好的法庭效果。

③ 法庭角色的准备。“案件”确定以后，队员们再确定分别由谁担任审判人员、书记员、原被告、代理人、证人、法警等。然后每个人在指导老师的帮助下根据案情和角色需要，分别复习、查找与此案审判的有关法律知识，并进行反复彩排。五（3）班的黄××同学作为被告的代理人，为了取得庭审的胜利，请教了家中当律师的姑父，还上网查了许多资料，最后虽然还是败诉了，但是经过这样的准备和法庭模拟过程，他学到了很多课堂上学不到的法律知识，锻炼了思辨能力。

④ 实施开庭。模拟法庭庭审过程中所有的角色都由队员自己来扮演。教师充分尊重队员的主体地位，抓住学生自主参与的内在需求，让队员自由、活泼地参与整个庭审过程。在整个庭审过程中，每一个队员都会对其所扮演的角色进行深入细致的研究和分析，都能按照案情要求进入角色。法庭上，小法警神色威严，书记员口齿清晰地庄严宣布法庭纪律，小法官、陪审员身穿制服，规范有序地展开一场纠纷的陈述，原被告代理人及辩护律师更是在法庭上进行了激烈的唇枪舌剑。最后，小法官根据有关法律条文，庄重地对案件作出客观、公正的判决，并敲响法槌，充分展示法律的神圣。每个人在法庭上都沉浸在自己的角色中，那一招一式，可谓“真刀真枪”。

⑤ 总结评价。庭审结束，由指导老师（或法律专家）当场进行点评，对本次“模拟法庭”进行总结鼓励，既肯定成绩，又对法庭审理过程中的某些法律常识和庭审细节问题提出不足，使每一位队员能及时认识失误并纠错。庭审各角色扮演者也会结合自己的角色，谈谈自己在审理中受到的制约或参与活动的体会（如审判长的审判手记、原告胜诉的依据、被告败诉的教训、辩护律师的作用和辩护依据等）。观看模拟法庭的队员们也会交流自己的心得（如对法律的理解，对诉讼程序的理解，参加旁听的体会，对诉讼参与人表现的评价等）。

在学校模拟法庭上，队员们可以感受到国徽的庄重、法律的威严，体会法槌的公正，见证法官的果断，聆听律师的雄辩。另外，学校还在学校模拟法庭课程的基础上进一步开发了中队模拟法庭课程。中队模拟法庭课程是“十分钟队会”和“模拟法庭”的有机结合，所以学生也称它为“十分钟模拟法庭”。它具有时间短、主题小、内容活、学生参与率高、容易操作等特点。

2. 学法社团

学校在调查研究的基础上组建了各类小学生法治社团，借助社团形式开设特色小课程。如小交警社团、小法官社团、小律师社团、小网虫学法社、啄木鸟护法社等，社团组建后完全由学生自主管理，团长会及时召开社团会议，制订课程方案，按计划实施课程。

这些课程目标明确，内容活泼。

如，开设“小交警”社团课程的目标是为了提高学生对交通法规的实际认知能力，譬如“如何看红绿灯走路”，“分辨机动车道和非机动车道以及人行横道线”，“认识交通标识”等，并通过亲历“执法”增强学生遵守交通法规的意识。课程实施时，请来了交通警察叔叔和交通协管员阿姨担任辅导员对参与课程的队员进行现场培训。队员们会边听交通警察叔叔讲解交通法规，边学做交通指挥操，并轮流参加“小交警”实践活动。现在，每天都会有 4 名社团队员在指导老师的带领下，利用下午放学后的时间穿上红马甲，戴上小红帽，站在十字路口，协助交通警察维持 30 分钟交通秩序。每次队员们站在路口都会特别珍惜实践的机会，挺胸、直臂，严肃、认真。经过路口的群众看到“小交警”们站在路口指挥交通，都会特别注意不违规通行，因为谁都不想在孩子们面前丢了“大人”的脸。

这样，通过规范、有序的社团组织形式实施课程，激发了学生的竞争意识和表现欲望，因为社团成员的招募也是要经过报名和审核程序的，真正能守法、护法的队员才能进入社团参与课程的学习。学生在社团的自主管理中实现自我教育，通过法律来规范自身的日常行为，维护自己的合法权益，在潜移默化中明确善恶标准，提高辨别是非的能力，自觉成为守法的小公民。

3. 雏鹰学法争章

雏鹰争章活动，作为一项充分体现少先队教育理念的品牌活动，对于促进少年儿童综合素质的提高，有着不可替代的重要作用。在小学中，结合学校工作特色，以体验教育为基本途径开设雏鹰学法争章课程，是充分发挥少先队自身优势、推进法治教育的有效方式和现实途径。

（1）课程目标

我们学校所开发的雏鹰学法争章课程，是以学生学法评价为目的而开设的课程，其课程目标是要构建学生学法成效的评价机制，使学法评价贯穿于整个课程实施的过程之中。

（2）课程载体

这一课程的实施是以学校法治校本教材《与法同行》的配套评价手册《雏鹰学法争章手册》为载体而展开的。我校设计的《雏鹰学法争章手册》，一共涉及 10 个学法主题、32 枚法治奖章。每册手册中分列五至七个法治主题的章目。每一个法治章目有“争章目标”“达标要求”“争章指南”“评价”“考章记载”五个板块。这五个板块相互联系，构成一个有机的整体。“争章目标”“达标要求”板块主要是告诉队员如何争法治章。“争章指南”板块是告诉队员如何通过活动和实践应用争得法治奖章，“评价”“考章记载”板块则是对队员参与本次争章活动的总体评价。

争章手册的每一个法治主题的争章目标及达标要求也就是评价标准，其内容和校本教材一样都是纵向排列的，它充分关注了少年儿童的个体差异，对于不同学段、不同基础的队员各有侧重，循序渐进。

比如：涉及《中华人民共和国消防法》的五枚奖章。

年 级	章 目	争 章 目 标	达 标 要 求
一年级	火知识章	知道火的用途和危害	1. 观看关于火灾的录像片或 PPT 2. 了解火的作用，能说出 3~4 个火在日常生活中的用途 3. 学会课文中的儿歌 4. 知道《中华人民共和国消防法》的实施日期
二年级	119 章	1. 学会报火警 2. 认识消防安全标志	1. 学会正确报火警的方法 2. 认识和掌握消防安全标志 3. 了解《中华人民共和国消防法》第三十二条和第四十七条的内容
三年级	防火章	懂得家庭防火小常识	1. 知道会引起家庭火灾的事项并自觉约束自己的行为 2. 学会提醒家长预防火灾 3. 了解《中华人民共和国消防法》第十四条的内容
四年级	自救章	掌握火中自救的常识	1. 知道具体情况下应采取的正确逃生方法 2. 通过消防演习牢固掌握正确的逃生方法 3. 了解《中华人民共和国消防法》第二十一条的内容
五年级	灭火章	掌握正确的灭火常识	1. 知道具体情况下应采取的正确灭火方法 2. 通过消防灭火演习巩固牢记正确的灭火方法 3. 了解《中华人民共和国消防法》第五条的内容

这样的编排方式使学法争章课程与学校法治教育课堂分层教学相辅相成，做到了分层推进和有序衔接。

(3) 课程实施

争章课程实施过程分为定章、争章、考章、颁章、示章五个环节，这是一个整体、开放式的素质训练过程。各年级均围绕 1~2 个法治专题开展争章活动，在争章过程中，辅导员都注意充分体现民主性，尽量让队员们在宽松的环境中快乐争章。

综合在学法实践活动中的争章课程，将争章的达标要求与综合学法实践活动的研究相结合，配合校内的课堂法治教育课程，协同课外的“模拟法庭”“十分钟队会”“小小交通协管员”等实践探究课程，使原本单一的、自上而下的法律知识学习转化为学生自下而上的、自我追求的目标与行动，最终形成可操作的课程学习模式。

4. 法治宣传日主题实践

主题实践课程是学校结合各法治宣传纪念日开设的实践性小课程。如有关“交通法”“语言文字法”“消防法”“未成年人保护法”“预防未成年人犯罪法”等的主题实践课程，通过召开主题班会、制作电子小报、组织黑板报评比、摄影比赛、征文比赛、知识竞赛、社会实践等活动，帮助学生积累法律知识，增强法治观念。这些小课程一般由学校德育室和大队部根据宣传重点设计课程方案，组织学法实践。例：举行“六一”主题集会——“学法守法小公民，立志畅想中国梦”；重阳节开展“小手牵大手”孝敬长辈“三个一”主题实践；在“校园拒绝邪教”主题课程中，组织学生宣传队走进社区做宣传，使“崇尚科学、反对邪教”的观念深入人心；在“远离毒品，关爱家庭”主题课程中，举行“拒绝毒品”签名承诺活动；在《中华人民共和国宪法》宣传周组织启动仪式、进行《中华人民共和国宪法》晨读、开展“我身边的宪法”演讲比赛、组建《中华人民共和国宪法》宣传小特使队伍走进各班级巡讲……这些主题实践小课程，使学生正确认识了美与丑、善与恶、真与假，对于帮助学生树立正确的人生观、价值观、道德观都具有积极作用，在社会上也产生了良好的影响。

以上介绍的这四种法治教育课程虽然有各自的课程目标、课程内容、实施方法、评价手段以及管理模式，但这些课程是相互关联、密不可分的。课堂教学让学生学到了法律常识，法治社团特色课程给予了学生用法自护的实践机会，而雏鹰学法争章课程正是考察、评价、鉴定学生法律知识习得、守法行为养成以及法治学习态度的重要渠道。这一系列课程共同对学生发挥着法治教育的作用。

三、研究开放式实施策略，创新法治教育途径

“开放式实施策略”在学校法治教育课程实施中主要体现在课程的目标开放、内容开放、方法开放以及资源开放和评价开放。

（一）法治教育课程目标开放

课程目标是课程的内在要素，是每一门课程实施所应达到的能够保证促进学生素质发展的基本质量、规格和标准。一般来说，学校基础课程的目标都是既定的。而杨园中心小学的法治教育课程目标是随着课程需要和学生实际情况而制定的。因此，杨园中心小学的课程是多样的，很多小课程是根据实际法治教育需要或社会对小学生学法要求而设立的。

例如：在主题教育类课程中，“啄木鸟护法”社团课程是为了使学生了解语言文字法，懂得用字规范；“小交警志愿者”社团课程其课程目标是通过实地指挥交通的真实体验促使学生在发现、阻止交通违规现象的同时警示自己遵守交通法规……

（二）法治教育课程内容开放

学校的法治教育课程内容开放表现在课程内容涉及面广，基本涵盖基础法律知识范畴。课程开设根据学生具体学法需求，学生需要了解什么法律常识就相应地开设适合的课程，给予他们自主选择的权利。

（三）法治教育课程教学方法开放

学校法治教育课程的教学方法开放主要表现在形式多样、方法丰富。

1. 活动体验法

（1）活动内容与学生的生活经验和法律素养的发展需要密切相连

根据法治教育需要设计的实践课程超越书本，超越封闭的课堂，面向自然、面向社会、面向学生的生活和已有经验，在开放的时空中促进学生生动活泼地掌握法律知识，增长用法实践、自我评价的实际体验，发展法律素养。

（2）正确处理学生的自主选择、主动探究与教师的有效指导的关系

倡导学生在学法实践活动中的自主意识和主动探究是实施活动体验法的关键。在课程实施过程中，严格遵循了“亲历实践、深度探究”的原则。实践活动时重视的不是问题解决的结果，而是学生探究法律、形成守法意识的过程，以及过程中所产生的丰富多彩的、活生生的用法体验。

教师的有效指导是活动体验法成功实施的基本条件。从指导力度而言，不同学段甚至是同一学段的不同年级之间，教师指导的力度都是不同的。年级越低，指导的力度越大。总之，教师应统一思想，既不“教”实践活动，也不推卸指导的责任而放任自流。教师努力把自己的有效指导与对学生自主参与、主动探究的鼓励有机结合起来。

（3）恰当处理学校对实践活动的统筹规划与活动具体展开过程中的生成性目标、生成性主题的关系

由于学校各年级段同一时段所学法律知识各不相同，相应的学法实践课程的设计与学生参与面、活动地域范围、时间安排也各不相同，因此学校对实践课程进行统筹规划。根据学生参与面的不同，活动设计时分别制订“学校综合实践活动计划”“年级综合实践活动计划”以及“班级综合实践活动计划”。

实践活动讲究过程取向，强调学习者与具体情境的交互作用。因此，尽管要对法治教育课程活动内容进行预先规划与设计，但实施过程中更强调随着活动的开展和活动情境的需要不断生成新的目标、新的主题，为适应学生在活动情境中产生的新问题、新目标、新结果，课程方案也要随之而动。

2. 情境教育法

（1）带入情境

法治教育是有目的的行为，是学生求得法律素养发展的有意义的活动。学生是教育活动的主体，其能否主动地投入，成为教育成败的关键。

法治教育的情境设计要根据不同的教育内容，采用不同的形式：或创设问题情境，如“油锅着火了，我们该怎么做?”造成悬念，让学生因好奇而要学；或联系学生已有的生活经验，创设情境，请学生演一演如“陌生人敲门，应该如何应付”，使学生因贴近生活形成关注而要学；或触及儿童的情绪领域，唤起心灵的共鸣，如学生因情感的矛盾困惑驱动而要在模拟法庭中求得解决办法的案例体验……无论是好奇求知，还是情感、关注的需求求知，都能促使学生形成一种努力去探究的心理，并主动地投入教育活动中来。

（2）优化情境

学生的学法动机被激发后，教师还要利用各种辅助教学手段优化情境，使情境有

“声”有“色”。比如，教师可以运用多媒体手段，向学生展示可感知的生活场景、生动的画面、音乐的旋律。在法治教育过程中优化情境后，教师要引导学生用他们的眼睛去凝望，用他们的耳朵去倾听，用他们的心灵去体验……从而触动学生各种感官共同感受情境，丰富形象的感染，用真切的情感去体验法律的威严和神圣。

3. 自我教育法

自我教育是指在教育者的启发、引导下，受教育者在自我认识的基础上，产生进取心，为成为高素质的现代人而向自己提出任务、进行自觉的思想转化和行为控制的一种教育方法。教师鼓励学生自我教育一般是从以下几方面去努力：

（1）激发学生自我教育的愿望

在法治教育过程中，一定要首先帮助学生认清当今社会发展形势，使学生明白未来社会是一个讲究法治的社会，一个法盲在今后的工作、生活中会遇到许多吃亏的事；对“法律”的无知还会使其出现违法犯罪行为，会危害社会、危害家庭，使个人利益遭到损失。要使学生意识到要想成长为合法公民，具有保障自己合法权益的能力，就必须从小学习法律基础知识，夯实自己法律素养，提高自己法治意识，自觉养成遵纪守法的行为习惯。这些启发诱导，使学生明确学法目标，产生学法兴趣，提出自我法治教育的愿望。

（2）培养学生自我法律素养的评价能力

为使学生的自我教育取得成效，就要培养学生在自我教育过程中具备自我评价的能力。在法治教育过程中，教师会时刻关注学生法治意识、守法行为习惯的变化，及时指导、点拨学生对自己的已有生活经验、法律知识、守法行为做出自我判断、自我分析、自我批评、自我调整，从而使学生在自我教育过程中知己知彼，纠正错误方向，产生新的教育要求。

（3）帮助学生创设实施自我教育的时间和空间

给予学生自我锻炼的机会，教给学生自我教育的恰当方法，培养学生坚持学法的良好习惯，提升学生矫正自身不良法治行为的能力，使学生在自我教育实践中体验学法乐趣，增强自我教育的信心。

（四）法治教育课程资源引进开放

学生不仅生活在学校中，而且还生活在家庭和社会中。学校的很多课程打破了学校、教室的束缚，把校内教育和校外实践结合起来，把正规法治教育与非正规法治教育融合起来，这是实践活动整体性和开放性的内在要求。为使学生法治教育无缝衔接，学校努力整合校内外教育资源，协同校内、外教育力量，开放式引进优质法治资源，使学生成长过程中有“法”为伴。

（1）组建协同开展法治教育的团队，架构协同开展法治教育的多维资源体系。

人才资源。联合华东师范大学、华东政法大学、浦东新区法院、高东镇、高东学区、学校“法治”课骨干教师以及社会上招募的有志于小学生法治教育的职业法律人等多方力量，建立小学生法治教育人才资源库。

网络资源。通过建立学校法治教育微信公众号、学校网站特色版块、家校互动微信群等多种渠道，将法律知识、法理故事、案例启示等内容上传至交流平台，创设小学生法治教育网络资源库。

制度资源。突出学校特色，推动制度建设，完善协同开展小学生法治教育的学校章程，以及家、校、社协作建立法治教育实践基地的相关制度、章程资源库。

基地资源。借力政法系统、政府部门，联合打造开放互动的法治教育实践基地资源库。

（2）修改、完善校本教材及评价手册，形成学校核心法治教育课程资源。

（3）开拓协同开展法治教育的途径和方法，形成法治信仰目标下“三维一体”的教育模式。（见右图）。

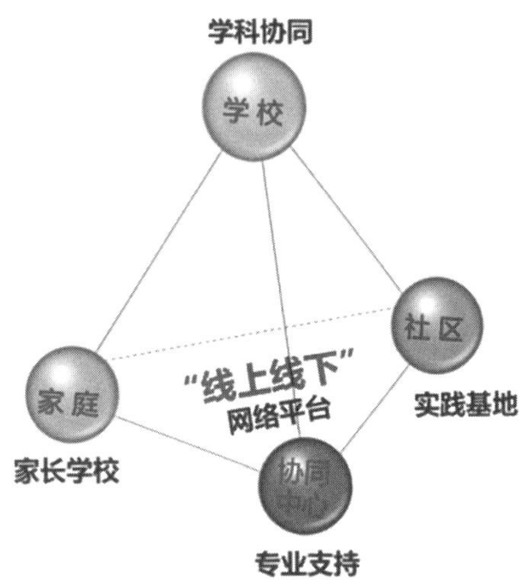

小学生法治教育“三维一体”教育模式构想

学科协同。充分挖掘各学科所蕴含的法治教育素材，强化法治意识，编写各学科课堂法治教育渗透点指南及教学案例，努力做到全学科渗透，全要素育人。

家、校、社、实验中心协同。聘请法律专家制定教师及家长培养整体规划，聚合社会法治教育资源和组织，加强法治教育合力，构建社会人才参与激励机制；在“家校合作”的基础上设立“家长课程”，编写适合家庭教育所用的、便于随身携带即时宣传的法治教育口袋本，提升家长法治意识和水平。依托教育部“中小学法治教育协同创新中心”和九所“实验校”，协同开展小学生法治教育创新实践研究，开拓实验校和区域内相关学校的互动交流渠道，取长补短，探索科学、有效的青少年法治教育模式。

线上线下协同。搭建青少年法治教育线上线下两个普法平台，小学生法治教育微课程平台和青少年法治教育实践基地协同运作，寓教于乐，提高法治教育的针对性、趣味性、实效性。

（五）法治教育课程评价方式开放

传统的学科评价注重终结性评价，且评价主体单一，评价主体是教育者，受教育者没有自我评价的权利。为激发受教育者的积极性，学校构建了开放式小学法治教育课程的评价机制。① 评价主体开放。评价的主体可以是教师、学生、家长、社区、司法专家等。② 评价内容开放。不仅评价法律知识习得，还要评价行为养成、学习态度、课程参与率等。③ 评价标准开放。对不同年级、不同水平的学生确立不同的评价标准。④ 评价方法开放。有针对单课程的评价，也有学期成长记录，更有学年度金、银、铜奖综合评价等。⑤ 评价结果开放。既有定量评价，也有定性评价，有形成性评价，更有发展性评价。

开放式的课程实施策略有别于传统的封闭式、单一不变的学科教学方法。学校力求这一策略在课程实施过程中能够体现出“开”而有序、“放”而不散的特征，既形式活泼，又目标统一；既有特色，也有规划。借用散文的体裁特点来说，即要达到“形散而神不散”。

四、建立有效评价机制，贯穿法治教育全过程

课程评价是依据课程目标及课程价值观念，对课程实施过程和效果达成目标的评定和价值判断。它具有导向、激励、调控、鉴定等功能。小学法治教育课程的评价既是对法治课程进行质量分析和监控的过程，也是学校对法治课程进行跟踪管理的过程。

（一）课程评价机制

学校的法治教育课程评价机制的主要构成是：

评价主体：教师、学生、家长、社区工作者、司法专家。

评价对象：课程，包括课程目标、内容、实施、结果。

（二）课程评价原则

1. 科学性原则

学校重视在对课程实施的评价过程中采用科学、规范的方法进行评价，根据评价对象和评价目的的不同，分别确立评价内容、评价标准，确立切实可行的评价方式，不凭空武断，以提高评价的效度和信度。

2. 可操作性原则

根据需要，学校使用的评价方法简单可行，可操作性强。因为是小学阶段，较为系统、规范的法治教育尚处于启蒙阶段，因此不能以太高的标准来评价小学的法治教育课程。根据教师、学生、家长的实际知识和能力基础，学校分别设置了关于法治课程评价的教师课堂教学评价表、教师对课程的评价表、专家评价表以及学生、家长、社区问卷，目的是要以不同的方式，在不增加各方负担的情况下多方位地听取各种对象对学校法治课程进行的评价和鉴定，撷取各方意见和建议，总结经验、教训，修改、完善课程体系。

3. 发展性原则

在对课程的评价过程中，学校注重考查学生法律知识的积累和守法行为的养成情况，以及在法治课程中创新意识和创新能力的发展状况。学校特别重视学生法律素养的形成性的评价，在评价中充分贯彻发展性教育评价的理念。这一点学校主要是利用《雏鹰学法争章手册》来展开评价的。

4. 参与性原则

在课程评价中，学校还关注记录学生的参与情况，既作为学生学分考核的依据，又作

为评价课程是否得到学生欢迎的参考。学校所设置的法治社团系列小课程中就有对学生课程参与率的考核。

5. 全面性原则

课程评价要重视全方位、多角度地展开。学校所研究的小学法治教育课程实施的评价，是以学校课程资源为基点，以开发与实施过程为主线，以学生发展为目的，既要评价法治校本课程开发的程序和内容，又要评价教师和学生在课程实施过程中的行为和体验，还要评价校本课程作为教育信息载体在学校发生的作用，即对法治校本课程的开发与实施进行全方位的评价，做到课程评价全面而不笼统。

（三）课程评价内容和方法

主要包括对课程方案、课程实施、学生学法成效的评价。

1. 课程方案评价

评价的要素主要有：课程目标是否符合学校课程规划和发展需要，目标是否明确、清楚；课程内容的选择是否合适，所需的课程资源是否能够有效获取，内容的设计是否具体有弹性；课程组织是否恰当，是否符合学生的身心发展的特点；课程评价的方式方法是否恰当；整个课程方案是否切实可行等。

2. 课程实施评价

主要是对教师在课程教学过程的评定。由法治教研组协同教导处通过听课、查阅资料、调查问卷等形式，对教师在课程实施过程中教学状况、组织行为以及教学效果进行客观评价，并形成结果计入绩效考核。可以从多方面进行评价，比如：该课程的学生选择参与率，学生实际接受的效果，专家、教师、家长听课后的反映，学生问卷调查的结果，教师的教学案例、教案、反思等。

3. 学生学法成效的评价

主要是对学生学法过程中，在法律知识积累、守法行为养成、用法护法能力的发展以及常规的技能、情感、态度、价值观、学习方法等方面取得的成绩作出评价。

学生法治课程学习的成果，还通过活动实践、竞赛、评比、汇报演出等形式进行评价，成绩优秀者给予授奖。

五、反思教育模式探究，总结法治教育经验

反思杨园中心小学的小学法治教育模式，其成功之处在于抓住了“四个结合”。

（一）课程开发与模式探究相结合

学校以模式探究方式推进法治课程开发，保证了法治课程设置更严谨、课程设置的理

论基础更科学、课程的目标更明确、课程的内容更丰富、课程的实施更系统，并能使课程体系既有整体性又兼具特色。

（二）学生主体与教师主导相结合

充分发挥学生的主体作用，巧妙结合教师的主导作用是法治教育模式成功形成的主要因素。学校法治教育课程的建立起因源自学生，教育对象也是学生，因此充分关注学生的主体需求是课程设置的首要目标。教师是课程实施过程中帮助学生明确学习方向，确定学习方式、方法，参与解惑答疑，帮助学生少走弯路的向导。实践表明，法治课程实施过程中教师的指导、点拨往往能为学生的课程学习起到画龙点睛的作用。

（三）知识学习与实践探究相结合

知识是基础，实践是应用，两者相结合才能使知识与能力融合、内化、发展。学校的课程正是在重视知识积累与实践能力的转化关系的基础上精心设置的。从校本教材和评价手册的编写到课程的实施，学校高度重视两者的紧密结合。也正是由于这样，才使学生法律知识的学习和守法行为的养成能同步进行而不脱节。

（四）自主评价与外界评价相结合

重视评价的多元化是课程能不断发展、完善的关键。学校的自主评价促进了课程开发过程中的自我审视和自我监督。外界评价从旁观者的角度使评价结果更客观，更有参考价值，它是对学校自主评价的补充，能旁敲侧击地激励学校的课程开发及时改进，弥补不足，不断完善。

“植物的形成由于栽培，人的形成由于教育”。一个人的身心得到健康发展，正是由于得到了正确的教导和适应其发展的幸运的环境。

目前，国家将青少年法治教育问题提到了前所未有的重要高度，旨在通过法治教育，培养学生法治精神以及规则意识、公正意识、诚信意识。学校不仅要重视发展学生的道德人文素养、科技文化素养，更要重视培养学生的法治素养、政治素养。但是，学校法治教育并不是要用法律、制度“奴化”学生的思想和行为，而是要通过“法治教育”将“自由观”和“权利观”的辩证关系传授给学生，让他们了解自己是自己的主人，但也是国家的公民。青少年法治教育的目的是让学生树立主体意识、独立意识以及权利意识，让他们养成用法治思维指导自己言行的意识，自觉成为守规守纪的“人”。

未来青少年法治教育的方式方法亟待进一步研究和探索，“青少年法治教育”研究还在路上！

附：课例展示：“小黄帽”告诉你

（此课例曾获得 2017 长三角地区“法治教育”展评课一等奖；2017 长三角地区“法治教育”课程资源一等奖。）

教学设计表

<table>
<tr><td colspan="3">课题：“小黄帽”告诉你</td></tr>
<tr><td colspan="2">教学对象：二年级</td><td>课时：1 课时</td></tr>
<tr><td>执教者：黄慧玲</td><td colspan="2">单位：上海市浦东新区杨园中心小学</td></tr>
<tr><td colspan="3">一、教学内容分析（简要说明课题、学习内容、这节课的价值）
《“小黄帽”告诉你》是上教版二年级第二学期《道德与法治》学科第一单元“祝你平安”中的第三课，这一课主题就是对学生进行交通安全的教育。教材“七色光”栏目通过一幅十字路口的照片，让学生认识各种交通设施；“聪明豆”部分以车祸的真实照片、媒体报道、交通标语三个方面的图片说明遵守交通安全的重要性；“教你一招”指导学生如何正确过马路；“交流会”则是通过一幅大的交通图来进行交通行为的辨析；“我能行”要求学生观摩值勤的交通警察；最后“新视窗”的内容让学生认识交通标志。
本课围绕本册教材的主题——“生命成长”，旨在让学生通过交通安全知识的学习，初步了解“生命与安全”的关系，同时将相关交通法规的学习融合在实践活动中，使学生树立“遵守交通法规人人有责”的法律、道德观念，产生热爱交通警察的情感，能尊重交通警察的工作，听从交通警察的指挥。</td></tr>
<tr><td colspan="3">二、教学目标
1. 互动交流，游戏体验，认识一些常见的交通安全设施及交通标志，知道马路上的车辆和行人要各行其道，按照交通信号通行。
2. 情景辨析，模拟实践，初步树立遵守交通法规的意识，学会安全过马路。
3. 知道交通警察是交通的安全卫士，愿意为交通法规宣传做力所能及的事情。</td></tr>
<tr><td colspan="3">三、学习者特征分析（说明学习者学习起点，以及学生的学习风格）
从知识维度上看，大部分学生上学、放学都要过马路，基本都由家长带领着通过，多数家长能教学生一些安全知识，但知识零零碎碎，学生也只是听过而已，对交通法规和交通安全知识缺少系统、全面的了解。
从方法与能力上看，二年级学生已经初步知道“红灯停、绿灯行”的行为要求，也知道走路不能走在车行道上。但在实际生活中也有违反交通法规的现象，如怕上学迟到而乱穿马路，为图方便过马路不走人行横道线等。
从情感态度价值观上看，学生能从电视、报纸、家长的日常谈话中感受到意外交通事故的危害巨大，对于探究交通法规和交通安全知识的学习尤为重要。</td></tr>
<tr><td colspan="3">四、教学策略选择与设计（说明本课题设计的基本理念、主要采用的教学与活动策略）
本课以“道法融合、双向渗透”为主旨，以有效教学理论为基础，关注学生的进步和发展需求，以“闯关活动”的形式组织教学，利用情境、问题、启发、合作、任务驱动、评价等教学策略，通过“学习—体验—感悟”的习得过程，帮助学生达成学习目标。</td></tr>
<tr><td colspan="3">五、教学重点及难点（指出重难点及确定重难点的依据）
【教学重点】
认识一些常见的交通安全设施及交通标志。
【教学难点】
初步树立遵守交通法规的意识，学会安全过马路。
（“祝你平安”是本单元学习目标，“交通安全”是其中的一个主题内容。因为“安全”是一种生活目标，要达到这个目标必须有相应的生活技能，而要实现交通安全就要让学生掌握安全过马路的技能。由于二年级学生年龄较小，一般都不具备独立出行的机会和能力，因此学习和掌握这项技能成为本课教学重点，“如何遵守交通法规，正确出行”则是需要在教学中逐步化解的难点）。</td></tr>
</table>

续表

<table>
<tr><td colspan="3">六、教学过程（说明教学的环节、具体的师生活动及其设计意图）</td></tr>
<tr><td>教　师　活　动</td><td>学生活动</td><td>设计意图</td></tr>
<tr><td>活动一：揭示课题　认识小黄帽
1. 教师出示文字“黄”，由自己的姓导入课题。
2. 认识小黄帽。
师：“黄”在人名中是姓，在生活中，“黄”代表一种明亮、醒目的颜色。（出示黄色景物的图：黄色的花、警察叔叔带荧光的黄色马夹等，因为色泽的关系，黄色在我们的视觉中一般最能让眼睛发现。）
今天黄老师带来了一位“黄”色的小伙伴，小朋友看！这是——“小黄帽”！（出示小黄帽，板贴“小黄帽”）听！小黄帽有话告诉你哦！（媒体出示课题）
3. 看图听录音，读儿歌，理解小黄帽的作用。
小黄帽
小汽车，停一停，原来见到小黄帽。
小黄帽，快快走，等你过去我再跑。
小朋友，要记牢，出门别忘小黄帽。
师提示：我们上海低年级小朋友的小红帽的作用和小黄帽是一样的。
4. 师：今天呀，“小黄帽”是带着任务来的，它要和小朋友一起边走边看去闯关，闯关过程中它要告诉你很多交通安全知识呢，终点还有秘密哦！
（出示闯关图）</td><td>学生听儿歌，了解小黄帽的作用。</td><td>由“小黄帽”的儿歌导入本课有关交通安全的主题内容，并以带着大家“一起去闯关”的任务驱动，能引起低年级学生的学习兴趣。</td></tr>
<tr><td>活动二：走进知识宫　认识交通设施
首先让我们跟随“小黄帽”走进“知识宫”，听清闯关任务
1.（出示道路实景图）“小黄帽”，引导学生认识马路上的基本交通设施——道路。（出示实景图）
（1）仔细看图，找一找，马路上哪些道是你可以走的？（抽生交流：人行道、横道线、人行天桥）
根据回答板贴（下列图）
人行道、横道线、人行天桥
（2）师：其他道你能走吗？为什么？
（根据学生交流，师在板书上划分非机动车道和机动车道，并在相应的位置分别贴上小汽车、电瓶车、自行车，简单介绍机动车道和非机动车道。）
（3）师小结：马路上的道路划分是很清楚的，我们“行人要走（人行道）”，“过马路要走（横道线）”
2.（板贴出示红绿灯）认识红绿灯的含义。
（1）根据学生交流板贴：红灯（停），绿灯（行）。
（2）看视频，学习黄灯亮起或者闪烁的时候我们该怎么做呢？</td><td>1. 看图说一说，认一认马路上行人可以走的道，理解马路上要各行其道。

2. 交流如何看交通信号灯——红绿灯。</td><td>知识是实践的基础。先让学生认识道路上的基本交通设施，是引导他们正确行走的关键。
本环节以“知识宫”的设定为起点，将交通设施的相关知识点、交通法规的相关条例有机融入、渗透在闯关任务中，并借助学生喜闻乐见的视频儿歌、生动形象的板贴画等，让学生在看看、听听、想想、唱唱中加深对这些基本知识的理解。</td></tr>
</table>

续表

教　　师　　活　　动	学 生 活 动	设 计 意 图
（3）交流小结：看到黄灯时，要停下等待，因为黄灯闪烁之后马上要亮红灯禁止通行了。但是，如果已越过停止线进入人行横道的，要继续走快速通过；为了安全起见，黄灯闪烁时，车辆、行人还没越线的就也不要再通行了。（媒体出示：宁等一分钟，不抢一秒钟） （4）听交通安全歌，学法条（交通安全歌选节：红绿灯部分）。 师：相信小朋友们都记住了出门过马路一定要注意看清交通信号再通行。这可是《中华人民共和国道路交通安全法》里明确规定的：车辆和行人都应当按照交通信号通行（媒体出示法条）。	3. 看视频，学习如何观察黄灯变化正确行走。 4. 学法条，听儿歌——《交通安全歌》，加深学习所得。	
活动三：来到体验区　学会过马路 1. 师创设情境，指导学生体验： 在简易交通图上，用手指扮演小人走路，学会根据不同路况选择正确行走路线过马路去上学。 （1）引导学生交流两个出发点的行走路线。 （2）引导学生看交通信号灯体验过马路。 质疑：在路口遇到红灯，但是没有来往车辆，可以通行吗？（媒体录音：“小黄帽”质疑） （重点引导走路时在路口一定要停一停，观察红绿灯变化再过马路。） 2. 知识补充：有些道路上没有这些信号灯的时候怎么过马路呢？“小黄帽”给大家一个秘诀（媒体出示小马路路口），读一读： （出示）一停，二看，三通过。 师问：停下要看什么？（媒体出示：先看左，再看右，来往车辆要看清，没有车辆再通行。） 师小结：“小黄帽”（图）给大家一个温馨提示：（媒体出示：《道路交通安全法》第三十八条　车辆、行人应当按照交通信号通行；在没有交通信号的道路上，应当在确保安全、畅通的原则下通行。） 巩固：确保安全通过的方法就是小黄帽告诉大家的秘诀——（生说秘诀）。	1. 与邻座小伙伴讨论、交流两个出发点的行走路线：谁的家走到学校难度大点？为什么？那2号公寓的小朋友可不可以也走1号公寓小朋友的路线去学校呢？ 2. 学生在简易交通图上体验按正确路线安全行走到学校。 3. 看图交流如何过没有交通信号灯的路口。 4. 学习法条。	“学会安全过马路的生活技能”是本课的学习重点和难点。课堂上，如果只让部分学生参与过马路的尝试，就关注不到所有学生的学习需求。不是全员参与的课堂是缺乏价值的。因此，为了化解这一教学难点，教师在课前设计了简易交通图，创设情境让学生用小手指扮演小人亲历体验走路去上学。这样的教学设计给予了学生人人参与实践的机会，有层次的“两条上学路线”的模拟体验是学生学习目标得以达成的关键。

续表

<table>
<tr><th>教　师　活　动</th><th>学 生 活 动</th><th>设 计 意 图</th></tr>
<tr><td>活动四：进入模拟馆　学做小交警
1. 谈话认识马路上的交通卫士——交通警察（媒体出示警察指挥交通图）。
2. 师：交通警察叔叔是马路上的最高指挥官，因为交通法规有规定：
（媒体出示：《中华人民共和国道路交通安全法》第三十八条　车辆、行人应当按照交通信号通行；遇有交通警察现场指挥时，应当按照交通警察的指挥通行；在没有交通信号的道路上，应当在确保安全、畅通的原则下通行。）
师解释法条：万一遇到交通信号与交通警察的指挥不一致时，我们要服从交通警察的指挥。
3. 师：交通警察是怎么指挥的？你看得懂交通警察的手势吗？让我们去模拟馆里“学做小交警”（出示闯关要求：学做小交警！）吧！
（1）看视频小交警手势，请小朋友根据手势猜一猜：这个手势告诉你什么？
（2）学做小交警，根据视频口令，大家一起做手势。
（3）看视频学做一节小交警操。
（4）激发情感：我们都应该遵守交通规则，尊重交通警察叔叔的劳动。</td><td>1. 学习法条。
2. 识别交通警察指挥交通时三个常见指挥手势：直行、禁止通行、转弯。
3. 看视频模拟交通警察指挥手势。
4. 跟视频学做小交通警察操，体验交警工作的辛劳。</td><td>学生一般都见到过交通警察指挥交通，只是平时并不真正了解交通警察工作的内容和意义。在学生心目中普遍比较钦佩“交警”，因此以“模拟小交警”为本环节的闯关任务，能增强学生的自豪感和神圣感。
因为在学生心目中认同了自己就是小交警，所以在学习和模拟实践中的态度和动作都认真而严肃，他们的指挥动作有力规范，小交警操整齐划一，对交通警察工作的认同和理解也油然而生。</td></tr>
<tr><td>活动五：加入志愿社　争当宣传员
1. 出示闯关要求，辨析违规行为：在图上找出六个以上交通违规行为的，可以申请加入社团。
2. 指导学生小组合作完成一份找违规的任务单，并请两组学生上台交流、汇报、自评。（师巡视，对小组合作情况作即时评价：为找得又快又准确的小组敲五星奖励。）</td><td>小组合作，根据任务单要求在课本插画上圈出违规现象，并完成小组自评和交流汇报。</td><td>本环节闯关任务是检验学生对学习所得的运用是否得当，同时也是为了进一步激发学生合作学习的积极性以及培养其遵守交通法规的意识。</td></tr>
<tr><td>活动六：实践拓展厅　小手牵大手
1. 出示闯关要求（配图）：小手牵大手。
2.“小手牵大手”宣传任务一
（1）质疑：共享单车人人能骑吗？（出示相关图片）
（2）师：共享单车不是人人都能骑的，因为：
《中华人民共和国道路交通安全法实施条例》第七十二条规定：驾驶自行车、三轮车必须年满 12 周岁。
师：“小黄帽”希望你用你的小手牵起你身边不满 12 周岁的哥哥、姐姐的手，向他们宣传一条非常重要的交通规则（媒体出示）：
未满 12 周岁的儿童，不准在道路上骑车。（指名读，配图理解。）
小结：我们人人都要养成遵守交通法规的好习惯。交通法规可是保障大家安全出行的好朋友（板书，齐读）。</td><td>1. 交流儿童骑车上路的危险性。
2. 学习法条。</td><td>本环节是本堂课学习任务的延伸和拓展。
“小手牵大手”的活动不仅能让学生对自己遵守交通法规的行为产生自我约束的责任感，更能增强他们参与交通法规宣传的使命感。</td></tr>
</table>

续表

教　师　活　动	学生活动	设计意图
活动七：交通法规　生命之友 1. 总结、评价学生课堂表现，为合作出色的小组颁发小卫士章（简述小卫士章意义）。 “小黄帽”评价：本堂课表现最出色的两位小朋友可以得到我头上戴的小黄帽。 2.“小手牵大手”宣传任务二：用交通宣传小扇子和《法律应知应会》口袋本向身边人作宣传。 师：希望小朋友积极加入“小手牵大手”的宣传活动。祝福小朋友（出示祝福语）：美好人生，步步小心，成长路上，一帆风顺！	1. 学生交流本堂课学习体会。 2. 积极加入“小手牵大手”宣传活动。	相信通过本堂课的学习，他们都能成为遵守交通法规的先行者和交通安全的义务宣传员。
七、板书设计（本节课的主板书） 		

教学点评

（上海市浦东教育发展研究院教研员　周文彪）

黄老师执教的《“小黄帽”告诉你》，让学生初步认识一些常见的交通安全设施及交通标志，学会遵守交通法规安全过马路的生活技能。黄老师在这节课上，做到充分挖掘教学内容所蕴含的法治教育资源，把育人目标有机渗透到教学过程之中，取得了较好的教育效果。

一、精准把握教材，突出教学重点

《“小黄帽”告诉你》一课主题为“交通安全”。主要学习目标为：认识常见交通设施、学习正确过马路的方法；了解并认同交通警察的工作意义；养成遵守交通法规的好习惯。

黄老师根据教材特点，精心处理教材，设计了体验活动，突出教学重点：

活动一：引导学生认识马路上的基本交通设施——道路。

活动二：模拟扮演，学会根据不同路况选择正确行走路线过马路去上学。

活动三：从认识马路上的交通卫士——警察，到学生识别交通警察指挥手势，学做指挥手势，体验交通警察是马路上最高指挥官，学做小交警。

活动四：指导学生小组合作完成一份找违规的任务单，提高辨析能力。

活动五：实施“小手牵大手”向身边人作交通安全宣传活动。

……

整堂课主题集中，内容丰富，重点突出，层层递进，让学生认识一些常见的交通安全设施及交通标志，学会安全过马路的生活技能，培养学生自觉遵守交通法规的责任意识，达到了交通法治教育的效果。

二、依据学情实际，凸显学科特点

黄老师能认真钻研教材，也能认真分析学生的实际。为了上好这节课，黄老师事先在班级里对学生进行了观察和调查，从知识维度、方法与能力、情感态度、价值观等多方面对学生的情况进行了细致分析。

黄老师能遵循学生的认知规律，从学生的实际出发，让学生认识常见的交通安全设施及交通标志，学会安全过马路的生活技能，培养学生自觉遵守交通法规的责任意识。

三、合理制定目标，渗透育人价值

黄老师针对教材与学情的分析，科学、合理设定教学目标。

1. 通过闯关活动，了解马路上的车辆和行人各有规定的行进路线，各行其道才能保证安全。

2. 学做小交警，感受交通警察是交通的安全卫士，能尊重交通警察的工作，听从交通警察的指挥。

教学重点是认识一些常见的交通安全设施及交通标志，懂得遵守交通法规，学会安全过马路。

对照了一下教参中设定的目标与黄老师教案中设定的目标，两者是有差别的。黄老师制订的教学目标渗透了育人目标的要求，更具体、更切合本课对学生实施交通法治教育的实际，这样才能更有效地达到学科育人价值的目标。

四、创新教学活动，提升学科素养

黄老师在充分了解和把握学生的生活体验、知识基础、学习能力、思想状况和个性差异的基础上，从学生的实际出发，设计有针对性的教学活动，把育人目标有机渗透到教学各个环节之中，贴近实际，充分调动学生的积极性。

（一）闯关体验——学习知识　学习技能

《“小黄帽”告诉你》课题极富有童趣，黄老师用拟人化的语言将交通法规的主题教育内容以童话剧的形式引入课题，激发学生的学习兴趣；基于二年级学生的年龄特点和知识基础，将学习内容侧重在“学会安全过马路的生活技能”。在教学中，教师设计以“小黄帽”带着小朋友一起去闯关的情景进行实践体验，将学习任务环环相扣、循序渐进地渗透在五个闯关任务中：“知识宫”（认识交通设施）—“体验区”（学会过马路）—“模拟馆”（学做小交警）—“志愿社”（辨析违规行为）—“拓展厅”（小手牵大手）。

充满乐趣的闯关任务能将学生带进体验式的学习过程中，这样的学习方式能有效促进学生将学到的知识运用于实践活动中，并在活动中获得感悟：要遵守交通法规，安全出行。

（二）法规教育——全程贯穿 践于行动

在这节课上，以《中华人民共和国道路交通安全法》作为法治教育的主线，贯穿全过程，每一个活动均是以法规为依据而设计的。

1. 如在认识交通设施活动这一环节，出示《中华人民共和国道路交通安全法》规定：车辆和行人都应当按照交通信号通行。

2. 在简易交通图上，用手指扮演小人走路，学会正确过马路去上学。而在路口遇到红灯，但是没有来往车辆，可以通行吗？或道路上没有信号灯怎么过呢？出示《中华人民共和国道路交通安全法》第三十八条规定：在没有交通信号的道路上，应当在确保安全、畅通的原则下通行。

3. 在学习认识交通警察时，出示《中华人民共和国道路交通安全法》第三十八条规定：遇有交通警察现场指挥时，应当按照交通警察的指挥通行。让学生明白交通警察是马路上最高指挥官，要遵守交通规则，尊重交通警察的劳动。

4. 在“小手牵大手”拓展实践活动中，出示《中华人民共和国道路交通安全法实施条例》第七十二条规定：驾驶自行车、三轮车必须年满12周岁。深化学生养成遵守交通法规好习惯的认识。

（三）媒体演示——直观生动 激发兴趣

整堂课黄老师精心设计多媒体课件，通过媒体展示了人行道、横道线、人行天桥、红绿灯、模拟小区贴图、辨析案例图片、学生学做交警手势操的录像片、交通法条文、儿歌、板贴画等，在教学中生动形象地补充图片、视频资料，激发了学生的兴趣，让学生在看看、听听、想想、唱唱中，加深了对这些基本知识的理解，增强了课堂教学的直观性、生动性和形象性，给学生强烈的感染力，提高了教学实效。

（四）注重学法——合作学习 培养能力

这节课学习方法丰富多彩，采用自主学习、合作探究学习与活动体验的多重形式来进行教学，如创设情境让学生用小手指扮演小人亲历体验走路去上学，看视频模拟交通警察指挥手势、学做小交警指挥操。“小手牵大手”的宣传活动不仅能让学生对自己遵守交通法规的行为产生自我约束的责任感，更能增强他们参与交通法规宣传的使命感。

在小组合作、活动体验的学习中，培养学生的合作意识，给每一个学生创造主动参与学习过程的机会，促进学生的个性发展，更能提高学生遵守交通法规的意识，学会安全过马路的生活技能。

（五）联系实际——用好校本资源和实例

黄老师能紧密联系学校实际，用好法治教育试点校经验，选择学校生活中典型的教学案例，如学校开展法治教育的事例，发放学校交通宣传小扇子和《法律应知应会》口袋本，向身边人作宣传，给大家留下比较深刻的印象。挖掘生活中的事例，用事实说话，能提高德育的真实性和可靠性。

（六）激励评价——促进发展和进步

为了巩固深化本课所学的交通法规知识，黄老师组织学生进行了“学习表现五星评价”，为小组合作学习出色的小组颁发小卫士章，还为本堂课表现最出色的两位小朋友戴上了象征最高荣誉的“小黄帽”。从而让学生进一步认识一些常见的交通安全设施及交通标志，学会安全过马路，提高遵守交通法规重要性的认识，深化道德教育。

上好小学《道德与法治》课，教师的素质将直接影响课堂教学质量。在这节课中，我们看到了黄教师厚实的学科功底、广阔的知识面、丰富的教学经验和扎实的德育能力，从设计教学方案到上课，教学内容丰富，课堂教学结构严密，师生互动交流，教学环节层层递进，教学效果显著。教师多媒体演示操作熟练、正确，板书清楚、规范，板书用画面与文字有机结合，起到直观形象的效果。教师教态亲切自然，语言生动活泼，具有亲和力。这是一堂名副其实的学科法治课，值得我们不断学习、思考、研究。

模式三

“弘梅”法治教育模式①

——以法化人，润物无声

上海市闵行区民办弘梅第二小学是一所主要招收随迁子女孩子的公驻民办小学。学校创建于2010年8月，现与弘梅小学联合办学，系一套班子、两个学校、四个校区的办学模式，办学总部在弘梅小学曹行校区（曹建支路27号）。目前共有60个班级，教职员工172人，学生2 996人。

随着教育转型发展的深入和学校教育教学工作的不断深化，在“和谐、奋发、快乐、向上”的校训指引下，“尊重生命，激发生机，营造生态，努力培塑明礼诚信、灵动自信的现代小公民”成为学校新阶段的办学目标。学校坚持“崇德弘正、成事成人”的行政工作方针，积极架构和践行“大气灵动、多元融通”的课程形态，助推“明理、共融、求实、力行”的校园核心文化，坚持以人为本来促进人的发展。

从2016年起，学校进一步贯彻落实依法治校方略，切实加强学校普法工作，积极推进学校法治课程建设。2017年9月，我校有幸加入上海市“青少年法治教育协同创新中心”开展的“法治进校园”实践研究项目，力图通过“法治进学校”活动的开展来有效推进法治校园建设，增强全校师生的法治观念，涵养法律精神，助推文明校园的创建。

一、完善机制，有效推进

为进一步贯彻落实依法治校、依法办学的方略，学校依照《青少年法治教育大纲》的总体要求，紧紧围绕学校中心工作，将学校管理和学生发展融入法治教育中，积极通过课程建设来增强全校师生的法治观念，提升学生的法治意识和法治精神，助推学校整体办学品质。

① 编写团队：李锋华、李洪艺。

（一）建章立制，有力保障

学习贯彻党的十九大精神和习近平总书记关于法治建设的重要讲话精神，落实十八届四中全会通过的《中共中央关于全面推进依法治国若干重大问题的决定》，结合新时代下的法治建设的新思维，积极梳理和架构校园法治建设机制，有效落实法治教育的校内课程实施和校外实践活动。

制度建设是学校管理的基础，也是有效推进学校课程建设的保障。全面推进依法治校，首先要积极修订和健全学校的法治教育规章制度。学校以“建构法治校园，涵养法治精神”为主题，在上海市“青少年法治教育协同创新中心”的帮助与支持下，结合学校实情，制订了《弘梅第二小学法治教育三年行动计划（2017）》《弘梅第二小学法治课程建设实施方案》。通过学校制度的制约与引导，来保障学校法治课程建设的有效实施，促进学校依法办学，助推学校法治管理与育人内涵发展。

（二）全员参与，有序推进

在推进“建构法治校园”的工作中，学校依据《弘梅第二小学法治课程建设实施方案》的要求，建立了法治教育领导机构，成立了以校长为组长，以学生工作处、课程管理部、信息办、后勤保障部等行政管理人员为成员的领导小组，使得“法治进校园”工作能够多途径多形式地有效推进。

为了保障项目的有效落实和内涵发展，学校要求全体参与，全程推进，全息渗透，全面提高教职员工的法律意识和法律素养。全体教职员工要结合师德建设，加强对社会主义民主法治理论，教育法律、法规和规章的学习。定期邀请法律专家来校给教师进行培训讲座，重点学习《中华人民共和国义务教育法》《中华人民共和国教师法》《中华人民共和国未成年人保护法》《中华人民共和国预防未成年人犯罪法》《中华人民共和国劳动法》等与自身权益密切相关的法律法规，以此强化广大教职员工维护宪法和法律权威的观念、权利和义务对等的观念，从而更加自觉地履行教书育人的法律义务，努力做到学法律、讲权利、知义务、讲责任，提高学校依法管理与依法办学的水平，增强教职工的法治意识。

（三）课程建设，有效实施

课程是学校内涵发展的心脏，课堂是学校课程建设的主阵地。在法治项目的推进中，学校充分发挥课堂教学的主渠道的作用，积极把法治教育渗透于各科教学中，通过教学，向学生普及有关的法律基本常识，培养学生的爱国意识、交通安全意识、环境保护意识、自我保护意识，以及分辨是非的能力，从小养成遵纪守法的好品德。

在课程设置上，根据学生的不同学龄特点和接受程度的差异，有针对性地设置了分年级的法治课程。

如一、二年级主要通过《道德与法治》教材中的内容，以绘本、卡通、动漫为辅助，让学生学习与日常生活联系较为紧密的宪法基本常识；四、五年级，学校积极挖掘、整合、利用周边法治资源，如区域化党建活动平台、校社共建美丽家园平台、校庭合作平台，开展学生社会实践活动，并根据外来随迁子女的特点，就外来随迁子女在上海生活、升学、就学涉及的相关法律问题进行探究，努力形成校法治教育校本课程。

（四）实践共建，有机整合

学生法律认知内化的一个重要环节就是实践体验，只有让学生亲自参与具体实践活动，才能使其在活动体验中获得深刻感悟，内化情感，外显行为，从而逐步让法治观念成为学生的精神内存与行为特质。因此，在项目的推进中，学校尤其重视学生的实践体验，坚持“请进来”和“走出去”双向推进，双管齐下，努力促使学生的认知能力在活动中提高，在体验中深化，以实现法治教育的预期目标。

1.“请进来”让校园律法生香

基于对小学阶段学生的认知规律的认识，学校将法治教育与《小学生守则和行为规范》结合起来，联系学生特点，开展适合学生身心发展的教育活动，通过小组竞争、班级评比等形式，利用自主合作与有效评价，激发学生参与学法守法活动的积极性，提高全体学生法治教育效果。各班对在法治教育过程中涌现出来的新风新貌、好人好事等及时总结，给予表彰，激励先进。此外，学校还积极邀请法律相关人员走进校园，为学校师生普及法律知识，提高法治观念，让律法内化真正落到实处。

2.“走出去”共绘律法蓝天

根据《弘梅第二小学法治课程建设实施方案》的课程设置要求，学校以四、五年级的学生为主要活动对象，挖掘、整合、利用周边法治资源，让其在实践中内化法律认知。在区域化党建活动过程中，利用课外时间，法治专职老师带领学生走进社区，在区域活动平台中开展法治演讲、法治小品表演；学校还利用梅陇镇党建平台的法治教育资源，与镇宣传部、镇团委以及镇教委开展法治宣传活动的共商共办。在校社共建美丽家园平台活动过程中，学生走进社区，开展法治教育亲子活动、法治宣传图片或小知识宣传卡的散发、社区法治环境的布置。学校还积极挖掘周边法治教育资源，与梅陇镇法庭联系，让学生、老师与法庭工作人员开展模拟法庭活动，让学生感受真实场景，增强法治体验。

学校积极挖掘、整合、利用社区社会与周边行政机构的资源，让学生走出校园，走进社区社会去体验、去感悟、去内化、去蜕变。

二、环境建设，渲染濡化

具有生命力的校园文化环境对学生成长的重要影响是不可低估的。对于长期处在某一校园环境中的师生而言，独特的校园文化往往会潜移默化地影响其价值观的形成。因此，营造出特色鲜明的校园法治文化氛围，无疑会给予师生情感的熏陶与心灵的濡化。

积极营造校园法治文化氛围，需要持续优化校园法治环境。良好的校园法治环境对于培育师生的法治观念可以起到“润物细无声”的育人效果。

（一）打造校园法治文化长廊

在校园显性文化的打造中，为了更好营造学校的法治氛围，让法律知识牵引思想认知，渲染情感价值，优化校园的整体规划，学校利用有限的空间资源，打造有品牌特色的法律文化长廊，通过形象鲜明的知识展板、宣传挂图或手工制品引导学生们学习知识，体验感悟，浸润心灵。

学校法治文化长廊，利用可更换内容的亚克力橱窗，以“国旗”“梅花”等标志性图形为主体造型呈现。长廊整体分为“热爱祖国”“珍爱生命”“遵守规则”“自我保护”“实践掠影”五大主题，基于时代特征、教育形势与课程建设内容，不定期地对文化长廊的相关内容进行更换，让浓浓的墙面法治文化气息感染着来往的师生，润物细无声地促进学校师生的法治意识的增强。

（二）创新班级法治文化环境

教室是学生学习、生活、交往的主阵地，良好的教室环境可以激发性情、陶冶情操，孕育具有鲜明特色的生命成长。

依托校学生处的每月活动主题，各班级发动学生的群体力量，发挥小岗位作用，积极思考，群策群力，大胆创新，布置出有班级特色的“法治天地”。例如“宪法上墙”，班主任老师可以发动有绘画与书法特长的学生去自主“承包”，选择喜欢的方式，将宪法内容在班级墙面呈现；或者由“法律观察员”每周评选开辟“观察专栏”，由每周申报的学生将自己的发现以漫画或者文章的形式张贴出来，供师生观看参考等，让学习法律知识变成一种常态的学习活动。

（三）架构墙面文化法治特质

教育家苏霍姆林斯基曾经说过，“无论是种植花草树木，还是悬挂图片标语，或是利用墙报，我们都将从审美的高度深入规划，以便挖掘其潜移默化的育人功能，并最终连学校的墙壁也在说话”。

在现今的校园环境文化营造中，让墙面会说话几乎已经成了大部分学校的墙面文化要求。学校在结合各类校园文化节和主题宣传日的宣传氛围，都会定期设计不同的墙面内容。针对“法治进校园”的项目要求，会在原有的墙面文化基础上，再添一份法律气息，如定期出法治专栏，楼道阶梯定期悬挂各种规范守则和法律知识海报、学生手绘的优秀法律作品等，以直观的形象对学生进行教育，给学生以警示，给学生以启迪，促进学生初步认识法律和规章制度的约束力，从而自觉形成遵纪守法的良好习惯。

让校园的墙面不仅会“说话”，更能“说法”，彰显出校园法治文化的个性特色，让律法精神深入人心。

三、课程建设，内涵润化

（一）强化学科建设，注重逐步深化

发挥课堂教学的主渠道作用，强化法治学科建设，使法治教育成为学校育人的特色课

程。课程管理部积极抓好法治教育课堂教学五环节，专职教师，专项评价，促使法治课程的正常有序开展。确保一、二年级的《道德与法治》一周2课时、三年级的《法治教育》一周3课时的常规有效落实，并组织授课教师认真备课、上课及课后的重难点问题辅导，让学生真正从课堂教学中了解法律知识，认识到守法在日常生活中的重要性。

注重对于课堂教学的集中研讨，适时邀请项目组专家来校进行听课评课，并进行针对性的指导，促进教师专业发展，提升课堂教学实效。

（二）把握年段特质，注重分层实施

相比而言，一、二年级学生由于年龄和认知水平等因素，对他们的教学以《道德与法治》教材内容为主，并以绘本、动漫、卡通等形式的教育素材进行渗透，注重寓教于乐，注重引导与开拓法治思维，让低年级学生在浓厚的兴趣中学习法律知识，培育法治精神。

三年级是法治教育在理论知识学习和法治思维培养的主要时段。课堂上，要注重法律内容的深化与具体的分析，尽量做到点面相结合，以情境案例入手，或结合身边发生的具体事例进行导入，在故事情节中渗透法律知识，并且多鼓励学生自己去讨论思考，让学生试着用所学到的法律知识去分析真实的案例，甚至去解决身边的问题。四、五年级段的学生则在前阶段的学习基础上，走进社区，进行课外实践活动，让知识与情景、生活进行有效沟通。

分层教育促使学生的法治认识与理解能力逐步得以螺旋式提升，让每一个毕业于弘梅二小的学生对法治的理解都更为深入，生活、工作以及处事都更具法治思维。

（三）挖掘学科资源，注重无痕渗透

学校在分年级分层推进法治教育课程的同时，还要求教师积极挖掘与利用其他学科中可能涉及或可以渗透的法治内容，让法治教育无痕渗透到学科教学中。如针对语文课中涉及的一些成语故事或典故，可以挖掘与摄取其中所包含的道德法纪，引导学生学会分析其中的内容。以《掩耳盗铃》的一文为例，在学到文中的“盗”字时，老师可以根据此文的中心内容联系到我国《刑法》对于“盗窃”这一行为的处罚规定，进而对学生们进行行为和道德思想教育，提高学生的守法意识；再比如数学教学的应用题，可以以法律小故事作为题干出题；英语教学中普及《中华人民共和国宪法》中有关“国家”的知识；综合学科也可融入有关法律的歌曲演唱或者法律 logo 的绘画等，教师在备课过程中带着法治思维，让法治内容很自然地融入学科学习中。

（四）整合活动课程，注重学生体验

活动课程是法治教育校园课程的一项重要内容。学校将法治教育与学校日常活动、校园文化节、传统节日和重大纪念日以及各项仪式教育活动相融合，让校园活动彰显法治气质。通过举办文艺演出、征文演讲比赛、知识竞赛、模拟法庭等青少年喜闻乐见的各类教育活动，来提高青少年的法律知识水平，强化其法律观念。

1. 常规活动，常态推进

第一，每周二早晨是固定的法治晨读日。早上学生来校后，进行5分钟的《中华人民

共和国宪法》晨读活动，让《中华人民共和国宪法》学习成为一种常规，印刻在学生们的校园生活中。

第二，每周一中午利用午会前 15 分钟，做法治教育宣传。由学生工作处全校广播和班主任在班级内安排学习，两种方式交叉进行。学生工作处做好每期的主题安排，班主任教师就相关主题内容提前精心备课。

第三，每月最后一周定为“法治周”。本周内所有的德育课程都围绕“识法”展开。如十分钟队会、红领巾广播、班队会等活动。低年级以学生阅读和老师讲解为主，高年级则要求学生在老师的指导下自主搜索与整理材料，共同分析分享，逐步形成认知。后期还可以将“法治周”发展为“法治月”，让“法治教育”变成我校的规律性开展的特色教育活动，在坚持深化普法教育的同时促进校园文化内涵发展。

第四，将法律知识与少先队的雏鹰争章相融合，设置一枚特色“识法”章，并编写相应的考章要点。

2. 形式多样，提升内涵

通过校内活动和校外实践相结合，开展形式多样、内容丰富的教育活动，将法律知识融入实践中，充实活动内容，提升活动品质。

在活动中传授实用法律知识，引导学生学会依法保护自身的权益。每学期不定期开展“读法”征文赛和“读法”演讲赛等；结合相关教育日开展“珍惜生命、远离毒品”“抵抗校园暴力”“向宪法致敬”等宣传教育活动；适时邀请项目组专业人士进校开展教育讲座；组织校外“寻法”实践活动等，让学生们通过“请进来”与“走出去”相结合的方式，增强体验与认识，提升法律思维。

3. 加强阅读，提升认知

第一，鼓励多阅读法治类报刊书籍，在阅读中增强自身的法治认知。学生工作处应利用好图书馆这一资源，协助、督促图书室的老师分类摆放书籍，整理出法律类的书架，做好标签与记录，并于墙面张贴法律知识相关的海报。在借阅时间上要提前制定好分年级的规章制度，要求学生每周阅读法治报、观看法治教育图片，并有专门的笔记本进行摘抄和积累。

第二，法治宣传教育要与学校文化相融合。比如借助“四月读书节”的活动开展，鼓励学生多读书、读好书，且整个节日期间必须要读一本与法律有关的书籍或报刊，并以读后感想做一做法治小报，写一写活动感悟，画一画法律知识小漫画，并将其进行公开展示，供全校师生观看学习；中高年级可召开一次主题班队会课，以说认识、谈体会、模拟法庭演案情等多种方式相互学习交流、共同依法成长。低年级可以在老师的帮助下编排一个与法律有关的小故事，在听一听、看一看、动一动中打开法律知识的大门。

（五）利用场馆资源，注重自主学习

第一，在活动开展中，还应善于利用各类实践活动场地。如通过与交通警察部门联系，开展“与交通警察叔叔一起指挥”的体验活动，让四、五年级的学生跟着交通警察叔

叔重新将“红灯停，绿灯行”等交通基本法规学习一遍，并且在交通警察叔叔的陪同下在指定场所模拟各种交通情况，在真实体验中增强遵守交通法规的意识。

第二，法治学科相关的教师，要深刻理解“建构法治校园，涵养法治精神”的内在意义，不仅要在课上讲好、教好相关的课程内容，还要多开导和启发学生，引导家长利用周末或假期时间带孩子去一些与法治有关联的教育基地，如一些以法治教育为主题的展览馆、图书馆、开放型法庭等，让孩子现场实地感受氛围；也可以去书店、书展中关于法律类书籍的展区，带领孩子阅读相关内容的图书。

四、区域共建，体验内化

学校在对学生进行法治教育的过程中，广泛运用多学科、多渠道、多团体共同搭建一体化区域网络，更大范围地整合教育资源，提高青少年法治教育的针对性和实效性。组织学生到社区中开展法律知识宣讲，营造全社会的法治氛围。邀请专业人士来校讲座，尝试用法治思维和法治方式来解决教师、家长及学生在思想、学习、工作、生活中可能遇到的实际问题。

（一）校社共建，拓展延伸

第一，党团员教师积极把相关法律、惠民政策及时传递给社区居民，并且带着学生们组成志愿者团队，走进社区进行宣讲和科普，使学生在实践中进一步增强“在校做个好学生，在社区做个好居民”的文明意识。在与社区携手共建的过程中，还通过“校社互评，校社互奖”的方法进行“普法少年”评选的活动，在社区和学校综合考查每位学生的表现，通过日常学习、爱护公物、注重卫生、遵守规则、互帮互助五个方面，每月评选一次，以榜样示范引领整体品质提升。

第二，与梅陇法庭紧密联系，定期开展四、五年级学生走进法庭活动。活动中，负责教师带领学生到当地法院旁听审判，并在法庭负责人员的讲解下，根据学生所学法律知识对案例进行分析和讨论，做到学以致用，并且在专业法律人员的组织下进行实地参观体验，开展模拟法庭的体验活动。

同时，学校邀请律师、法官、警察和执法人员等法治建设社会教育者走进学校开展法律知识课程，丰富课程内容，增加时效性。这些措施对青少年法律行为能力和守法习惯的培养都具有积极的促进作用。

（二）家校携手，同促成长

学校积极开展法治教育家长学校建设。家庭教育是学校教育的有力保障，学校可以开设家长法治文化教育基地，与家长携手共同教育学生守法懂法，崇尚法治。学校经常举办法治教育家长学校活动，让家长学习更多的法律知识，让家长能更好地监管督促学生远离违法犯罪活动，增强自我保护能力。

在法治项目的推进过程中，学校积极与家长取得联系，及时向他们汇报学校教育教学情况，通过举办家长座谈会、发放《致家长的一封信》等多种形式让他们及时了解学校法治教育的活动开展等情况，向家长讲述有关的法律知识，发放法治宣传资料，提高家长的法律意识，教育学生知法守法。并虚心听取家长们的意见和建议，近距离与他们沟通法治教育对于学生成长的意义，帮助并指导他们对子女进行科学的家庭教育。让家长们在了解学校教育教学工作的同时，也潜移默化地学习法律知识，努力提升家校育人合力。

（三）校校共融，扬长补短

通过与项目组学校、区域法治教育特色校的交流与合作，定期开展法治教育研讨活动，组织相关负责人和专职老师多交流研讨，促进法治教育的经验辐射与智慧传递。通过交流发现自身法治教育工作存有的不足之处和需要完善的地方，扬长补短，实践反思，提升学校法治教育的水平。

五、调研评价，驱动深化

（一）专家团队调研，坚持问题导向

在项目推进过程中，我校注重项目评价。重视参加“协同创新中心”的研讨活动，定期汇报，接受项目组对学校工作的评价，聆听专家指导，坚持问题导向，鼓励相关负责老师多走进其他学校参观、听课，学习借鉴他校经验，融入团队智慧，定期梳理反思，提高工作实效。

（二）校本自主评价，坚持责任导向

学校要求法治教育项目的负责人员及授课老师要严格要求自己，不断学习法律知识，增强法治观念和专业授课技能。严格依法从教，自觉遵纪守法，成为学生的榜样。紧紧围绕全面实施素质教育的要求，把加强对青少年的法治教育、培养其社会主义法治观念与法律素质，作为学校教育教学中的一项重要任务，形成科学、系统的学校法治教育课程体系，建立学生法律素质的评价标准，全面提高学校法治教育的水平。

（三）学生表现评价，坚持目标导向

在三年级的学期末，开展学生“表现型评价”活动。根据课程进度，设置形式多样的现场考察关卡，通过简单绘制法律知识图谱、谈一谈对《中华人民共和国宪法》的理解、用所学的法律知识解决问题等方式，让学生们的法律认知不只停留在文本理论中，努力让法治教育成为孩子们的精神内存，甚至行为外显。

此外，学校在法治教育进校园的项目推进中，还坚持加强宣传，准时进行法治信息报送，积极挖掘、提炼、归纳“法治学校”创建工作中的有效经验与先进事迹。注重发挥新闻媒体的舆论导向作用，加大依法治校、依法治教的宣传力度，主动接受社会监督，积极反馈反思与实践修正，积极提升社会对学校开展法治教育的满意度。

全面推进依法治校，着力营造校园法治文化氛围，离不开全体师生的共同努力。法治教育需要从学校日常管理的每个细节入手，积极架构和完善相关课程，促使家校社齐参与，使全体师生在学校发展中感受到法治的力量，使法治成为师生的思维模式、行为习惯和文化信仰。

图书在版编目(CIP)数据

中小学法治教育实践模式范例 / 任海涛主编. —上海：上海教育出版社，2019.7
ISBN 978-7-5444-9233-1

Ⅰ. ①中… Ⅱ. ①任… Ⅲ. ①社会主义法制—法制教育—中小学—教学参考资料 Ⅳ. ①G633.263

中国版本图书馆 CIP 数据核字(2019)第 138525 号

扫一扫，获取更多资源

责任编辑 邹 楠
封面设计 陈 芸

中小学法治教育实践模式范例
任海涛 主编

出版发行 上海教育出版社有限公司
官　　网 www.seph.com.cn
地　　址 上海永福路 123 号
邮　　编 200031
印　　刷 上海叶大发展印务有限公司
开　　本 787×1092 1/16 印张 11 插页 1
字　　数 260 千字
版　　次 2019 年 7 月第 1 版
印　　次 2019 年 7 月第 1 次印刷
书　　号 ISBN 978-7-5444-9233-1/G·7617
定　　价 48.00 元

如发现质量问题，读者可向本社调换 电话：021 - 64377165